DISSENY DE LA PORTADA: CRISTINA MASIP

vallclara.org
Major, 17
43373 Cabassers

ISBN: 9798453053490

Vallclara.org
Llibres d'història local

La història falsificada: del Mas Roger a l'imaginari popular.

Anàlisi crítica de la *Breu història de la Mare de Déu de la Foia*,
de Miquel Vidal i Llecha (1968).

Josep Ramon Miró Cubells
Carles Prats Ferré

2021

ÍNDEX

Iuxta superbum mons Sacer caput exerit
Oleumque flumen proxima agrorum secans
geminos iugorum vertices interfluit.
Mons quippe Sellus nomen hoc monti est vetus,
ad usque celsa nubium subducitur
adstabat istum civitas Lebedontia
priore saeclo, nunc ager vacuus lare
lustra et ferarum sustinet cubilia.

Rufus Festus Avienus, *Ora maritima*, v. 498-505.

A Josep-Enric Peris i Vidal, músic i compositor, i caríssim amic nostre, que recollí la melodia dels goigs a la Mare de Déu de la Foia de l'edició del 1968.

Presentació

En un temps en què la Història i les Humanitats sembla que hagin perdut valor social a favor de la tecnologia, i on es fiscalitza poc sobre aquestes matèries, hem volgut dur a terme una revisió en profunditat d'un dels textos més inquietants de la historiografia local moderna: la *Breu història de la imatge de la Mare de Déu de la Foia*, escrita per Miquel Vidal i Llecha i publicada, acompanyant uns goigs, el 1968. És, bàsicament, una adulteració i invenció descarada de la història de Cabassers, però que, tanmateix, ha aconseguit ser també l'obra més difosa sobre aquest municipi.

L'anàlisi que hem preparat té una amplíssima quantitat de notes a l'aparell crític, i això en fa farragosa la lectura. Però la gravetat de l'assumpte ens ha forçat a anar a l'arrel per a arrencar la mala herba des d'allí. I és que aquest esbarzer historiogràfic va començar a escampar-se i a brotar a llocs diferents molt poc després de la seva publicació. I encara, de tan en tant, surten brots nous de l'herbota.

Es fa difícil creure que una obra com la *Breu història* hagi aconseguit tanta repercussió, com es constata a la part crítica. Si bé a simple vista ja es veu que hi abunden els disbarats, també hi ha alguna cosa que fa intuir que, al fons, molt al fons, potser alguna cosa és certa, i potser vol fins i tot amagar-la. L'autor va tenir un interès inusual a fer creure la seva història tot i que és clarament increïble, i va arribar a extrems molt poc habituals, com la falsificació de proves físiques, incrustades a la paret d'una ermita, que avalarien el relat. Mentre analitzàvem el text, ens hem preguntat no poques vegades si érem davant l'obra d'un boig o la d'un geni, i sincerament, no hem pogut resoldre aquesta pregunta. Potser és l'obra dels dos a la vegada. No ho sabem. Sí que sabem, però, que Vidal era conscient que el que escrivia eren disbarats, i que se'ls creia tan poc que fins i tot va falsificar proves per a fer encaixar el seu relat a la realitat. El que no podem entendre és que pretengués que altres s'ho creguessin.

Vidal, més que una història, va voler crear una llegenda. El gènere fantàstic que va escollir per a configurar el seu relat, on cerca uns orígens gairebé mitològics de Cabassers i del seu propi llinatge, va fer que el seu text fos molt ben rebut per tot tipus d'audiències. Estratègicament emplaçat al dors d'uns goigs per tal que circulés, fins i tot això va ser pensat amb cura. Que acompanyés una composició dedicada a la Verge de la Foia, veneradíssima a Cabassers, semblava que hauria de donar al seu text l'aval de la cosa sagrada. La gent per a qui la història és com un conte, i per a qui les fonts són un problema secundari o inexistent, va ser la primera d'incorporar les contalles de Vidal al seu imaginari. La transmissió oral va fer la resta: de "he llegit" a "m'han dit", i d'aquí a "abans això era així". Aquesta forma de transmissió va ser tan eficaç que, fins i tot una cooperativa agrícola d'un poble proper a Cabassers, va decidir adoptar una de les pseudoetimologies de Vidal com a marca del seu excel·lent oli; i un celler de la D.O.Q. Priorat seguí el mateix camí amb la marca d'un dels seus vins. I aquí segur que hi van arribar de bona fe, fent cas del "m'han dit" que venia d'un que ho havia llegit.

No volem jutjar a ningú; ni a qui ho va escriure, ni a qui ho va donar per bo. Només volem establir clarament la frontera entre realitat i ficció al text de Miquel Vidal, presentat a sí mateix com l'ermità d'un oratori dedicat a sant Miquel, que no és altra cosa que l'ermita amb aquesta advocació que hi ha al Mas Roger de Cabassers, on Vidal va passar els darrers anys de la seva vida.

Aquest mas va ser especialment víctima de l'infortuni després de la mort de Vidal. El contingut de la seva importantíssima biblioteca, i no menys interessant arxiu (confegit a partir de l'espoli d'altres arxius) va ser disgregat i mal venut. El que en quedà, restà podrint-se sota les goteres de l'últim pis de l'edifici, fins que la Generalitat va adquirir el mas i traslladà la poca documentació que encara hi havia a l'Arxiu Comarcal del Priorat. Ara, mentre escrivim aquestes línies, hi ha un projecte en marxa per a rehabilitar aquest mas. No dubtem que aquest llibre pot ajudar a interpretar-lo tal com el va veure el seu últim propietari habitant, autoproclamat ermità, i a entendre la cosmovisió localista i fantasiosa que fins i tot va donar forma als diversos edificis que l'integren. Miquel Vidal va plasmar, a les parets i als racons de la seva propietat, allò que després va escriure a la *Breu història*.

Hem fet un exercici que avui en dia és poc acostumat: anar al fons de la matèria, a l'origen, resseguint tota la bibliografia possible. Dèiem, en començar, que sembla que la tecnologia hagi devaluat socialment la Història, però també ha facilitat enormement la tasca de qui vol fer recerca. Google Books posa a l'abast de qui la vulgui llegir, bibliografia antiga que fins ara només era disponible a les estanteries polsoses d'algunes biblioteques de renom i solera. Consultar aquestes fonts, des de la tranquil·litat de casa, és ara més senzill que mai. Publicar qualsevol obra, també, com prova aquesta mateixa, impresa mitjançant Amazon Kindle Direct Publishing.

El llibre que ara teniu a les mans no havia de ser res més que un breu capítol, de quatre o cinc pàgines, integrat en una altra obra nostra, i abans publicat una mica més extensament al *Butlletí del centre d'estudis Santa Maria de Vallclara* (vallclara.com). Tanmateix, una paradoxa ens va forçar a aturar la redacció de l'altra obra i completar primer aquesta: o desmuntàvem el relat de Vidal, o el relat de Vidal ens desmuntava, contaminant-la, una hipòtesi de localització a Cabassers d'un monestir visigot del segle VI: el monestir de Biclaro. Vegeu, a la bibliografia (Miró - Prats, 2021) la referència d'aquest altre treball nostre. Una hipòtesi no és una evidència científica, sinó un recull d'indicis que permeten apuntar que determinada possibilitat és viable. Per a fer-la raonable, cal exposar tots aquests indicis, i veure de quina manera es combinen entre ells per a fer, si més no possible, allò que s'enuncia. I una hipòtesi es pot confirmar, però també es pot descartar, depenent dels resultats de recerques ulteriors. Vidal, en canvi, ho va fer just al contrari: va enunciar una possibilitat com si fos una veritat històrica, i va amagar tant com va poder qualsevol indici que pogués portar-hi. El monestir de "Wiclar", que tantes vegades anomena la *Breu història*, no és res més que aquest monestir de Biclaro que, nosaltres, com Vidal, sospitem que hauria pogut ser al modern Cabassers. La diferència, però, és el mètode, i potser fins i tot l'objectiu; mentre que nosaltres ho mirem de provar, fa tot l'efecte que Vidal ho volia amagar, envoltant aquesta possibilitat d'ubicació del monestir visigot de tanta parafernàlia fantasiosa i increïble, que fins i tot afirmar que això hauria pogut ser així causés descrèdit.

Pretenem que aquesta anàlisi sigui l'aixada que arrenqui d'arrel les falsedats que s'han difós a partir de la *Breu història*, però també la que artigui el terreny per a permetre que les poques bones llavors que sembrà, fructifiquin sense la nosa de les ortigues que enverinen el relat, ni les argelagues que punxen els incauts.

A Cabassers, el 16 de juliol de 2021.

1. Uns goigs peculiars.

El 1968 Salvador Torrell i Eulàlia, amb la seva firma Torrell de Reus, editava uns goigs dedicats a la Mare de Déu de la Foia de Cabassers (fig. 1). Els publicava amb el número 442 de la col·lecció, i amb Dipòsit Legal 3658(1968). Era la cinquena edició d'aquests goigs, i la primera musicada. La primera edició era del 1886, la segona del 1917, la tercera del 1941, la quarta del 1954, i a aquesta cinquena no l'ha seguit, de moment, cap altra.

Aquests goigs incorporen, al dors, un text de 54 paràgrafs titulat *Breu història de la imatge de la Mare de Déu de la Foia contada per l'ermità de l'Oratori dedicat a l'arcàngel sant Miquel, del Mas Roger de Pallars; en la Comarca de l'extingida Baronia de Cabassers.* L'autoria d'aquest text és de Miquel Vidal i Llecha, propietari del Mas Roger de Cabassers fins a la seva mort el 1968, pocs dies després de la publicació. Vidal i Llecha era farmacèutic de professió, fill del procurador de Reus Joan Vidal Felip (†02/03/1944) i germà de l'advocat i jutge del Tribunal d'Espionatge i Alta Traïció republicà Josep Vidal i Llecha († 09/04/1983). Miquel Vidal (fig. 2) va estar casat amb Carmen del Pino García (†09/05/1953). Simpatitzant dels militars sublevats, es refugià al Mas Roger el setembre de 1936, i hi passà tota la guerra civil. Un cop retirat de la seva vida professional, ja no se'n va moure fins a la fi dels seus dies (†25/02/1968). La propietat del Mas Roger li procedia de la seva mare, cabasserola, Pilar Llecha i Llecha (†10/06/1931).

El text de la *Breu història* és, si més no, sorprenent. Conté una sèrie d'extravagàncies, afirmacions gratuïtes sense cap classe de prova, invents descarats, falses etimologies i disbarats de tota classe que configuren un garbuix presentat com si fos una veritat històrica, de vegades pretenent recollir llegendes i tradicions antigues que, per descomptat, són inexistents. Amb tot, algunes de les afirmacions que s'hi fan són certes i d'altres, tot i que no es proven, tenen cert fonament.

No són pocs els autors solvents que han citat aquesta *Breu història* com si es tractés d'un treball científic o admetent-lo com a prova d'una tradició que no ha existit mai. Per aquest motiu, hem cregut necessari publicar l'anàlisi crítica del text que llegireu tot seguit. Pretenem que aquesta anàlisi sigui un dic de contenció de la mescla de fantasia i realitat que va escriure Miquel Vidal i Llecha, per a evitar la seva propagació i per a corregir la difusió que diversos autors n'han fet, alguns cautelosos amb les afirmacions de Vidal, i d'altres acceptant-les sense comprovar res.

L'univers que descriu Vidal gira al voltant d'una talla de fusta de la Mare de Déu, que li serveix de pretext per a explicar la història fantàstica de les terres dels Lusià, suposats senyors d'un territori antic de la suposada província romana de Lusiània, que inclouria ubicacions localitzables dintre de la baronia de Cabassers. Per ordre d'aparició al seu relat, els edificis i nuclis de població que inclou Vidal a la seva història són els següents:

-El castell d'Al·lusio (patriarca celtiber).

-La Recòpolis i el monestir de Wiclar (edificacions visigodes sobre les que afirma que s'alça l'actual municipi de Cabassers).

-Mons-Sacer (la Bisbal de Falset).

-La Cova de Santa Llúcia (també a la Bisbal).

-El baptisteri de Sant Joan de la Canal (actual ermita de Sant Joan de Cabassers, que ens presenta com el baptisteri del monestir de Wiclar).

-Un call jueu erigit a 100 metres del monestir de Wiclar (que en algunes versions descartades de la seva *Breu història* identifica amb el barri de Sant Miquel de Cabassers).

-El "monestir" de Senus-Deo (del que no dóna cap pista sobre el seu emplaçament, però que un autor modern s'esforça a voler localitzar -vegeu la nota 33- sense adonar-se que el nom de Senus-Deo fa referència a un suposat abat del monestir de Wiclar, i no a un monestir diferent).

-El monestir de Santa Maria de Vallclara (fundat, efectivament, el 1149 a Cabassers).

-Marca-Galef (que identifica amb l'actual Margalef, jugant amb el sufix Marca del seu topònim inventat per a veure-hi la frontera del fantàstic comtat, dels encara més fantàstics, Kabessirs).

-L'antiquíssim poblat ibèric de Fontes (que situa on avui hi ha l'ermita de la Foia de Cabassers, i que diu que deriva del primitiu Fons, i que evolucionà en Fontes Clares, per a acabar destruït per un aiguat i els habitants traslladats a Cabassers).

-Caba-Loca (Cavaloca) i Montalt (partides del terme de Cabassers, que presenta com a poblats d'aquesta raça fantàstica dels "cabassers" o "kabessirs", habitants de la zona on basa la seva història).

-El Castell de Cabassers, nova nomenclatura del Castell d'Al·lusio (que diu que acabà tancat el 1515).

-El territori de Vall-Clara (l'actual Cabassers, que afirma que es confonia amb el poblat de Fontes, però que eren nuclis diferents).

-La Cova del Dolmen (de la que diu que era l'antic cementiri del poblat de Fontes, i que deixa entendre que és la balma que hi ha al costat de l'ermita de Sant Roc de Cabassers).

-La Cavallera (que el text publicat no arriba a aclarir què és, però que les versions descartades fan pensar que era un aquarterament militar, tancat també el 1515, juntament amb el Castell).

-El santuari de la Mare de Déu de la Mola de la Figa (que ens aclareix, entre parèntesi, que era a la Figuera, i que, per tant, és l'ermita de Sant Pau).

Dintre de la visió de Vidal, el Castell d'Al·lusio (més

endavant anomenat Castell de Cabassers) se situa a l'emplaçament del monestir de Santa Maria de Vallclara fundat el 1149, on actualment hi ha l'escola. La Recòpolis (segons es veu a l'apèndix 2) a la plaça del Dr. Seró, i creu que els perxes d'aquesta plaça són part d'aquella estructura. El monestir de Wiclar el situa on avui en dia hi ha l'església de Cabassers (§27), i diu, al §2, que "unia el castell amb la Recòpolis". I finalment, el baptisteri d'aquest monestir, el situa a l'ermita de Sant Joan, al costat de la Canal (paràgraf 4 i apèndix 2).

Dels pobladors de l'àrea que descriu en diu Kabassers, Avin-Kabessirs o Cabassers; i de les terres que poblaven, Avin-Kabessir. Distingeix els Unikapsieris, dels qui diu que són mestissos de Kabassers amb moros captius (a qui anomena Kapsieris). Tot això només és un joc amb les formes del topònim Avicabescer que apareixen als documents de la Conquesta, al cartulari de la catedral de Tortosa, i a la carta de població de la Morera de Montsant, únic document que es refereix al terme de Cabassers com Unicapcerii (vegeu la nota 59), i que ell presenta com el nom d'una raça mestissa.

Els herois i vilans també són diversos. D'entre els primers, destaca Miquel de Lusià (anomenat de tant en tant Miquel dels Cabassers), que sembla immortal, ja que apareix a diversos segles, tot i que s'afirma d'ell que morí a la batalla de Muret i que un fill seu, d'idèntic nom, el succeí, per la qual cosa cal pensar que representa un llinatge hereditari. Un d'aquests Miquels de Lusià fou delegat de la reialesa i senyor del Castell de Cabassers, comandant també dels Al-mo-kabes (altrament anomenats Miquels i Miquelets), tropes d'elit dels Kabassers que trobem fent rendir la Saragossa musulmana el 1118, participant a les conquestes de Mallorca i València, i fent de guàrdia pretoriana de Jaume I. Aquest Lusià, i tota la nissaga, sembla que sigui el mateix autor, o si més no, ell mateix creia o volia fer creure que n'era descendent (vegeu la nota 121). Un altre personatge fonamental és Joan de Wiclar, constructor del monestir de Wiclar, primer lloc de veneració de la imatge de la Verge que fa de conductora de tot el relat fantasiós de Vidal. Aquest Joan s'inspira en un personatge real, Joan de Biclaro, un prevere visigot, nascut a la Lusitània cap al 544, perseguit pels arrians sota Leovigild per ser catòlic, que fundà un monestir a Biclaro entre els anys 586 i 591, i que finalment fou bisbe de Girona fins a la seva mort, cap al 621 (Campos, 1960: 18-28). Vidal pretén ubicar a Cabassers el monestir que fundà Joan de Biclaro, i el curiós del cas és que aquesta hipòtesi és perfectament defensable des del rigor i la recol·lecció d'indicis (vegeu la nota 19). No ho és, però, de la manera que ho fa Vidal, encara que fa l'efecte que tot el relat està encaminat a defensar aquesta hipòtesi de localització de Biclaro, però d'una forma que la malmet.

D'entre els vilans, un dels més malvats és el rei jueu Chitano Afrun (segurament inspirat en un cabdill musulmà rebel de la serra de Ronda, Omar ben Hafs), que serveix a Vidal per a deixar anar afirmacions antisemites i antifranques a les seves versions preliminars (vegeu les versions preliminars 10, 11 i 14), suprimides de la versió definitiva publicada. Chitano Afrun és el mal personificat, responsable de l'incendi i destrucció de la Recòpolis i del monestir de Biclaro, i de la pèrdua dels manuscrits dels historiadors visigots. Els bisbes de Tortosa tampoc no surten gaire ben parats a la història de Vidal, als qui atribueix una ignorància indolent dels costums i tradicions dels Kabassers, i als qui acusa d'haver fet perdre "aquell fervor religiós al poble més cristià i més devot que es pugui desitjar".

A partir del §36 el relat va deixant enrere els elements fantàstics i mitològics, i es transforma en una cosa més propera a una crònica basada en documentació. I certament, hem pogut comprovar la veracitat d'alguns dels passatges que cita, extrets de la documentació dels arxius parroquial i baronial de

Cabassers, per la qual cosa cal donar el benefici del dubte als paràgrafs que, a partir del 36, ofereixen exactitud de dates, posant sempre en quarantena, això sí, els detalls. És habitual que Vidal mescli informacions verídiques però inconnexes, creant un relat amb detalls de diferents documents que no tenen res a veure entre ells, per a bastir una història inventada. Tampoc no s'està de recollir tradicions transmeses pel pare de la historiografia cabasserola, Delfí Navàs, que el 1918 publicava un opuscle fent un recull d'allò més destacat que coneixia que havia succeït a Cabassers (vegeu, a la bibliografia: Navàs, 1918), sempre adobant-ho a la *Breu història* amb una generosa dosi de fantasia (vegeu, per exemple, el §52).

I tot això per a fer cloure el relat el 1936, amb la crema de la imatge miraculosa de la Mare de Déu de la Foia, una talla de fusta mítica que havia estat enviada de Roma pel papa Gregori el Magne a les acaballes del segle VI, per a ser venerada al monestir de Wiclar, i que ni el pèrfid Chitano Afrun no pogué destruir. Una imatge que fou portada per la processó que rebé els invasors musulmans als Quatre Camins dels Peirons (passatge que ha fet molta fortuna en obres publicades per historiadors, i que ha motivat l'anàlisi que llegireu més endavant), que anà amunt i avall després que l'exèrcit de jueus i francs de Chitano Afrun ataqués el monestir de Wiclar, que s'amagà al Montalt i va ser traslladada del santuari de Fontes a l'església de Cabassers, per a ser retornada de nou a l'ermita de la Foia on, el 1936, uns fanàtics la cremaren. La talla, en realitat, era feta el 1865, i és ben cert que la cremaren el 1936. Se'n conserva una fotografia (fig. 3).

2. Quan va concebre Vidal la idea de la *Breu història*?

Miquel Vidal, fins i tot, va plasmar aquest relat fantàstic a les parets de la seva residència, el Mas Roger, durant les obres d'ampliació i condicionament que hi va fer entre els anys 1949 i 1951 (Novella, 2012: 8). La porta d'entrada és presidida per una rajola amb l'antic escut de Cabassers, mostrant un gos i un cabàs (motius que es troben al retaule gòtic de Santa Maria de l'església parroquial d'aquesta població), amb la llegenda "Llechà" (fig. 4). És el seu segon cognom, però l'accent obert sobre la A recorda sospitosament el Miquel de Leixà o Lucià que tants cops anomena a la *Breu història.*

Una altra composició en rajoles, també a la façana del mas, és més explícita encara: de nou acompanyant un símbol heràldic que representa un gos, hi ha una llegenda on s'hi llegeix "Armas de Llechio". Una evocació directa a la fantàstica nissaga dels Lucià (fig. 5). L'escut de la inexistent Fuentes Clares també és present a la façana del mas, utilitzant com a base l'escut de Cabassers creat a mitjans del segle XIX (fig. 6). I finalment, decorant l'accés a la mina de la font que rega tota la finca, no s'oblidà d'un altre personatge recurrent a la seva *Breu història:* l'arcàngel Sant Miquel. Aquesta composició en rajola mostra a Sant Miquel llancejant l'Àngel Caigut i, com si fos un monument o una ofrena, hi féu escriure "Font-Clara a Sant Miquel" (fig. 7). Les reminiscències del Fontes-Clares del relat són evidents. També, al pedestal que suporta l'antiga pica baptismal de Cabassers, traslladada al mas i col·locada al darrera de l'ermita de Sant Miquel, s'hi llegeix una inscripció que evoca el §11 del text aparegut amb els goigs el 1968: "Pila Bautismal d'[e]ll[s] Kabas[ers que] l'any 1936 profan[a]ren els [fanàti]cs d'els disolvents liberalismes d'importació." (fig. 8).

Va anar un pas més enllà amb les seves falsificacions, aprofitant la reforma de l'ermita de Sant Roc, que finançà el 1962 (vegeu l'apèndix 2). A la capella de la dreta, actualment hi ha una Verge de les Pinyeres (fig. 9), i a sobre de l'arc de la capella, un medalló d'escaiola amb dues figures que transporten una gran pinya (fig. 10). A la volta de la mateixa capella s'hi troba un altre medalló idèntic. Si llegim el paràgraf 26 del seu relat, veiem que afirma que el 1348 va fer cap a Cabassers un frare escapat de l'inexistent monestir del Puig-Roig del Masroig, en plena pandèmia de pesta negra, carregant una imatge de la Verge de les Pinyeres, i diu que aquest va ser el fundador de l'ermita de Sant Roc, on es retirà a fer vida eremítica. Més endavant, al paràgraf 32, diu que durant el mandat del bisbe de Tortosa Alfons d'Aragó, entre el 1475 i el 1512, aquesta imatge es retornà a la seva ermita del Masroig. No cal dir que no hi ha cap prova que res de tot això hagi succeït mai, sinó tot el contrari, com es podrà veure a les notes als paràgrafs corresponents (vegeu la nota 116). En canvi, Vidal ja tenia aquesta idea a la ment sis anys abans de la publicació de la *Breu història*, i aprofitant la influència que exercia sobre la parròquia, finançant obres i reformes, aprofità l'ocasió per a adulterar la història de l'ermita de Sant Roc, quan la va fer reformar tirant a terra l'estatge de l'ermità i restaurant l'interior. Va aprofitar aquelles obres per a fer col·locar els falsos medallons de suposada al·legoria a les Pinyeres i la imatge de la Verge amb una pinya a la mà, tot a la capella de la dreta. Anys després, el 1968, el passatge de la seva *Breu història* que explica la suposada arribada de la imatge de les Pinyeres a Sant Roc (§26), es veuria reforçat per aquestes falses proves, col·locades temps abans, com si els medallons donessin testimoni de la presència antiga d'aquella imatge portada per un frare fugitiu, i com si la imatge nova volgués rememorar l'antiga. La contalla va fer fortuna, i va entrar al circuit de la transmissió oral a Cabassers.

La seva empremta també es veu a una altra ermita, la de Sant Joan, just al costat de l'abeurador de la Canal i que, en l'imaginari de Vidal, és on s'haurien batejat els jueus per ordre del rei visigot Sisebut, al segle VI. També va finançar la reforma d'aquest edifici, i a sobre de la porta hi va fer posar una rajola amb un segell circular, que presenta un gos al centre, la llegenda "CABACES" a la meitat superior, i decoració de línies a la inferior. No és res més que la reproducció del segell tampó que l'Ajuntament de Cabassers utilitzava a principis del segle XIX, estampat en alguns dels documents que espolià de l'Arxiu Parroquial, com s'explica més endavant, al capítol 4. Vegeu la fig. 11 per a una comparativa de la rajola de Sant Joan i el tampó mencionat, i l'apèndix 3, doc. 152, per a la referència d'un dels documents espoliats per Vidal amb la marca d'aquest segell. A la campana d'aquesta ermita s'hi llegeix "ANY 1957, M. VIDAL LLECHA", la qual cosa ens dóna la referència de la data de la reforma pagada per Vidal. A banda, al Mas Roger, hi va construir el que sembla una al·legoria de la mateixa ermita i l'abeurador de la Canal que hi ha just al seu costat: baixant unes escales exteriors, a la part esquerra d'on s'acaba la façana del mas, s'arriba a l'accés d'un magatzem o pati interior, amb una portalada que recorda sospitosament la de Sant Joan. No només l'estil és similar, sinó que fins i tot hi ha, coronant-la, la mateixa rajola que reprodueix el segell tampó de l'Ajuntament del segle XIX, que també va fer col·locar a l'ermita cabasserola (fig. 12). A banda, les dues dovelles inicials per cada banda d'aquesta portalada del mas, presenten unes cavitats arrodonides (com s'observa a la fig. 12) molt similars a les que també es troben a les escales d'accés de l'ermita de Cabassers (fig. 13), probablement emprades, aquestes, per a suportar els càntirs que s'omplien amb l'aigua de la síquia. Finalment, a prop d'aquesta portalada d'imitació del mas, hi ha també una bassa, en forma de rentador o abeurador (fig. 14), i coincideix que just al costat de Sant Joan hi ha l'abeurador de la Canal (fig. 15).

Com diu una rajola col·locada al costat del que sembla la reproducció de Sant Joan i la Canal que va fer al mas: "La nostra casa és el nostre món" (fig. 16). I en el cas de Vidal aquesta afirmació és completament certa. El §11 de la versió 16 (vegeu l'anàlisi comparativa, més endavant), una de les moltes versions preliminars que preparà Vidal de la seva *Breu història* abans de publicar-la, dóna la visió que ell mateix tenia del Mas Roger: la continuació del monestir de Wiclar, transformat en la seva pròpia residència després de segles d'abandó, amb la imatge de Santa Maria de Wiclar, les relíquies de sant Hermenegild i un quadre de sant Miquel d'època romana, conservats a la capella adjunta al mas. Segurament, la topografia urbana del Mas Roger s'hagi d'interpretar a la llum de la seva fantasiosa història de la imatge de la Mare de Déu de la Foia; a més de l'al·legoria que ja hem vist del "baptisteri de Sant Joan", on segons la *Breu història* es produí el bateig dels jueus, segurament es podrien identificar altres localitzacions del seu relat, reproduïdes a la seva finca. La mina d'aigua amb la inscripció "Font Clara" (fig. 7) i l'escut de la inexistent Fuentes Clares (fig. 6) a la façana principal del mas així ho suggereixen.

Sembla ser que Vidal traslladà unes primeres idees concebudes durant anys, apuntades a les rajoles de les parets de casa seva i a l'ermita de Sant Roc, al text que publicaria un o dos mesos abans de morir. Si bé coneixem versions descartades del seu relat, sense datar (i que trobareu a l'anàlisi comparativa del capítol 11.2), tenim una prova documental que permet afirmar que el 1964 ja tenia clara l'estructura de la *Breu història*. El 30 de desembre d'aquell any escrivia una carta a Modest Montlleó, on ja li parla del que després relligarà als goigs del 1968, amb petites variacions. Però les idees principals ja són totes a la carta a Montlleó. És en aquesta mateixa carta on diu que dos anys abans havia fet restaurar l'ermita de Sant Roc, i ja explica que "en el seu temps" hi havia "un diminut altar de la verge de la Pinyera", sense especificar els detalls de la suposada arribada d'aquesta imatge que explica a la *Breu història*. Per tot plegat, el 1962 Miquel Vidal ja tenia en ment part o tota la història que després adjuntaria als goigs, i com prova la carta del 1964, per aquella data tenia clara l'estructura que li donaria.

El 1965 encara hauria d'editar un fulletó promocional del Mas Roger (fig. 17), que mostra la concepció que havia acabat adquirint de casa seva, com una mena de centre d'estudis de la història de Cabassers. Al costat de diverses fotografies de dependències del mas, s'hi pot llegir els següents peus de foto: "Oratorio Público", "Biblioteca" i "Archivo Histórico de la Baronía". Al costat d'una imatge de la plaça que formen les estructures principals del Mas Roger, s'hi llegeix "Entrada a la Cabaloca de Montal y al rincón del Çagarro, refugio y aforanca de los Almo-Cabas de los Miguel de Luciá". Al costat de la foto d'una bassa: "Estandarte de la Corona de Aragón y Cataluña, hasta el final del reinado de Don Jaime I el Conquistador". Més endavant, acompanyant dues fotos de les roques del camí de Cavaloca, conegudes com el Gegant i la Geganta, s'hi llegeix: "Los dos menhirs de la partida de La Vall, en el Mons Sacer del Mun-San (montón de montañas), situados al pié de las montañas de Mont-Sant, en el lugar de los Cabassés". Finalment, a sota d'una fotografia del Pont Vell, un pont gòtic (encara que amb les voltes de mig punt), hi va escriure: "Puente ibero-romano, sobre el Olí, Fl. (río Mont-Sant). Fábrica del siglo III antes de J. Cris.". I amb una altra foto del pont de Cavaloca, també gòtic, hi posà: "Puente sobre el barranco de Caba-Loca (lugar de las cavas). Fábrica del año 800". La majoria d'aquestes idees acabarien apareixent al text dels seus goigs.

3. Les fonts de Vidal.

Poc sabem, directament escrit per Vidal, sobre les fonts que utilitzà per a preparar el seu text. A la mateixa *Breu història* cita el Llibre de la Confraria del Roser (§43) i els testaments (§47) conservats a l'arxiu parroquial de Cabassers. A la carta a

Modest Montlleó del 1964, anomena a Titus Livi, Polibi i també a Fest Avièn en parlar del Mons Sacer (que apareix a l'*Ora maritima*). També cita l'obra que escrigué el 1918 Delfí Navàs (vegeu Navàs, 1918 a la bibliografia) i una "História de Scala-Dei del Canonge Valle", que sens dubte és l'obra del canonge Josep Vallès que trobareu també a la bibliografia (Vallès, 1663). Els seus apunts d'història (apèndix 1), utilitzats més tard per a estructurar el seu relat sobre una base de realitat històrica damunt la qual edifica les seves ficcions, i que no tenen res d'extravagant, anoten referències als volums 2, (pàg. 159), 5 (pàg. 206) i 9 (pàg. 318) de la *España Sagrada* de Flórez, continuada pels religiosos Merino i Canal, en una nota sobre Hermenegild. Torna a referir-se als volums 6 i 43 de la mateixa obra en una altra nota sobre Joan de Biclaro. Les úniques dissonàncies d'aquests apunts són unes breus anotacions, que semblen ser inserides ja pensant en el text de la *Breu història*, com un recordatori dels passatges reals que han de ser l'estructura d'algun dels seus paràgrafs. Les hem assenyalat amb notes a peu de pàgina a l'apèndix 1. Per la resta, són les notes d'algú que estudia història, sense res més que cridi particularment l'atenció. Igualment, fa referència a les publicacions de Pujades, Diago i Domènec en uns altres apunts sobre Joan de Biclaro (Diago, 1603; Domenec, 1609; Pujades, 1609). També, com hem pogut comprovar, utilitza documentació diversa de l'arxiu parroquial i baronial de Cabassers per a incorporar episodis a la seva història. Sabem del cert, perquè hem vist els originals i n'adjuntem transcripcions a les notes, que el paràgraf 36 es basa en un document de 25 de març de 1528 (ACP, Fons Mas Roger, 5) i que el 42 ho fa sobre un altre document de 8 de juliol de 1693 (ABC, 10g). La resta de fonts, d'allò que en té, s'han hagut de deduir.

4. L'espoli de l'arxiu parroquial i l'arxiu de la baronia de Cabassers.

Acabem de veure com l'única font que cita Vidal al text publicat és l'arxiu parroquial de Cabassers. Al Mas Roger hi va acumular una biblioteca notable, que anys després de la seva mort va ser venuda pels seus hereus. També hi va tenir tot l'arxiu parroquial i baronial de Cabassers que cita, sota el pretext de classificar-los, però el cert és que els va espoliar, i va quedar-se per al seu ús els documents d'aquests arxius que li van semblar més interessants. Són molts els lligalls de documents de l'arxiu parroquial que encara mostren, a les cobertes, el segell tampó de Vidal i Llecha, prova del seu pas pel Mas Roger (fig. 18).

Quan el mas va ser adquirit pel Parc Natural de la Serra de Montsant el 2007, els llibres i la documentació que hi quedava van ser traslladats a l'Arxiu Comarcal del Priorat, a Falset, i els documents espoliats dels arxius parroquial i baronial de Cabassers són en aquest arxiu per aquesta raó. En total, són 192 documents (vegeu l'apèndix 3 per al catàleg). A banda, anys abans, quan es posà a la venda el contingut de l'arxiu que aplegà Miquel Vidal, part d'aquesta documentació, relativa a l'administració de justícia de la baronia de Cabassers, fou recuperada i reintegrada a l'arxiu parroquial cabasserol, i en la mateixa operació també es van recuperar els apunts i els originals de la *Breu història* publicada per Miquel Vidal i Llecha al dors d'aquells goigs.

Però probablement no s'ha pogut recuperar tot el que Miquel Vidal tragué d'aquells arxius. Un text del 1917 constitueix una prova prou consistent per a sospitar que encara falten coses: aquell any, José Ruy Fernández feia una visita a Cabassers i deixava en uns apunts allò que havia observat. En parlar de la rectoria, fa constar que a l'arxiu que s'hi guarda hi ha "llibres d'actes" dels anys 1401 al 1450 i del 1490 al 1535 (Ruy, 1917:41). Només es pot referir, dintre d'aquesta cronologia i tipus, als llibres de cort del batlle general de la baronia de Cabassers. Avui en dia en aquest arxiu hi ha quatre llibres de cort: un del 1450 al 1462, un altre del 1464 al 1475, un tercer del 1627 al 1665, i un quart que comença el 1670 i finalitza el 1700. És evident que el volum de 1401 a 1450 que menciona Ruy no hi és, i el principal sospitós de la seva desaparició és Miquel Vidal. Tampoc no s'han trobat mai les ordinacions locals de Cabassers, i se sap, per les de la Bisbal de Falset, de 1624, que van existir i que aquelles es van basar en les primeres, que per força havien de ser anteriors a la data de les de la Bisbal (Prats, 2009: 37). Uns apunts de Miquel Vidal, que semblen extrets d'un compendi d'ordinacions, també fan sospitar que les notes no fossin preses del recull cabasserol, potser també desaparegut per obra seva (Prats, 2012: 8-10).

El mateix Vidal, a la carta que envià a Modest Montlleó el 30 de desembre de 1964, d'alguna manera reconeix indirectament la seva responsabilitat en l'espoli dels arxius: "de jove, conservaba un magnific archiu que van robar y quemar l'any 1936; he procurat reconstruirlo". I més endavant, afegeix: "L'Archiu de la Iglesia de Cabacés, va eser saquejat varis cops antes de la guerra de la Independencia, y lo que quedava es vá acabá de destruir á la revolució pasada. El dia que el destruiren m'envaix enterar y de estrangis vaix poguer recullir uns pochs papers que varem enterrá y acabada la guerra, els vaix ordenar á la meua manera y es l'archiu que avui té l'iglesia parroquial" (apèndix 2). Com tot en Vidal, hi ha certa part de veritat i certa part de mentida en les seves afirmacions. No és cert que l'arxiu parroquial patís cap dany durant la revolució de 1936, ni que l'enterressin per a salvaguardar-lo. Sí que és cert que l'arxiu va ser saquejat; no durant la guerra de la Independència, sinó per ell mateix. I també és cert que el va ordenar a la seva manera. Si el 1936 li van robar i cremar papers és cosa difícil d'afirmar o negar, però que va procurar "reconstruir" aquell arxiu seu que cita, existís o no, també és cert, com prova l'apèndix 3, amb el catàleg de tots els documents dels quals s'apropià indegudament, i recuperats de casa seva anys després de la seva mort.

5. Les informacions verídiques i el benefici del dubte.

De tots els paràgrafs del relat de Vidal, només hem pogut confirmar la veracitat de dos d'ells: el §36 (vegeu la nota 140) i el §42 (vegeu la nota 154). Són informacions basades en documents que espolià dels arxius parroquial i baronial de Cabassers. En d'altres, com el §43 (nota 155), es basa en documentació de l'arxiu parroquial que consultà i no es quedà, però adultera dates i fets, encara que deixant reminiscències de la informació veraç. Sembla que per a escriure els paràgrafs situats cronològicament als segles XVI i XVII s'hauria basat en documents autèntics dels arxius cabasserols, i això atorga el benefici del dubte, encara que sigui parcialment, a les parts del text que tracten aquesta cronologia i que no són clarament un disbarat, com ja intuí Pere Català (Català, 1973: 457). Amb tot, el benefici del dubte podria anar una mica més enllà, quan, al §1 de la versió preliminar número 15, escriu que el prior major de Tortosa Joan Siurana beneí el retaule gòtic que avui es pot contemplar a l'església de Cabassers el 1403 (vegeu la nota 351). Aquesta part del text va ser cancel·lada ja a la versió preliminar, i no aparegué publicada amb els goigs. Com s'explica amb detall al lloc corresponent, determinades circumstàncies permeten pensar que, per a aquesta informació, potser s'hauria basat també en documentació avui perduda, segurament, a causa del seu espoli. De totes maneres, cal agafar aquesta suposició amb moltíssima cautela.

6. Els dos misteris de la *Breu història*.

El relat de Vidal presenta dues circumstàncies sorprenents: la primera, l'afirmació que a Cabassers hi hagué el monestir de Biclaro (que ell escriu Wiclar), segons descriu al §3, i al §27 fins i tot s'aventura a ubicar-lo amb concreció. Al §13 també afirma que la fundació de Santa Maria de Vallclara el 1149 no fou més que la restauració d'aquell monestir visigot de Biclaro, destruït durant la invasió islàmica. El cas és que hi ha prou arguments per a sostenir aquesta hipòtesi de localització de Biclaro a Cabassers, com ja es va fer la dècada de 1990 (Ferré - Prats, 1995 i Ferré - Prats, 1995a) i més recentment i de forma més desenvolupada, amb correccions dels errors dels articles anteriors (Miró - Prats, 2021). Miquel Vidal va observar els nombrosos carreus reutilitzats en edificacions del nucli urbà, molts decorats amb relleus, i fins i tot en va prendre fotografies (figs. 19, 20, 21 i 22). Això, d'alguna manera, potser per haver llegit el que escrigué Charles Hugo el 1736 sobre els motius de la fundació de Santa Maria de Vallclara (vegeu la nota 19), li va inspirar la possibilitat que efectivament aquest monestir hagués pogut ser a Cabassers. Entre els seus apunts, una nota especifica les seves observacions: "En muchas partes del monasterio de Wiclar se alla la cruz de Santa Tecla, que es T, que recuerda que dominio, era del Arzobispo de Tarragona. La T va coronada con la margarita" (vegeu la versió 18g, a l'anàlisi crítica, i la nota 442). Vidal va confondre peces procedents d'un antic oratori romànic, alçat durant la Conquesta i desmuntat més tard (Ferré - Masip - Miró - Prats, 2021: 87-125), amb relleus d'època visigoda. Tanmateix, quatre carreus amb relleus sí que podrien ser adscrits a aquest període, i això, més els indicis etimològics i documentals, permeten bastir la hipòtesi d'ubicació de Biclaro de Miró - Prats, 2021. Sense cap mena de dubte, per estrany que pugui semblar, les actuals hipòtesis d'ubicació del monestir de

Biclaro a Cabassers, formulades des de la raó i l'evidència científica, es deuen íntegrament a Miquel Vidal i Llecha, que amb el seu text i a la seva manera, va posar la lupa sobre aquesta possibilitat, recollida amb escepticisme per Biete primer, i desenvolupada més tard per Josep Ferré i nosaltres mateixos en uns altres llocs que ja hem referenciat abans.

La segona circumstància que crida l'atenció la trobem al §5. Afirma que el Pas de l'Ase "estava enfront de la ciutat d'Ibera". Just aquest paràgraf és un dels que cita Carmel Biarnès a *Moros i moriscos a la ribera de l'Ebre* el 1972 (Biarnès, 1972), quatre anys després de la publicació dels goigs, i un any abans que el mateix Biarnès descobrís, exactament on indica Vidal, el poblat ibèric de Sant Miquel de Vinebre (vegeu la nota 30). Casualitat, o missatge subliminar? És aquest un bon lloc per a recordar que al §27 diu que el monestir de Biclaro s'alçava on ara hi ha l'església de Cabassers. Potser una excavació arqueològica a l'interior del temple, si se segueix el mateix patró que va seguir Biarnès amb el poblat ibèric de Sant Miquel de Vinebre, doni alguna sorpresa.

7. La repercussió de la *Breu història*.

Sorprenentment, el text de Vidal va obtenir ressò molt poc temps després de la seva publicació, i el 1972 Carmel Biarnès ja citava els passatges dels paràgrafs 6, 7 i 8 a *Moros i moriscos a la ribera de l'Ebre* (Biarnès, 1972), prenent-los per una tradició recollida per Vidal. No oferim aquí les referències bibliogràfiques exactes perquè es troben a les notes, amb els números de pàgina a què ens referim, als paràgrafs corresponents. Pere Català Roca també anomena la *Breu història* al volum VI de *Castells Catalans*, del 1973. Després d'un repàs general al text, escriu que no fa "massa cas de les notícies que dóna" perquè les troba "massa agosarades", però també menciona alguns dels paràgrafs que especifiquen dates més o menys exactes, sembla que donant-los alguna credibilitat (Català, 1973), com es detalla a la nota 4 de l'anàlisi crítica. Jaume Asens, a la seva *Guia del Priorat*, publicada el 1981, recull subtilment la hipòtesi d'ubicació del monestir de Biclaro que expressa Vidal a la seva manera al §3, dóna credibilitat a la suposada tradició mariana a l'ermita de la Foia del §53 i, més endavant, accepta el fals topònim "Gueta-Lupia" del §7 com a pretèrit de Gratallops (Asens, 1981). Jaume Sabaté, el 1986, també recull aquest "Gueta-Lupia", sense donar-li credibilitat, a la *Guia de Gratallops* (Sabaté, 1986), i a Albert Gonzàlez tampoc no li sembla creïble (González, 1993). Vicenç Biete, el 1991, a *Cabacés, un poble al peu de Montsant* (Biete, 1991), també cita Vidal, però amb molta més cautela que Biarnès i advertint que no li dóna credibilitat, en reproduir els paràgrafs 1 a 4 i 8. Més endavant, però, sí que accepta les informacions dels paràgrafs 43 a 46 sense citar-ne l'origen. El 1994 Jaume Sabaté dóna per bones certes informacions dels §15, 38, 39 i 40, sobretot pel que fa a nomenaments de rectors i vicaris (Sabaté, 1994). També el 1994, Jesús Ávila Granados, a *Excursions pel Priorat*, relata parts dels §1, 2, 5, 26 i 53, atribuint algunes coses a Delfí Navàs, o mesclant-ho amb altres invencions que no se sap d'on surten (Ávila, 1994). El 2008 encara insisteix a atribuir a Delfí Navàs el que malinterpreta del §1 de Vidal, tot afirmant que "el cuerpo y cabeza de Hermenegildo, fueron enterrados en el interior de la mágica cueva de Santa Llúcia, en La Bisbal de Falset (Priorat); según el erudito Delfí Navàs, de Cabacés" (Ávila, 2008: 55), i encara es torna a dir el mateix, però sense atribuir-ho a Navàs, a *Codex Templi* (Templespaña, 2015). Deixarem aquí la pseudociència i les derivades que la *Breu història* troba en aquest camp. Ezequiel Gort recupera, el 1998, en un article (Gort, 1998), el que Biarnès extreu dels §6, 7 i 8 de Vidal, i ho anomena llegenda. L'any 2000, Jaume Sabaté cita la

Breu història com a font utilitzada per al recull toponímic de la Vielalla Alta (Sabaté, 2000: 51). A l'any 2003, Joan Llecha també cita els passatges del §26 (aquest, manllevat d'Ávila, 1994) i del §52 (Llecha, 2003). El 2004 Rodon crea un problema més gros encara, volent ubicar un monestir que interpreta que s'anomenava Senus-Deo, a sota de les runes de la cartoixa de Scala Dei (Rodon, 2004). En Realitat, però, Rodon s'equivoca, i no compren el §5 de Vidal: creu que Senus-Deo és el nom d'un monestir, quan per a Vidal, és el nom d'un abat del monestir de Wiclar (vegeu la nota 33). Rodon té coneixement del nom d'aquest suposat monestir també per la referència de Biarnès. El 2009, Salvador Palomar i Montserrat Solà transcriuen part del §25, citant la font, i recullen el que escrigué Asens el 1981 sobre la suposada tradició mariana cabasserola (Palomar - Solà, 2009). Josep-Enric Peris, en un article del 2013, anomena la suposada visita de Neus de Bragança a la Foia, que provocaria el canvi d'advocació segons relata Vidal al §52 (Peris, 2013). Ezequiel Gort, el 2017, a la seva història de Santa Maria de Bonrepòs (Gort, 2017), hi afirma, parlant dels §6 a 8 de Vidal, sense citar-lo, que són una llegenda originada al monestir de Scala Dei. L'últim cop que algú parla -indirectament- del text de la *Breu història* és al 2020, al recull *365 dies amb Maria* (Rodríguez, 2020), on es dóna per bona la història del suposat canvi d'advocació de l'ermita de la Foia pel de la Verge de les Neus que Vidal explica al §52 i les obres d'ampliació del 1844, que Vidal sap per Navàs, del §51. A banda, una novel·la juvenil de Xavier Llopart, titulada *L'oreneta de Mont-Sacer* i publicada per Tartaruga Edicions el 2015, situa l'acció a la Bisbal de Falset sota el fals topònim que li assignà Vidal, però aquí no hi ha res a dir perquè està dintre del camp de la ficció, com pertoca a gran part d'aquesta història.

Els falsos topònims pretèrits creats per Miquel Vidal han tingut un èxit especial i destacable entre els productors d'oli i vi de la comarca: la cooperativa agrícola de la Bisbal de Falset ha adoptat com a marca del seu oli i logo de l'entitat (fig. 23) el nom de Montsacer, basat en el Mons Sacer (§1 i nota 6) que diu Vidal que era el nom antic de la Bisbal (i que la web de la cooperativa diu, també erròniament, que Montsacer és com es coneixia el Montsant en llatí). El celler de la D.O.Q. Priorat, Bodegas B.G., de Gratallops, també anomena Gueta-Lupia (vegeu el §7 i la nota 40) un dels seus vins (fig. 24), sense cap mena de dubte dubte inspirats per la referència que fa Sabaté a aquest pseudotopònim a la seva *Guia de Gratallops*. Heus ací la magnitud de la tragèdia.

Malauradament, a la comarca del Priorat hi abunda la bibliografia sense rigor i fins i tot pseudocientífica, a part de la més que lamentable *Excursions El Priorat*, de Jesús Ávila Granados, ja referida.

8. La gènesi d'una falsa corranda popular.

Convindrà veure, per a entendre els mecanismes que utilitza Vidal a la preparació del seu text, un breu exemple de la gènesi d'una falsa tradició a càrrec seu, que ens donarà una idea resumida de la seva forma d'actuar a la *Breu història*: el desembre de 1967, enviava una felicitació de Nadal (fig. 25) a amics, parents i coneguts, que reproduïa a la portada la mateixa imatge de la Mare de Déu de la Foia que il·lustra els goigs, i hi afegia una "corranda popular" (que no cal dir que no és tal cosa, com veurem tot seguit):

Serva el monenc maurol
del Monestir de Wiclara
a la Verge Lusiana
i al fidel sant Ermengol
(Corranda popular)

Entre els apunts de Miquel Vidal utilitzats per a escriure el seu text hi hem trobat la prova de la invenció d'aquesta suposada "corranda popular" i l'evolució dels versos fins a la seva versió definitiva (al peu d'imatge, versió i paràgraf corresponents als textos de la segona part de l'anàlisi comparativa del capítol II.2):

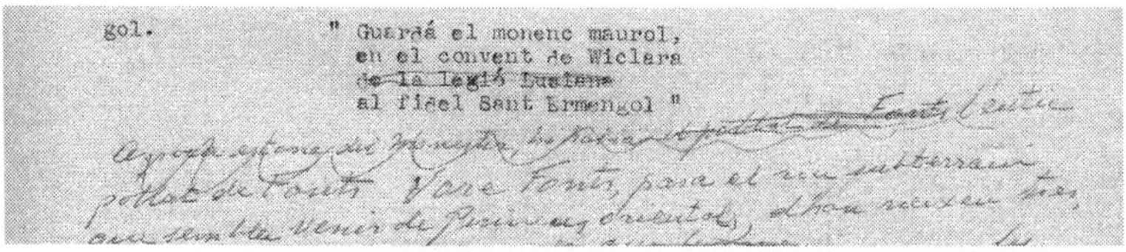
gol. " Guardà el monenc maurol,
en el convent de Wiclara
~~de la legió Luciana~~
al fidel Sant Ermengol "

Ver. 2 §3

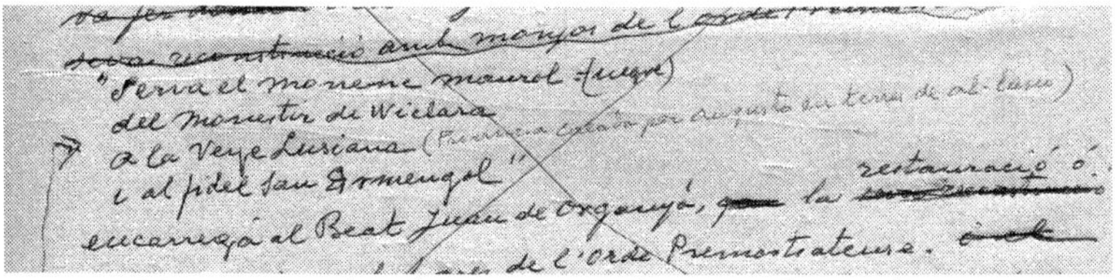
"Serra el monenc maurol
del monestir de Wiclara
a la Verge Luciana
i al fidel Sant Ermengol"

Ver. 4 §9. Vesió amb comentaris a la "corranda popular".

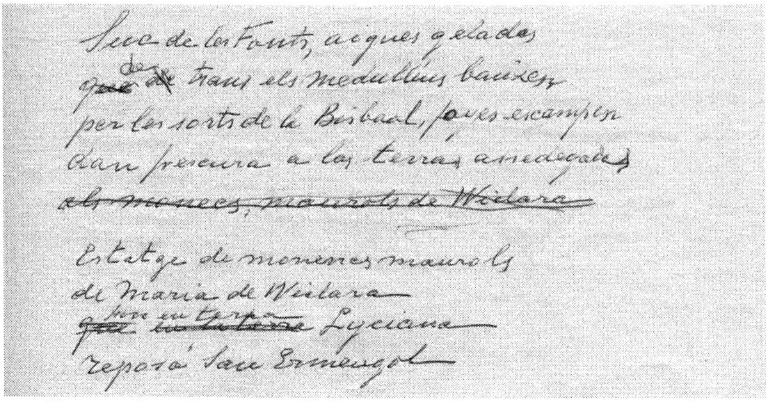
Seu de les Fonts, aigües gelades
que des trau els medul·lins baixes
per les sorts de la Bisbal, pres escampen
dau frescura a les terres assedegades
~~els monecs maurols de Wiclara~~

Estatge de monenes maurols
de Maria de Wiclara
Lyciana
reposà Sant Ermengol

Ver. 7 §1. La primera estrofa desapareix a les versions següents i a la definitiva.

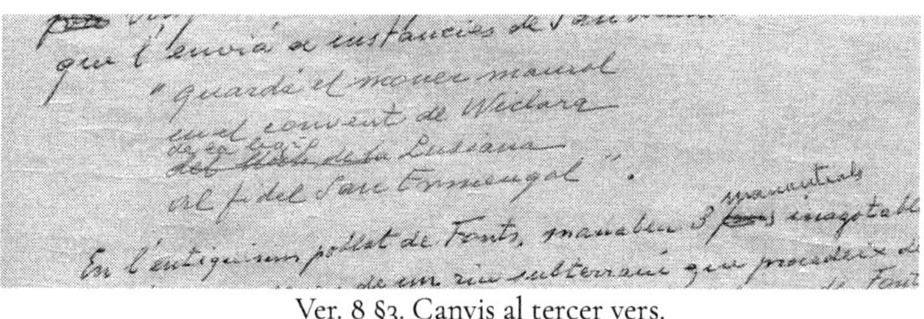

"guardà el monenc maurol
en el convent de Wiclara
a la Verge Lusiana
al fidel Sant Ermengol".

Ver. 8 §3. Canvis al tercer vers.

AB EL PERILL DEL ARRIANISME, LA FEREN PATRONA CONTRA TOTES LES HEREGIE
" GUARDA EL MONENC MAUROL,
DEL MONESTIR DE WICLARA
A LA VERGE LUSIANA
I AL FIDEL SANT ARMENGOL."

L'ANY 614, ESENT PONTIFICE SAN DEO-DADO, Y REINANT SISEBUT, VA PROSCRI
EL JUHEUS ,OBLIGANTLOS EN EL TERME DE UN AÑY, A BETEIXARSE Ó A EXPATRI

Ver. 10 §5. Versió gairebé definitiva (només canvia la paraula "guarda" per "serva" a la publicada a la felicitació de Nadal).

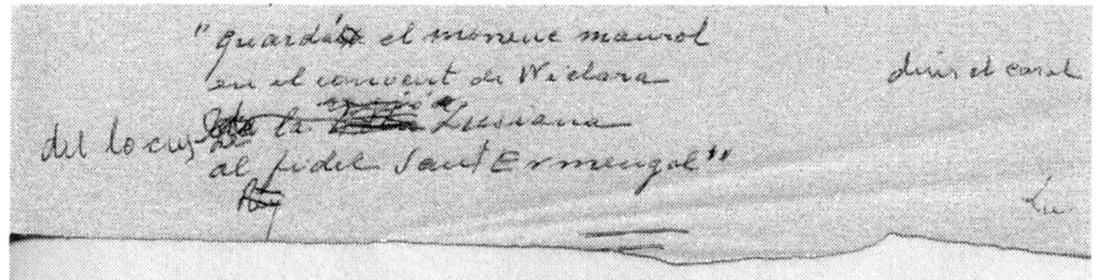

PROPERA
GOL Y L'IMAGE DE LA VERJE QUE AMAGAREN LA MONTAÑA QUE AVUY ENCARE
CONSERVA EL NOM

SERVA EL MONENC MAUROL = (NEGRE)
DEL MONESTIR DE WICLARA
A LA VERJE LUSIANA
I AL FIDEL SAN ARMENGOL "

EL MONJUS, S'INTERNAREN ESCAMPATS UNS PER LA PART DEL MONTALS I

Ver. 13 §7. Versió amb comentaris reduïts.

Ver. 18e. Molt retocada i bastant diferent de la versió definitiva publicada a la felicitació del 1967.

No cal dir que ningú a Cabassers no ha conegut mai aquesta "corranda popular". Aquesta mostra ha de servir per a posar-nos sobre avís del que veurem a l'anàlisi del text pseudohistoriogràfic de la *Breu història*.

9. El propòsit del despropòsit.

És inevitable preguntar-se per què Miquel Vidal i Llecha va escriure la *Breu història*, en lloc d'exposar les seves hipòtesis de forma racional, coherent i sense fantasia. Hi ha altres preguntes igual d'importants: es creia el que escrivia, o ho escrivia perquè ho creguessin altres? Era conscient de les dosis de fantasia que aboca al seu text, o aquestes són premeditades? La carta que va escriure a Montlleó (apèndix 2) sembla indicar que creia el que escrivia, però per contra, la reforma de l'ermita de Sant Roc i la col·locació dels medallons de les Pinyeres deixen clar que era ben conscient que estava falsificant la història. Altres detalls també són un indici molt poderós per a pensar que Vidal era perfectament conscient del que feia: en una nota preparatòria del seu relat (ver. 18i) escriu correctament el nom del rebel Hafsun, que al §8 transforma en el personatge de Chitano Afrún. A les versions preliminars, anomena el personatge Hafrun (vers. 4, 10, 11 i 13), Afrun (vers. 14 i 16) i Afrún (ver. 17, la versió que va ser portada a impremta, i com apareix als goigs). El bisbe de Girona Alici, personatge històric que apareix als seus apunts dels apèndixs 1a i 1b, sembla inspirar el patriarca Al·lusio del §1, i sens dubte és el personatge anomenat Il·lisio al §2. Fins i tot, el Patriarca Lysio del §5, un dels passatges més difosos de tot el text (vegeu la nota 35), sembla treure el seu nom també de la inspiració en l'Alici històric. Les versions descartades de la *Breu història* confirmen que tots aquests personatges deriven d'Alici: a la versió descartada núm. 10 parla d'Al-Lysio per a referir-se al patriarca del §1, i més endavant, a la mateixa versió, anomena Alysio al bisbe del §2. A la versió 16, el mateix personatge del §1 es diu Il·lysio, i a la versió que lliurà a la impremta anomena Lisio al patriarca del §5 (ver. 17), que aparegué com a Lysio al text definitivament publicat. Amb la forma Wiclar per a Biclaro veiem un procediment similar: a les seves notes (versió 18a i apèndix 1n) escriu Biclar, i també ho fa així a la carta a Modest Montlleó (apèndix 2). Altres formes que trobem als seus apunts són Biclara (versió 18d) i Biclaro (apèndixs 1a, 1b i 1j). Per tant, l'ús de la forma Wiclar a la *Breu història* no és ni ignorància ni bogeria. Continua amb els jocs de noms, més enllà de les falses etimologies que crea, i utilitza les variants del topònim Avicabescer de la documentació de la Conquesta per a crear, als §11 i 13, gentilicis i topònims. Així, ens parla dels Kabassirs o Al-mo-kabes, amb reminiscències dels almogàvers i la mateixa funció que aquest cos d'elit, i, fins i tot, amb el mateix crit de guerra, "despera ferre". També diu que les terres d'Avin-Kabessir estaven poblades per Kabasses (usat com a gentilici) i Unikapssieris, que descriu com a moros captius, també anomenats Kapssieris. En canvi, l'origen d'aquests Unikapssieris no és cap altre que el nom de l'actual Cabassers tal com apareix a la carta de població de la Morera de Montsant, en mencionar els límits del terme, el 1170: Unicapcerii (vegeu la nota 59).

Tornant a la carta a Montlleó, sorprèn com considerava Vidal la bibliografia sobre el Priorat que hi havia en aquells moments: "*De Bibliografia, d'aquestes comarcas já mol poca cosa aprofitable; tot son cuentos y llejendas sens cap fonament, fillas de la imaginació*". És difícil saber per què Miquel Vidal va escriure el seu text de manera que el resultat va ser molt pitjor que el que critica a la carta a Montlleó, però sembla que hauria volgut imitar a Joanot Martorell, quan escrigué *Tirant lo Blanc* per a riure's del gènere de cavalleries. Tot i que se li veuen més paral·lelismes, en la proporció que li correspon, amb els grans falsificadors Román de la Higuera i Juan Tamayo de Salazar. El primer va publicar, el 1594, el *Chronicon Omnimodae Historiae*, i el segon, el 1665, una obra gairebé tan infame com l'anterior: la *Anamnesis sive commemorationis sanctorum Hispanorum ad ordinem, et methodum Martyrologii Romani.*

Ambdues obres estan farcides de falsedats, manipulacions, invents, transcripcions de textos inexistents, exageracions i mentides. No és gens descartable que Vidal, tenint en compte l'antiguitat de la bibliografia que consultà i que probablement tenia a la seva biblioteca, hagués llegit les obres d'aquells dos farsants i s'hi inspirés. Fins i tot, a la seva escala, els va arribar a superar; que se sàpiga, ni Higuera ni Tamayo no van arribar a l'extrem de falsificar proves arqueològiques per a avalar els seus disbarats, cosa que Miquel Vidal no va dubtar a fer a l'ermita de Sant Roc, incorporant els medallons al·lusius a les Pinyeres en una capella.

Probablement es va riure de tothom amb la *Breu història*, però de pas va crear un efecte col·lateral, hi comptés o no: la corretja de transmissió del seu relat, el monestir de Biclaro (Wiclar, segons la seva pròpia terminologia) i la ubicació que en proposa a Cabassers, va quedar viciada i contaminada pel que va escriure. Defensar la ubicació de Biclaro a Cabassers és possible i s'ha fet des de l'escrutini de la raó, l'evidència i els indicis (Cf. Miró - Prats, 2021). La hipòtesi, expressada coherentment, és tan vàlida com les altres que hi competeixen (Vallclara de la Conca de Barberà i Béjar, o als voltants, d'aquesta població de Salamanca), i fins i tot més consistent. Però per a expressar-la de forma seriosa cal primer desmuntar a Vidal. Si no es fa així, l'ombra de la *Breu història* la perseguiria i la desacreditaria, en quedar relacionada amb el Wiclar fantasiós que va crear Vidal. I tanmateix, en el fons (que no en la forma), Vidal tenia raó, i és coherent identificar Biclaro amb Cabassers. Aquesta és la gran paradoxa del seu text. Si bé el propòsit de Vidal potser no el sabrem mai del cert, el nostre és clar: evitar que la proposta d'ubicació de Biclaro a Cabassers resulti contaminada pel que fos que pretengués Vidal.

De vegades, però, les coses són més senzilles del que semblen, i, potser, tot això no era res més que una operació de màrqueting per a vendre vi. Se sap que Miquel Vidal envasava sota la marca Cavaloca, com prova l'etiqueta de la fig. 26. I remarquem el potser de fa dos frases, perquè la veritat és que continuem sense entendre què perseguia Vidal.

Amb tot, una cosa és evident: va voler que el que havia de dir tingués difusió, i per a aconseguir-ho, va publicar la *Breu història* al dors d'uns goigs a la Verge de la Foia. S'assegurava que el text circulés entre els parroquians, però també que s'escampés molt més enllà, ja que sabia de sobres que els goigs es col·leccionen i que fins i tot existeix una entitat que promou aquesta afició (els Amics dels Goigs). El que potser no s'esperava és que alguns dels passatges del seu text fessin tanta fortuna, que tants es prenguessin seriosament les seves "llejendas sens cap fonament, fillas de la imaginació", per a dir-ho amb les seves paraules, i que s'arribés a publicar un estudi com aquest per a destriar realitat i ficció del que va escriure.

10. El final del principi.

Uns altres goigs marquen el final de tota aquesta història: el març de 1968 Torrell de Reus feia una edició dels de Sant Marc Evangelista (núm. 446, dipòsit legal 16962-1968), amb la melodia també recollida per Josep-Enric Peris Vidal, i la següent nota al peu: "Edició d'homenatge pòstum a la memòria de Miquel Vidal Llecha" (fig. 28). Pocs dies abans, el 25 de febrer, Vidal havia mort al seu Mas Roger, mentre estava assegut a la llar de foc, davant la qual caigué fulminat per un infart. Justament aquella mateixa tarda, Josep-Enric Peris l'havia anat a veure per a donar-li les gràcies per la tramesa d'uns quants exemplars dels goigs amb la *Breu història*, deferència que tingué Vidal atenent al fet que Peris li havia preparat la partitura de la melodia. A la poca estona d'haver tornar a Cabassers, la majordoma de Vidal es presentà al poble comunicant que havia mort. La mort de Vidal, però, només marcà el final del principi, ja que les seves fantasies van començar a escampar-se sense aturador d'una o altra manera, com hem vist abans.

Esperem que la publicació d'aquesta anàlisi posi fre a la difusió de les falsedats de Vidal, i que faci extremar la cautela als autors actuals abans de citar els seus passatges referits per altres obres que, inadvertidament, els donen com a bons o simplement els etiqueten de llegenda, quan la marca que haurien de dur és la de la invenció. Com es veurà tot seguit, el text, tot i que conté certes bases de veritat i parts comprovables en major o menor grau, és una gran aberració historiogràfica que mescla realitat i ficció fins a fer-les, en molts punts, indistingibles. Es pot pensar que és l'obra d'un boig o la d'un geni, però veient la difusió que ha tingut, és més fàcil considerar la segona opció que la primera; molts autors solvents ja voldrien només una petita part del ressò que ha tingut la *Breu història* de Vidal.

Finalment, fer notar que incorporem, a l'anàlisi comparativa, les versions de la *Breu història* descartades per Vidal, que ajuden a veure l’evolució del relat fins a la seva versió definitiva, que també incorporem transcrita tal com es lliurà a la impremta. El lector notarà en aquell apartat que el domini de l’ortografia catalana que tenia Vidal i Llecha era molt deficient, la qual cosa fa obvi que el text finalment publicat fou corregit per l’editor.

II. ANÀLISI CRÍTICA

11.1 Fonts, contrast i repercussió

En aquest apartat, analitzarem el text de la *Breu història* per a determinar les fonts que va utilitzar l'autor d'aquelles informacions que són veraces, contrastar les que estan manipulades o són falses, i veure quina repercussió ha tingut cada un dels paràgrafs, amb especial atenció a la difusió feta per altres autors del text de Vidal, donant-lo per bo, tractant-lo de llegenda o tradició, o desemmascarant-lo com a fals. També procurarem identificar la bibliografia possiblement utilitzada per Miquel Vidal per a crear personatges ficticis basats en personatges històrics. Totes les anotacions necessàries per a determinar això que acabem de dir van en notes a peu de pàgina.

Títol BREU HISTORIA DE LA IMATGE DE LA MARE DE DEU DE LA FOIA contada per l'ermità de l'Oratori dedicat a l'arcàngel sant Miquel, del Mas Roger de Pallars; en la Comarca de l'extingida Baronia de Cabassers[1].

---

1 Tot i que Miquel Vidal i Llecha no va signar la *Breu història*, sinó que utilitzà el pseudònim "ermità de l'Oratori dedicat a l'arcàngel sant Miquel, del Mas Roger de Pallars", és sabut que l'autoria del text és seva (Biete, 1991, 101 i Anglès, 1968), i el manuscrit del text va ser trobat entre els papers del seu arxiu particular (ASMV, Fons Miquel Vidal). A banda, una felicitació de Nadal del 1967 feta imprimir per Vidal (fig. 25), apareix signada com "MIQUEL VIDAL LLECHA / Ermita de Sant Miquel", i la coberta reprodueix la mateixa xilografia d'E. Prats Auqué que il·lustra els goigs als quals acompanya la *Breu història*, coses que encara reforcen més l'autoria de Vidal i Llecha d'aquest text. També ens ho confirmà Josep-Enric Peris, que musicà la melodia dels goigs a petició de Miquel Vidal. Altres proves de la seva autoria són la carta a Modest Montlleó de l'apèndix 2, i el fulletó reproduït a la fig. 17, on apareixen esbossades les idees i relats que més tard es desenvolupen als goigs. Així doncs, l'autoria de Miquel Vidal de la *Breu història* queda fora de qualsevol dubte. Pel que fa a l'epítet "de Pallars" que atribueix al

§1 Al 13 d'abril de l'any 585[2], fou decapitat a Tarragona el rei de Sevilla Ermenegild o Ermengol. El seu germà Recared, recollí les despulles i les traslladà a la Recòpolis[3] del Mun-San, junt al castell d'Al·lusio[4], patriarca dels celtíbers, enclavat tot en la

---

Mas Roger, possiblement l'origen l'haguem de buscar en el nom de qui sembla el primer propietari documentat del mas, un tal Roger de Palàs que apareix al Primer Llibre de la Cort del batlle de la Baronia de Cabassers, el 1451: "*A XIII del mes de febrer a(n)y MCCCCLI, li foren elets per executar una sentència donada per lo molt reverent seyor, lo seyor bisbe de Tortosa, en la causa que ere de devís, entre en Gregorio Yvorra d'una part e en Mateu Martorel d'altra, los honrats lo rector de Cabacés, el batle, en Gregorio Solanelles, en Pere Homdedeu, conselés donats per lo reverent seyor, ensems mossen Bernat Despug, portant loch per lo dit senyor. Los quals, de una cort, ficaren unes termes per a una casa nesesària, és segons consta per la dita sentència donada per lo dit reverent seyor, en lo palau de Bítem, donant lo dit pati de la casa al dit Mateu Martorel. Lo qual (pati) és en la garriga, prop la era d'en Roger de Palàs, donant-li més e asignant-li pas e camí /veynal/, a(i)xí per a·l'aygua com per anar al seu trochs apellat [...] Muntals, confrontant ab /sensal del se(n)yor/, per entre ab dues les cases d'en Roger de Pallàs, e l'enfront dels troços den Roger de Pallàs e del dit Yvorra. E axí lo dit Gregorio Yvorra ls·e a promès e fermat en poder del dit mossen, Bernat Roger, sots les penes en la sentència contengudes. Per al troch del saray, (h)age lo camí antich [per] lo mas d'en Yvorra*" (ABC, Primer Llibre de Corts. fol. 9v). Per la descripció que es fa de la finca de Roger de Palàs, no pot ser altra que el Mas Roger. Vegeu també les notes 57, 122, 124 i la ver. 13 §24 per a una suposada relació entre els Pallars i els Llecha.

2 El 13 d'abril del 585 Hermenegild va ser decapitat a Tarragona, i les seves restes van ser traslladades pel seu germà Recared a la Recòpolis (García Moreno, 1989, 129).

3 La Recòpolis és del segle VI i es troba a El cerro de la Oliva, Zorita de los Canes, Guadalajara (García Moreno, 1989, 133). Estava possiblement destinada a ser residència oficial de Recared, que fou *consors regni* a partir del 573. Dotada de privilegis, la Recòpolis havia de ser la capital

província romana de Lusiania[5], on abans existia el Mon-Sacer[6] o Bisbal[7].

§2 A l'any 589, el rei Recared, Il·lisio[8], bisbe de Girona; Artemi, bisbe de Tarragona, i el portuguès frare agustí[9] del Convent de Tarragona, Joan de Wiclar[10], començaren la construcció d'un

---

administrativa i el centre de dominació visigoda a Carpetània i Celtibèria, en posició de rereguarda del limes amb la província bizantina de Spania (García Moreno, 1989, 120-121).

4 Probablement sigui una caracterització inspirada en el nom del bisbe de Girona Alici. Vegeu la nota 8 per a un personatge de nom similar en el rol de bisbe. Vidal cita aquest bisbe diversos cops als apunts d'història que utilitzar per a bastir la base del seu relat fantàstic. Vegeu els apèndixs 1a, 1b i 1d. Pere Català Roca, a *Els castells catalans*, repassa les informacions de la *Breu història* advertint que no en fa massa cas, i menciona passatges, a més d'aquest primer paràgraf, dels §5, 7, 9, 11, 16, 17 i 18, atorgant cert benefici del dubte als §21, 34, 38, 42 i 44 (Català, 1973: 457).

5 Sembla jugar amb els noms Llusià i Lusitània, per a crear una suposada província romana anomenada "Lusiania". La Recòpolis es trobava a la regió de Celtibèria, no a la Lusitània (Blázquez et al, 1988: 81).

6 En les seves descripcions sobre la costa mediterrània, en arribar a Catalunya, Aviè escriu el següent: Juxta superbus mons Sacer caput exerit / Oleumque flumen proxima agrorum secans / Geminos jugorum vertices inter fluit. / Mons quippe Sellus (nomen hoc monti est vetus) /Ad usque celsa nubium subducitur. (*Avi. Ora Mar.* 504). Alguns han volgut veure en aquesta descripció que el mons Sacer a què es refereix Aviè sigui el Montsant (Blázquez, 1894: 392). La menció que fa Vidal al "Mont-Syllo" (que de vegades escriu Sillo) en algunes versions descartades del seu text (vegeu les ver. 1 i 8) confirma que va inspirar-se en aquest passatge de l'*Ora maritima*. Més modernament, altres autors han fet incidència, però, en altres aspectes del relat, argumentant que Aviè de fet tan sols diu que la muntanya Sacer o Acer es troba al costat o a prop de Tyrichae, i que el riu Oleum flueix entre dues zones elevades (Mangas - Plácido 1994: 146). M. J. Pena, en línia amb les seves hipòtesis sobre Tyrichae, considera que allò que està descrivint Aviè en aquest punt és l'Ebre justament més al nord de Tortosa, al voltant de

monestir[11], que unia el castell amb la Recòpolis, per a guardar les relíquies de sant Ermenegild[12], i prosseguir la lluita contra l'arrianisme i demés heretges.

§3 La fàbrica del monestir s'acabà l'any 591, essent el primer abat en Joan de Wiclar. El monacat era de l'orde de sant Benet[13], d'hàbit negre i guardava les regles de Joan de Wiclar, perquè les

l'actual Benifallet, quan passa encaixonat entre la serra de Cardó al nord i la Serra de l'Espina al sud, i que el nom de mons Sacer (o Acer), cal cercar-lo avui en dia en el contrafort septentrional dels Ports de Beseit, al límit dels actuals municipis d'Horta de Sant Joan, Prat de Compte i Paüls, el qual s'anomena Montsagre (Pena, 1989:20 i Garcia, 2008: 79-108). Més endavant al text de Vidal (§17) també s'afirma que l'Oleum flumen es correspondria al riu Montsant, i això també quedaria descartat seguint els arguments del treball anterior. El mateix Carreras Candi també és partidari d'aquesta última interpretació (Carreras, 1924a: 368).

7 La identificació falsa que va fer Vidal del Mon-Sacer amb la Bisbal de Falset ha donat lloc a què la cooperativa agrícola d'aquest poble comercialitzi el seu oli sota la marca comercial Montsacer, i que fins i tot la seva pàgina web utilitzi el domini montsacer.com. A banda, Xavier Llopart, ha publicat una novel·la titulada *L'oreneta de Mont-Sacer* (2015, Tartaruga Edicions), un poble fictici inspirat en la Bisbal de Falset.

8 Il·lisio fa referència a Alici, que fou bisbe de Girona abans que ho fos Joan de Biclaro (Merino - Canal, 1819: 48-49). Alici apareix als apunts d'història de Miquel Vidal, i per tant això prova que coneixia la figura (apèndixs 1a, 1b i 1c). La resta de dades són correctes; Recared era rei i Artemi bisbe de Tarragona. Pel que fa a la pertinença de Joan de Biclaro a l'orde dels agustins, hi ha alguns autors que defensen aquesta tesi, entre ells en Joseph Massot, que el 1699 va escriure un *Compendio historial de los hermitaños de Nuestro Padre San Agustín...* on, entre d'altres, hi inclou a Joan de Biclaro (Massot, 1699: 171-173).

9 Massot, a *Compendio historial, de los hermitaños de nuestro padre San Agustín* afirma que Joan de Biclaro pertanyia a aquesta orde (Massot, 1699: 134 i 171). Ávila Granados afirma també, en base a aquest paràgraf, fent-se un embolic amb el monestir de Santa Maria de Vallclara, que el seu abat era d'origen portuguès i frare agustí (Ávila, 1994: 53).

del patriarca del silenci[14] encara no havien aparegut. A l'església s'hi venerava sant Fèlix[15], del qual era devot Recared, i els primers màrtirs romans del temps de Maximí, l'ausetà Cis-Ibera, sant Marcià i el celtíber de Lusiània, sant Lucià[16], que eren sepultats a la balma gran o cova de La Bisbal, que ara és dita de santa Llúcia[17]. L'altar major de l'església estava dedicat a Santa Maria, perquè el Pontífex Papa Sant Gregori el Magne, a

10 Joan de Wiclar s'inspira en el bisbe de Girona Joan de Biclaro, que també fundà un monestir d'ubicació discutida a principis del regnat de Recared (Campos, 1960: 18-28). Vegeu el capítol 1 per a una breu ressenya biogràfica del personatge històric. Els apunts de Miquel Vidal confirmen la identificació d'aquest Joan de Wiclar amb Joan de Biclaro (apèndix 1d), i per al personatge històric els apunts de Vidal refereixen a Flórez, 1751, Merino - Canal, 1819 i, a l'apèndix 1a, Domènec, 1609.

11 El 591 fou l'any que alguns autors consideren que Joan de Biclaro fou nomenat bisbe de Girona, que curiosament es fa coincidir amb l'acabament de la fàbrica del monestir (García Moreno, 1989: 113). Els apunts de Vidal (apèndix 1a) refereixen a Diago, 1603 i Pujades, 1609 per a informacions sobre la ubicació del monestir.

12 Les relíquies de sant Hermenegild (el seu suposat cap) es guardaren al monestir de Sixena fins el 1585, i foren traslladades al monestir de El Escorial en aquella data (Barroso - Morín - Sánchez, 2020: 137-138). És possible que d'altres parts del cos del sant se sepultessin a Sevilla ja en època visigòtica, segons suggereix una inscripció trobada a Alcalá de Guadaira. (Barroso - Morín - Sánchez, 2020: 109).

13 Alguns autors discrepen que la regla seguida al monestir de Biclaro fos la de Sant Benet, perquè la seva entrada a la península Ibèrica va ser posterior (Campos, 1956: 240). Per contra, Narciso Feliu de la Peña y Farell diu que al monestir de Biclao sí que s'hi seguia aquella regla (Feliu, 1709: 180). També ho afirma el pseudo-Boades, i sembla que Vidal hagi tret d'allí la idea que seguien la regla de Sant Benet i els monjos vestien de negre: "va edificar un monestir de monjos negres de mossenyer sanct Benet" (Aguiló, 1873: 71).

14 Al §13 de la ver. 7 aclareix que es tracta de sant Benet.

15 Sobre la devoció de Recared a Sant Fèlix, Luis A. Garcia Moreno en fa una clara referència: "Respecto del reino visigodo hispano se sabe que Recaredo había donado a la iglesia gerundense de San Félix una corona, que en 679 utilizó para coronarse el usurpador Paulo, por lo que parece

instàncies de sant Leandre, feia tramesa de l'apreciada imatge, talla de fusta de tamany natural que porta el nen Jesús al braç[18]. Sobre les ruïnes del monestir[19], del seu baptisteri, de la Recòpolis i del Castell d'Al·lusio[20], on s'alça avui la vila dels Cabassers[21].

---

lógico que originalmente ya hubiera servido para el mismo fin." (García - Suárez, 2008: 88). En una nota, l'autor diu que aquesta devoció per Sant Fèlix de Recared podria venir del fet d'haver guanyat alguna batalla, i que atribuís la victòria a la intersecció divina de Sant Fèlix. Cal tenir en compte que sant Fèlix és el patró de Girona, d'on Joan de Bíclaro fou bisbe, i alguns autors com Justo Pérez de Urbel (Pérez, 1926: 52-53) li atribueixen l'autoria de l'himne a sant Fèlix.

16 Molt probablement Vidal extreu la història de sant Marcià i sant Lucià de Jeroni Pujades: *"Luciano y Marciano foren Ausetans, naturals de la mateixa ciutat, que vuy se diu Vich"* (Pujades, 1609: 197). Vidal cita l'obra de Pujades entre les escasses referències a les fonts que utilitza, a l'apèndix 1a. Tanmateix, la historiografia moderna considera que ambdós sants foren martiritzats a l'Àfrica o a Nicomèdia, des que Villanueva posés de relleu que no hi havia cap referència antiga al seu origen vigatà (Villanueva, 1821: 113-115).

17 Jesús Ávila Granados, pretenent fer una guia d'excursions pel Priorat, segurament sense haver trepitjat mai la comarca, i de resultat lamentable, es confon i mescla aquesta part amb l'enterrament d'Hermenegild del §1, atribuint-ho tot falsament a Delfí Navàs, i assegurant que Hermenegild va ser enterrat a la cova de Santa Llúcia de la Bisbal de Falset (Ávila, 1994: 35). El mateix autor torna a dir el mateix en una altra obra, anys més tard (Ávila, 2008: 55), i encara apareix la mateixa història, derivada de Vidal, en un altre llibre d'autor desconegut, però sense atribuir-la a Navàs (Templespaña, 2015).

18 Tota la història de Vidal gira al voltant d'aquesta talla de fusta, que fa de fil conductor. La imatge, una xil·lografia de la qual il·lustra els goigs, va existir, però no tenia l'antiguitat que Vidal li atribueix: era una talla del 1865 (Navàs, 1918: 20), que fou cremada durant la revolució del 1936 (Biete, 1991: 356) com, de fet, el mateix Vidal explica a l'últim paràgraf del text. Vegeu també la nota 167.

§4 La imatge, fou miraculosa. Al dia de la consagració, els celtíbers i els imperials devots, l'hi demanaren tres gràcies: l'acabament del flagell de la pesta estesa per tot el país[22], l'extinció de l'arrianisme[23], l'abdicació o expulsió dels jueus. Les tres gràcies fóren obtingudes. La primera començà al primer dia; la segona la veiem a la mort de Leovigild i l'abdicació pública de Recared, i l'última en vida de l'abat i bisbe de

19 És probable que el monestir que fundà Joan de Biclaro estigués ubicat a Cabassers. Vidal hauria pogut extreure la idea d'aquí: "*Ibidem, & sub eodem nomine antiquitus existerat Monasterium ex quo prodiit celeberrimus ille Abbas Vallis Clara, postea Gerundensis Episcopus, cujus opera edita leguntur in collectione Scriptorum Hispaniæ, tom. I, pag. I, tom. 4, p. 153 & seqq. Illud Monsaterium a Mauris vastatum est, & in sua strage dudum jacens primitivam amiserat denominationem & novam d'Amicabescir, acceperat a novis loci occupatoribus Mauris. Anno 1149 ob Reverentiam Sanctorum quos Barbaries Sarracena Martyres in Valle Clara fecerat olim, illic Abbatiam, ex ruinis excitavit Raymundus Barcinonæ Comes & Stephano Abbati Flabonis-montis tradidit, tunc in Hispania Agenti cum Galtero Laudunensi Abbate pro Redemptione Ulisiponæ de manibus Maurorum.*" (Hugo, 1736: col. 1015-1016, nota a). Tot i que a l'època hi havia una tendència a inventar històries per a fer més gran l'ordre premostratenc (Angulo, 2015: 24-25), hi ha indicis que fan que l'afirmació d'Hugo sigui possible (*Cf.* Miró - Prats, 2021).

20 S'omet, per error, un "*és*" que manca per tal que la frase tingui sentit.

21 La *Guia del Priorat* es fa ressò de forma indirecta de la hipòtesi d'ubicació del monestir de Biclaro a Cabassers expressada per Vidal: "*Pel nom i per molts vestigis sembla que Cabassers va tenir un gran impuls durant la dominació islàmica, i tal vegada varen ésser construïdes pels moros les primeres conduccions d'aigua cap al poble, però hi ha motius suficients per pensar que ja havia estat un lloc important en temps molt més remots. Hi ha restes d'unes columnes de pedra amb un capitell, on hi ha gravat un dibuix d'una rosa, evidentment d'origen molt antic, perquè moltes altres pedres amb el mateix dibuix i de les mateixes característiques, foren aprofitades en la construcció d'arcades romàniques i gòtiques. A la porta de la casa on hi ha una d'aquestes petites columnes més ben conservades hi ha també una pedra, avui tapada pel ciment de la façana, amb el dibuix d'un pa i*

Girona, Joan de Wiclar, a l'any 614, essent Papa Sant Deo-Dado[24] i Esuebi, bisbe de Tarragona; el rei Sisebud, proscriu als jueus[25], obligant-los en el termini d'un any a batejar-se o expatriar-se, acte que se celebrà en el baptisteri de Sant Joan de la Canal[26], amb l'aigua de la Font de Les Foies, i en presència de la imatge de Santa Maria de Wiclar. Els jueus que després del jurament foren batejats fundaren a 100 metres del monestir un Call-Juic, al que després sant Isidor no hi estigué conforme i advertí a sant Nonito, segon abat i bisbe de Girona[27], del perill

---

un peix, símbol utilitzat pels primers cristians, i mostra evident de que les pedres havien format part d'una església primitiva, derruïda, segurament, durant la dominació islàmica, la qual, haurem de considerar de les èpoques visigòtiques" (Asens, 1981: 75). Sabem que l'origen d'aquesta deducció és la *Breu història* perquè, encara que no la citi en cap moment, més endavant menciona "Gueta-lupia" com a topònim pretèrit de Gratallops (Asens, 1981: 151), i l'origen d'aquesta fal·làcia és el text de Vidal (vegeu també la nota 35).

22 En aquesta època és té noticia d'un flagell de la pesta que afectà tota la Mediterrània: fou l'anomenada Pesta de Justinià. Va començar a l'Imperi Romà d'Orient cap als segles VI i VII, i posteriorment s'escampà per tota la Mediterrània, arribant a la Hispània visigoda (Ruiz, 2009: 11). Joan de Biclaro recull un episodi de pesta a Constantinopolis l'any 573 (*Ioa. Bicl. Chron.* 83:91).

23 El principi del final de l'arrianisme seria la conversió de Recared al catolicisme l'any 587, la qual cosa suposà la desaparició de l'heretgia entre les classes dominants, i una posterior debilitació que en propiciaria la desaparició definitiva. (García Moreno, 1989: 136).

24 Es refereix al Papa Deodat I, pontífex entre el 615 i el 618. (Kelly, 2010: 74).

25 La conversió de Recared, que va comportar l'hegemonia catòlica a Hispània, també propicià un creixent antisemitisme, que va cristal·litzar durant el regnat de Sisebut (García Moreno, 1959: 151).

26 Es tracta de l'ermita dedicada a Sant Joan que hi ha al capdamunt del carrer Major de Cabassers, just al costat de l'abeurador de La Canal. L'edifici, barroc, va ser construït el segle XVIII (Biete, 1991: 354).

27 La successió de Sant Nonet com a abat del monestir de Biclaro la relacionen Yepes (Yepes, 1609: 414v) i Mariana (Mariana, 1592: 228).

que podia córrer el monestir, fundant-se que el jurament havia estat forçat i que el temperament judaic era inclinat a les passions desordenades.

§5 Els moros arribaren a mitjans del segle VIII, i la tradició diu que passaren l'Ebre pel pas d'Ascó[28] (=esquerra), que avui se'n diu el Pas de l'Ase[29], que estava enfront de la ciutat d'Ibera[30]; seguiren el camí de les Aumadines[31] i arribaren a la creu vial dels Quatre Camins dels Peirons[32], on trobaren l'Abat del

28 El pas d'Ascó és un topònim de Cabassers que es correspon a un gual del riu Montsant, al camí que va cap a Ascó. Els Quatre Camins és també un topònim existent a Cabassers (Biete, 1979: 46, 69).

29 El Pas de l'Ase és un congost del riu Ebre, entre els termes municipals d'Ascó, Garcia i Vinebre.

30 L'inici del congost del Pas de l'Ase, que ocupa part dels termes municipals d'Ascó, Garcia i Vinebre, es troba just davant, a l'altra riba del riu Ebre, del jaciment ibèric de Sant Miquel de Vinebre. *Cf.* Genera, 1993: 26. Curiosament, aquest jaciment fou descobert el 1973 per indicacions de Carmel Biarnès (Biarnès, 1973), l'autor que el 1972 publicava just aquest paràgraf manllevat de Vidal al seu treball sobre els moros i moriscos (vegeu la nota 35). També el 1973, el mateix Biarnès publicava un altre article on informava de l'existència de poblats antics al mateix lloc, que, "por la cerámica localizada, se remontan a 5.000 años" (Biarnès, 1972a).

31 El camí de les Aumedines està documentat com el camí que va del Pas de l'Ase a la Torre de l'Espanyol. De fet, el camí passaria per una finca anomenada les Aumedines (Veà, 2017, 100).

32 Crea un topònim fictici a partir d'agrupar-ne tres d'existents, del terme de Cabassers: els Quatre Camins és una cruïlla, a prop del Mas de les Vinyes, del camí ral de la Vilella a la Palma amb el camí de la Torre (Biete, 1979: 46); Els Peirons són una partida a sobre de la dels Burgans, a un quilòmetre i mig dels Quatre Camins (Biete, 1979: 50); i la Creu del Peiró és una gran creu votiva de fusta, amb inscripcions pietoses, a la mateixa partida d'Els Peirons i al voral de la carretera de la Bisbal (Biete, 1979: 46) que, com a mínim el 1918, i de no massa abans, ja existia (Navàs, 1918: 3).

monestir Senus-Deo[33], al Patriarca Lysio[34] (=Llop), que els rebien amb processó, portant la imatge de Santa Maria[35].

§6 Els moros respectaren el lloc del Mons-Sacer, com a lloc sagrat i s'acontentaren ocupant les muntanyes[36] que voltegen les

---

33 Hi ha hagut, fins i tot, qui ha intentat cercar aquest monestir fictici al Montsant, amb hipòtesi d'ubicació inclosa sota l'actual cartoixa de Scala Dei (Rodon, 2004: 43-44). En realitat, es tracta d'un equívoc: Vidal no es refereix a cap monestir anomenat "Senus-Deo", sinó que diu que aquest era el nom de l'abat del monestir de Wiclar. A l'original lliurat a impremta (ver. 17) aquest nom hi consta com a "Sevus-Deo", i per tant el "Senus-Deo" que aparegué al text dels goigs conté un error tipogràfic. Pel que fa al personatge, sembla inspirar-se en el bisbe de Girona Servus-Dei, que ho fou des de l'any 886 al 906 (Merino - Canal, 1819: 107). Justament Vidal cita el volum 43 de l'obra *España Sagrada* als seus apunts (vegeu l'apèndix 1d), que és d'on extraiem la referència bibliogràfica anterior. És bastant clar, doncs, que la identificació del personatge que inspira el de "Senus-Deo" del text és la referida.

34 El nom del personatge també sembla inspirat en Alici, bisbe de Girona abans que Joan de Biclaro. Vegeu la nota 8.

35 Aquest passatge, junt amb els dos paràgrafs següents, és el més difós de l'obra de Vidal. L'error inicial el cometé Carmel Biarnès, a *Moros i moriscos a la ribera de l'Ebre (710-1615)*, publicat el 1972 a la col·lecció Episodis de la Història de l'editorial Dalmau. Cita el passatge anomenant-lo "una tradició conservada als pobles del Priorat" (Biarnès, 1972: 13), i dóna així credibilitat al fet que es tracti d'una tradició suposadament recollida per Vidal, ja que el seu text així ho afirma: "la tradició diu". Ja hem vist abans la capacitat de Vidal per a inventar tradicions en forma de "corrandes populars". Més endavant, en una nota a peu de pàgina, cita així la font: "Aquesta nota és treta de la *Història de la Mare de Déu de la Foia*, transcrita per l'ermità del Mas Roger de Pallars, en la comarca de l'extingida baronia de Cabassers." (Biarnès, 1972: 13, n. 1). Sembla ser, doncs, que Biarnès entengué que el text era una transcripció de quelcom més antic. L'any següent, una altra obra de l'editorial Dalmau, *Els castells catalans*, no dóna crèdit al relat (Català, 1973: 457). El 1981, la *Guia del Priorat*, de Josep Asens, torna a donar per

terres ausetes[37] de sobre el riu, productores de gra, per el que s'anomenaven Gorabs[38] (=Corbs)[39].

§7 Altre grup de moros, seguint el camí de la dreta, ocuparen Gueta-Lupia[40] (l'antiga Gueta-Phenos[41], avui Gratallops[42]). L'amistat amb els alarbs fou duradora[43].

---

bones les afirmacions de Vidal, sense citar-lo en cap moment: diu que "Gueta-lupia" és el topònim pretèrit de Gratallops (Asens, 1981:151). El 1986 Jaume Sabaté i Alentorn torna a citar el mateix passatge, a *Guia de Gratallops*, on recull, amb cautela: *"Són molts els que s'han atrevit a donar la seva versió del nom de la vila Gratallopenca, per més que cap d'elles no aparegui massa ben documentada, i sobre les quals tenim els nostres dubtes; tanmateix, ens proposem recollir-les. Diu l'ermità de l'Oratori de Sant Miquel, del Mas Roger de Pallars, que els moros arribaren a mitjans del segle VIII, passaren l'Ebre pel Pas de l'Ase, enfront de la ciutat d'Ibera, seguiren el camí de les Aumadines i arribaren a la creu vial dels Quatre Camins dels Peirons. Que un altre grup de moros, seguint el camí de la dreta, ocupà GUETA-LUPIA (l'antiga GUETA-PHENOS, avui Gratallops)"* (Sabaté, 1986: 15). No consten, a la bibliografia, ni l'obra de Biarnès ni els goigs, però sembla evident que Sabaté agafa el text directament dels goigs, ja que Biarnès comet un error tipogràfic en escriure "Hueta-Phenos", i Sabaté utilitza la forma dels gogis, "Gueta-Phenos". El següent que cita el passatge, també etiquetant-lo de llegenda, és Vicenç Biete (Biete, 1991: 105), tot i que advertint en pàgines anteriors, on també reprodueix els paràgrafs 1 a 4 i 8 del text de Vidal, que el que descriu la *Breu història* li sembla massa fantasiós per a donar-li credibilitat (Biete, 1991: 102). El 1993, un article d'Albert Gonzàlez Masip, al núm. 35 de *Treballs de la Societat Catalana de Geografia*, posa en dubte els suposats topònims pretèrits de Gratallops, Gueta-Phenos i Gueta Lupia, difosos per Asens a la *Guia del Priorat*, i per Pere Català a *Els Castells Catalans*, i cita com a origen la *Breu Història* de Vidal (Gonzàlez, 1993: 78), tot i que en desconeix l'autoria i la referencia com a anònim (Gonzàlez, 1993: nota 4). Jesús Àvila Granados, a la seva infame *Excursions pel Priorat*, també recull el pseudotopònim "Gueta-Lupia" sense anomenar la font (Àvila, 1994: 55). La següent referència indirecta al passatge la trobem el 1998, quan Ezequiel Gort el cita en un article, i refereix com a font de la "llegenda"

§8 A finals del segle IX, l'eixam del Call-Juic, va esvalotar-se i d'acord amb el Rei Chitano Afrún[44], assaltaren, robaren i cremaren a correcuita el monestir i s'endugueren els manuscrits dels historiadors dels gots, Idaci i Joan de Wiclar, que allí es guardaven.

---

la publicació de Biarnès del 1972 (Gort, 1998: 9). El 2004 la primera referència de Biarnès torna a crear un nou equívoc, fent el problema més gros, ja que un article signat per Rodon a la revista *Poblet*, creu que existí un monestir anomenat Senus-Deo, en malinterpretar el passatge i confondre el nom d'un suposat abat amb el d'una suposada fundació, i fins i tot presenta una hipòtesi d'ubicació que el situa a sota de les runes de la cartoixa d'Escaladei (*vid.* nota 33 per als detalls de l'equívoc de Rodon). Finalment, el 2017 encara tornem a trobar una nova citació d'aquest paràgraf de Vidal, de nou a càrrec de Gort, a *Santa Maria de Bonrepòs. El monestir cistercenc del Montsant*. Aquest cop, però, l'autor es fa ressò d'aquest passatge anomenant-lo llegenda i contalla, sense citar el text de Vidal i el seu propi article del 2004 que hem vist abans, i atribueix erròniament l'origen d'aquest relat als monjos del monestir d'Escaladei (Gort, 2017: 12).

36 Hi ha alguns treballs que asseguren que els àrabs, en general, no van viure a la zona de Prades i Montsant, que va quedar com a terra de ningú habitada majoritàriament per cristians (Pita, 1954: 316). De fet, les muntanyes van ser llocs en general de refugi cristià, i els àrabs es van establir a zones més fèrtils i productives (de Eplaza, 1991: 49-79). Quan es va produir la Reconquesta, molts musulmans es van refugiar a les zones de muntanya (Capdevila, 1964, 29-63).

37 La referència als "ausetes" de sobre el riu, deu ser pel que es coneix com els Ausetans de l'Ebre (Mozota, 2001-2002, 159-187).

38 La paraula àrab "gorab" (gorāb) es tradueix per "corb".

39 Per la difusió d'aquest paràgraf, vegeu la nota 35.

40 Tal com va passar amb Mon-Sacer (vegeu la nota 7), el pseudotopònim pretèrit Gueta-Lupia també ha acabat convertit en marca comercial, en aquest cas d'un vi produït a Gratallops, a la D.O.Q. Priorat, pel celler Bodegas BG.

41 En algunes publicacions hem vist que als fenicis se'ls anomenava també "phenos". De fet, l'etimologia de "fenicis" vindria del mot grec "phenos"

§9 La imatge de Santa Maria i les relíquies de sant Ermenegild pogueren ser recuperades i amagades pels monjos que es retiraren al Çagaró de Montalt (avui Cagarro)[45]. Altre grup de monjos es traslladà al final de la Serra de La Llena, quasi enfront als molins d'aigua d'Aubarca (avui Ulldemolins), perquè

(vermell), ja que els fenicis comerciaven amb porpra. De la paraula "Gueta" no en tenim cap referència, tot i que possiblement podria inspirar-se en el poeta fenici Gueta. (Meirelles, 2014: 41).

42 Aquest passatge és pura invenció imaginativa a partir de jocs de paraules, que és el que solia fer Vidal i Llecha quan desconeixia l'origen de qualsevol cosa, com es pot veure en diverses ocasions al llarg del seu text.

43 Per a la difusió d'aquest paràgraf, vegeu la nota 35.

44 La referència al Rei Chitano Afrún es basa en el rebel Hafsun, un cabdill originari de la serra de Ronda (vegeu ver. 8 §8 i ver. 18i). El 1820 apareixia una obra titulada *Historia de la dominación de los árabes en España*, de José Antonio Conde. En aquest llibre es presenta Omar ben Hafs, conegut posteriorment com a Aben Hafsun, com un personatge de llinatge fosc i pagà, la qual cosa podria fer pensar que es tracta d'un gitano o d'un jueu (Conde, 1820: 291). Diu també que, expulsat d'Andalusia, es va refugiar al Pirineu, des d'on va conquerir terreny fins arribar a Fraga i Alcanyís, fent aixecar els pobles contra els seus valís. També s'hi diu que va pactar amb l'alcaide de Lleida, i que va arribar a conquerir fortaleses fins a la ribera de l'Ebre (Conde, 1820: 147). El fet que, en una versió descartada (ver. 8 §8) Vidal es refereixi a aquest personatge com a "rey Hafsun del castell de Rotalyehud", confirma que va llegir l'obra de Conde, que parla de "*los montes y tierra de Rotalyehud, que era el nido del pérfido Omar ben Hafsun*" (Conde, 1820: 78). Posteriorment, el 1839, Carlos Romey, a la seva *Historia de España,* explica la figura d'Hafsun de manera semblant a Conde, i fa referència a l'origen jueu dels qui formaven part de la seva banda, i fins i tot del mateix Hafsun. En aquesta època es confonia de manera deliberada els gitanos i els jueus; se suposa que hi havia certa càrrega antisemita en aquest fet (Romey, 1839: 79-114). En una publicació, de Luis Viardot, del 1844, titulada *Historia de los Árabes y los Moros de España,* també es parla d'Hafsun. Aquesta obra fa referència al fet que

des d'allí es dominava bé l'entrada per llevant del Mun-Sant (= Munt de Muntanyes)[46].

§10 Després d'aquest desgavell, el Patriarca del Castell i Homo-Deo, últim abat del monestir, anaren a la reunió que hi hagué a Sant Joan de la Penya a últims anys del regnat de García Iñíguez[47], on es juntaren els 15 Ricos Hombres de Sobrarbe, per

---

es va refugiar durant un temps a la frontera amb Aragó, i diu que la seva banda estava formada bàsicament de moriscos i jueus. En aquest mateix text hi apareix la circumstància que Hafsun s'autoanomenava rei (Viardot, 1844: 36-42). En una nota preparatòria de la *Breu història* (ver. 18i) Vidal escriu correctament el nom del personatge, "Hafsun".

45 El Racó del Cacarro és al Montalt, i desaigua al barranc de Cavaloca, enfront del Mas de Baix (Biete, 1979: 33). Vidal presenta formes falses d'aquest topònim.

46 La referència a una comunitat eremítica situada a la zona on acaba la Llena, a prop d'Ulldemolins, podria estar relacionada amb la comunitat eremítica que hi va haver al Coll de Mònecs (Lladonosa, 1964: 61-62).

47 A l'obra d'Andrés Blas y Melendo, publicada el 1847 i titulada *Derecho Civil aragonés ilustrado con la doctrina de los autores forales, con el derecho comun y con la jurisprudencia aragonesa del Tribunal Supremo de Justicia*, hi apareix un apartat on s'explica que García Jiménez fou el primer rei de Sobrarbe, a la segona meitat del segle VIII. El succeí Garcia-Iñiguez I, que morí en una batalla, i es quedà el regne sense successor. Per tal de posar-hi remei, s'establí un senat o junta de 12 senyors, i a aquests se'ls donà el títol de Ricos-Hombres, format per les famílies més influents d'Aragó. Però aquest sistema polític resultà decadent amb el temps, i es constituí de nou la monarquia, proclamant-se rei de Sobrarbe el rei de Navarra Iñigo Arista l'any 867. El seu fill Garcia-Iñiguez II fou proclamat rei d'Aragó, en virtut del matrimoni amb Donya Urraca (Blas, 1847: 14-18). Aquest seria al que faria referència el text de Miquel Vidal i Llecha. i se situaria cap a finals del s. IX i principis del X. Pel que fa a la referència a San Juan de la Peña, cal dir que els Garcia-Iñiguez es feren sepultar allí (del Arco, 1951: 178).

ajuntar-se[48] a l'ocupació del territori contra els francs, a qui acompanyaven els chitanos o jueus.

§11 De volta de la reunió, les Coves del Mun-San, els plans i les muntanyes i el territori dels succetans, es trobaven invadits de refugiats cristians i moros barrejats, que s'escapaven de la tirania dels Comtes de la Marca hispànica[49]. En Miquel de Lusià els ajuntà i formà les Caves (=Exèrcits) que als individuus, se'ls deia Kabassirs o Al-mo-kabes[50]. També se'ls coneixia pels

---

48 L' obra de Juan Martinez Briz, publicada el 1620 sota el títol *Historia de la fundacion, y antiguedades de San Juan de la Peña, y de los Reyes de Sobrarve, Aragon, y Navarra que dieron principio a su real casa, y procuraron sus acrecentamientos hasta que se unió el principado de Cataluña, con el Reyno de Aragon*, parla, en un capítol sobre el regnat de García-Iñiguez VI, rei de Sobrarbe, de la seva devoció per San Juan de la Peña. En aquest capítol hi ha un fragment que parla sobre una derrota que va patir el rei García-Iñiguez a mans dels mahometans. El rei va participar en una peregrinació des de Pamplona a San Juan de la Peña, però en cap cas no hi apareix res sobre aquesta reunió de què parla el paràgraf, ni res que s'hi assembli (Martínez, 1620: 185-189).

49 És cert i surt referit nombroses vegades a l'obra de Josep Maria Font i Rius, o bé a l'article "Catalunya Nova i Catalunya Vella a l'Edat mitjana: dues Catalunyes?" on es mostren les diferències que hi havia entre elles, i la major llibertat de què es gaudia a la Catalunya Nova. Això va fer que molta gent de la Catalunya Vella anés cap al sud, mesclant-se amb els musulmans que hi havia (Font, 1963: 78-79 i Paul, 1986: 32-35).

50 En aquest punt podem veure la manera de raonar que tenia en Vidal i Llecha. A partir de fets històrics buscava peces que li encaixessin, per tal de produir el relat que a ell li interessava. És curiosa la seva manera de raonar, però s'entén sota una perspectiva d'un pensament esotèric on a tot arreu hi volia veure la mà del misteri i la predestinació. Comença amb Miquel de Lusià, possiblement perquè té un cognom noble que s'assembla més a Llecha, i del qual ell creu que prové el seu propi segon cognom. Apareix en altres variants: Miquel de Llusià, o bé Miquel/Miguel de Luesia o Luecia, que fou un cavaller de la cort d'Alfons II. Apareix al llibre *De los trobadores en España* de Manel Milà i Fontanals (Milà, 1861: 331). Pel que sembla, aquest Miquel de

Miquels o Miquelets[51], perquè l'estendard era el Llar del Castell o sia l'arcàngel sant Miquel. Els Al-mo-kabes d'en Miquel de Lusià, guerrejaven al crit de Santa Maria! i de desperta ferre! (= alerta guerrer).

A l'any 1118[52], els Al-mo-kabes, foren demanats pel rei Alfons Sánchez, per a que l'ajudessin al setge de Saragossa[53]. Bastà la presència dels Miquelets al crit de Santa Maria! perquè el rei

---

Luesia o Luecia havia estat emparentat amb Berenguer d'Entença, i d'aquí la possible relació amb els almogàvers. Les terres vora l'Ebre eren terres d'almogàvers (Carreras, 1904, 217-257). Aquest fet li fa pensar en poder enllaçar els almogàvers amb Cabassers, i inventa una etimologia: afirma que el mot "almogàvers" prové d'Al-mo-kabes, i la seva imaginació li fa pensar que "kabes" significa "exèrcit". Així doncs, si "kabes" significa exercit, és natural pensar, en la lògica de Miquel Vidal, que els "kabassers" són els seus integrants, i ja tenim l'etimologia del nom del poble resolta. Evidentment l'etimologia és falsa.

51 Seguidament, fa una altra suposició: la figura dels almogàvers es va recuperar al s. XVII a la guerra dels segadors, i oficialment aquestes tropes s'anomenaven "Companyia d'Almogàvers", popularment conegudes com a Miquelets (Morales, 2009: 46-51). Miquel Vidal va pensar que l'origen del nom podria estar relacionat amb Miquel de Llusià (o Luesia).

52 Cal dir que tot apareix mogut en el temps, ja que els almogàvers serien una mica posteriors a l'època de què està parlant Vidal i Llecha, ja que Miquel de Luesia se situaria al S. XIII.

53 El fet que els almogàvers van ajudar al rei Alfons Sánchez durant el setge de Saragossa molt probablement l'hagi extret de l'obra *Historia de la Corona de Aragon (la más antigua de que se tiene noticia) conocida generalmente con el nombre de Crónica de San Juan de la Peña, impresa ahora por primera vez y publicada por la Excelentísima Diputacion Provincial de Zaragoza*, de Perdo Marfilo, de l'any 1876: "Muerto el rey Pedro sin hijos, le sucedió Alfonso su hermano en Aragon y Navarra, y fué llamado el Batallador, porque en España no hubo otro tan esforzado guerrero que venciera en treinta y nueve batallas. Contrajo matrimonio con Urraca hija del rey Alfonso, el que tomó á Toledo; fué rey de Aragon y Navarra por derecho hereditario, y de Castilla por su mujer. Pobló el Burgo nuevo de Pamplona en el campo de Iruña y concedió a sus pobladores grandes privilegios. Pobló

moro es rendís. El fet, sembla un miracle, perquè la plaça estava assetjada des de l'any 1113 i comptava encara amb forces per a aguantar més temps. Fou atribuïda la victòria com moltes de Miquel de Lusià, perquè -es deia- que els combats portava l'ajuda de la Mare de Déu, i l'espasa de sant Ermenegild.

§12 Pocs anys després d'aquesta victòria, en temps del Papa Calixte II i essent bisbe de Saragossa Pere de Librana, es demanava el trasllat de la imatge de Santa Maria de Wiclar i les

tambien á Soria, Almazan, Berlanga y Belorado, y fué llamado Emperador de España. En el año del Señor MCX arrebató á Ejea de los paganos y concedió grandes privilegios á sus pobladores, y entónces tomó el título de Emperador: y porque de Gascuña y de ultrapuertos de habían allí reunido muchos nobles y caballeros avezados á las armas, construyeron iglesias á beneficio del monasterio de la Selvamayor, -66- las cuales el Emperador, como á quien esto competía en virtud del privilegio concedido á su hermano, las donó al dicho monasterio, en el que al presente se hallan monges negros, que todavía las poseen. Pocos dias despues se apoderó de Tauste, y su iglesia la agregó al monasterio de San Juan. En seguida pobló el Castellar de ciertos hombres que vulgarmente dicen Almogávares; cuyo lugar, habia sido ya poblado por su padre. El mismo año puso sitio á Zaragoza con sus aragoneses y navarros, y con Centulo de Bearne y sus gascones que hicieron maravillas, y con el conde de Alperche que había venido de Francia á su servicio y al de Dios; pues extendida la fama de su nombre por todo el mundo, habia atraido junto á sí á los nombrados entre los más valientes guerreros que se conocían. Hallándose en el sitio de Zaragoza, los moros de Tudela insultaban á los sitiadores y traían vituallas á los sitiados por el Ebro, y de la parte de Castilla: y no pudiendo sufrirlo el Emperador envió contra Tudela al conde de Alperche con seiscientos caballos." (Marfilo, 1876: 65).

relíquies de sant Ermengol a Saragossa[54]. Ignorem les causes perquè no es realitzà!

§13 A l'any 1149, després de la rendició de Lleida, Ramon Berenguer IV, al prendre possessió de la muntanya de Gardeny, entre la gent que l'acompanyaven, hi havien els abats Esteve, de l'Orde premonstratense[55], i sant Bernat[56], de l'Orde del Císter, junt amb el creuat presbíter Pere Pinós[57], del monestir d'Escala-

54 Pedro de Librana fou el primer bisbe de Saragossa després de la victòria contra els mahometans, però no hi ha constància que reclamés cap reliquia de Sant Hermenegild, que en aquell moment se suposa que serien a Sixena, com s'ha esmentat abans (vegeu la nota 12). El que sí que se sap és que va reconstruir la capella dedicada a la verge del Pilar, que havia quedat destruïda (Alzog, 1855: 37).

55 Aquesta informació es pot llegir a la carta de donació d'Avincabascer, rebatejat com a Vallclara, feta per Ramon Berenguer IV a l'abat Esteve, de l'orde de Prémontré, i als monjos que l'acompanyaven, el 25 d'abril de 1149, per tal que hi construïssin un monestir i una església (Virgili, 1997: 59-60). Vidal hauria pogut llegir el document publicat per Villanueva, 1806: 252-254 o Corredera, 1963: 259-260. Vidal, al paràgraf, invoca una petició de reconstrucció de "l'antic monestir de Wiclar", fet que coincidiria amb la hipòtesi publicada per Hugo el 1736 (vegeu la nota 19).

56 Respecte a la presència de Bernat de Claravall, és poc probable, ja que no apareix al document de donació.

57 Pel que fa a Pere Pinós, sabem que va existir a l'època, però no forma part dels signants de l'acte de donació del monestir. Al treball d'Agustí Altisent (Altisent, 1966: 131-216) s'hi menciona un tal Pere de Pinós: consta que se li féu concessió de les capellanies dels llocs de l'Espluga, Tallat, Passanant i Albarca. Suposem que Vidal i Llecha va treure el nom d'alguna carta de població. Fou considerat també un ermità i company de Ramon de Vallbona, i alguns l'han volgut relacionar amb Pere de Montsant (Trenchs - Repós, 1893: 207-231). La referència a aquest Pinós com a croat es podria deure al fet que alguns documents relacionen la família de Pinós, tots amb caràcter força llegendari (Papell, 2003: 43-45). Sembla que el tal Pere Pinós podria ser fruit de la imaginació de Vidal i Llecha, mesclant dos personatges dels quals no en

Dei del Císter, del Comtat de Bigorra, en la Gascunya. Els tres recordaren a en Ramon, la necessitat que hi havia de reconstruir l'antic monestir de Wiclar[58], que devia estar en les terres poblades per Kabasses (a les que daven el nom de AVIN-KABESSIR) units amb els UNIKAPSSIERIS[59] (= unió amb els moros captius = KAPSSIERIS), encàrrec que es féu a l'Abat Esteve, que el traspassà a l'Abat Frederic[60] i aquest el trameté al Beat Joan d'Organyà[61], a qui el Comte el dia 25 d'abril de 1154, l'hi fa donació de les terres de Lusià en el lloc de Val-Clara[62].

---

podem assegurar la relació, tot i que alguns apunten que Pere de Pinós fou fill de Galceran de Pinós, com apareix en algunes obres d'heràldica. El mateix li va passar amb Roger de Pallars.

58 Pel que fa a l'afirmació que la fundació de Santa Maria de Vallclara corresponia al desig de restauració del monestir de Biclaro vegeu la nota 19. Sembla, doncs, que Vidal apunta a la causa correcta de la fundació de Santa Maria de Vallclara.

59 La forma Unicapcerii (transcrita Unikapssieris per Vidal) per al topònim Cabassers, només apareix a la carta de població de la Morera de Montsant, de 1170 (Font, 1969: doc. 139). Vidal l'hauria llegit a Morera, 1897: 513.

60 Carta de donació de Vallclara feta per Frederic, prior de Santa Maria de Vallclara, a Santa Maria de Tortosa, de 27 de desembre de 1158 (Virgili, 1997: 148-149). Vidal hauria pogut llegir la transcripció del document publicada per Villanueva, 1806: 265-266 o Corredera, 1963: 260-261.

61 Joan d'Organyà va ser monjo de Santa Maria de Vallclara, i se'l considera fundador del de Bellpuig de les Avellanes (Caresmar, 1769-73: 98).

62 La donació de terres de Lusià al Beat Joan d'Organyà no consta enlloc, i això s'ha de considerar una invenció. Aquest data del 1154 seria el punt mig entre la donació del 1149 i l'abandó del 1159. A més, coincideix amb el dia en què es va fer la donació del lloc a Prémontré, el 25 d'abril. Tot plegat sembla sospitós de ser fals, i així ho podem considerar. Tampoc consta que Joan d'Organyà fos prior del monestir, tot i que no es descarta que un cert nombre de monjos hi restessin durant un temps després de la retirada de Prémontré i la donació al bisbe de Tortosa. Hi ha una referència als anys 1164 i 1168 dels "clergues que allí serveixen Déu" (Virgili, 1997: 191-192, 241-242).

§14 Per a donar pas a les forces d'en Berenguer IV, els Kabessirs recularen de la frontera del seu comtat (=Margalef de Torregrossa[63]) i es tancaren en el nou Marca-Galef[64], de la província de Tarragona.

§15 Aleshores, fou quan Joan d'Organyà[65] començà la fàbrica del nou monestir de Vall-Clara, que tingué d'abandonar abans d'acabar-lo, ofrenant-lo a la Catedral de Tortosa, a l'any 1158[66].

§16 L'abat Bernat, de l'Orde del Císter, traspassà l'any 1151, a l'abat Xanxo[67] l'oratori de Sant Salvador de la Lardeta i la

63 El poble de Margalef de Torregrossa fou una població i municipi de la comarca del Pla d'Urgell (Lleida). D'aquest poble només en resta la façana de l'església romànica. Es despoblà el primer terç del segle XV a causa de la pesta i, segons els "Censos Manifestants" de 1429, els beneficis, retaules i ornaments del seu temple foren traslladats a l'església de Castelldans. Curiosament en aquesta església també hi havia l'advocació de Sant Bartomeu (IPAC).

64 Pseudotopònim pretèrit.

65 A la carta de donació del monestir de Santa Maria de Vallclara hi figura en Frederic com a Prior, no en Joan d'Organyà, que en tot cas seria un membre de la comunitat (Virgili, 1997: 148-149).

66 Jaume Sabaté es fa ressò d'aquesta notícia, parcialment certa, citant la font a peu de pàgina (Sabaté, 1994: 22).

67 Que l'any 1151 Ramon Berenguer donésa Sancho, abat de Fontfreda, l'oratori de Sant Salvador de la Lardeta, no és cert. L'any d'aquesta donació fou el 1149 (Finestres, 1746: 12).

sorteta del Paubolet[68] o Pabulator[69] (=Pastor), on els monjos del Císter de Font-Freda bastiren el Monestir de PAUBULET (=POBLET).

§17 El religiós creuat, Pere d'Escala-Dei[70], recorregué cercant lloc, els plans d'Aubarca i la Muntanya d'Albarca, les de Corbins (=Prades)[71], Suessis (=Siurana)[72] i, seguint el riu Suera, arribà a Cort d'Ovella (=Cornudella)[73], i d'allí, riu avall, fins arribà al lloc de Pabulatio (=Poboleda)[74], on fundà l'església de sant Pere Apòstol (en qual pila d'aigua beneïda, que encara es conserva, s'hi troba el segell o escut d'Escala-Dei de Borgonya[75]), amb el propòsit d'unir tots els ermitans de les muntanyes, a qui els donà el nom de Mont-Sant, en honor als sants àngels que les

---

68 La major part d'aquesta informació es pot trobar a la història de Poblet, escrita per Jaume Finestres: *Historia del real monasterio de Poblet*. En publicà el primer volum el 1746 i una edició completa, en cinc volums, entre el 1753 i el 1765 (reeditada a Barcelona el 1948). En aquest llibre s'explica la història de fundació del monestir i la llegenda que l'envolta. Explica la llegenda la presència d'un ermità anomenat Poblet, previ a la fundació del monestir. Aquest ermità, en temps dels àrabs, hauria fundat l'oratori de Sant Salvador a la zona de Lareta.

69 *Pabulator* és un mot llatí que significa pastor. Un nou intent de falsa etimologia i pseudotoponímia de Vidal i Llecha.

70 El suposat croat Pere de Pinós que Vidal identifica amb l'ermità homònim (vegeu la nota 57), ara l'identificaria amb Pere de Montsant, un dels fundadors del monestir de Scala Dei, a qui anomena Pere d'Escaladei. La confusió entre aquests dos ja l'havia realitzat algun altre historiador (Odena, 1983).

71 Pseudoetimologia de Prades.

72 Pseudoetimologia de Siurana.

73 Pseudoetimologia de Cornudella.

74 Pseudoetimologia de Poboleda.

75 L'ordre dels cartoixans no ve de la Borgonya, sinó que fou Basili de Borgonya, llavors cap de l'orde cartoixà, qui la va introduir a la península ibèrica. L'ordre cartoixana és originària dels la zona de Grenoble (Ribes, 1998).

ocupaven, entre els quals el beat fra Guerau, un Miquel qui dintre el Congost més ruïnós i estret del riu Falzayith (dit també Oleum Flumen[76], Riu Oli, Riu Mun-San, i avui riu Mont-Sant)[77], avant-porta de Margalef i guardador en el seu estatge de les imatges de l'apòstol sant Bartomeu, patró dels pellaires, i la de sant Marc evangelista, el beat Joan d'Organyà, el beat fra Guerau, qui tingué fama de santedat, i Pere d'Escala-Dei, foren els fundadors de Santa Maria de Montal, Santa Maria de Siurana, Santa Maria de Mont-Sant, Monestir de Bonrepòs, i el de Cartoixos d'Escala-Dei[78].

---

76 Ja hem explicat abans que referir-se al Riu Montsant com a Oleum Flumen és incorrecte (vegeu la nota 6). De fet Aviè, des de la costa, mai no hauria pogut veure el Montsant, i no s'adiu a la descripció geogràfica que fa. Tampoc no coneixem el motiu pel qual anomena Suera al riu Siurana.

77 Pseudoetimologies del riu Montsant. De totes maneres, la documentació de la Conquesta es refereix al riu Montsant com "rivo de Olis de Molins" (Virgili, 1997: 191, 241, 435), és a dir, "riu d'Ulldemolins". Potser això hauria fet pensar en la identificació de l'*Oleum flumen* amb el riu Montsant, a partir de la mala interpretació de *Avi. Ora Mar. 498-499: "iuxta superbum mons Sacer caput exerit / Oleumque flumen proxima agrorum secans"*. Vegeu també la nota 6.

78 A les últimes línies d'aquest paràgraf es crea força confusió. Si Pere de Scala Dei fa referència a Pere de Montsant, sí que es tractaria del fundador de la cartoixa. Pel que fa al monestir de Bonrepòs, va a càrrec de Pere Balb. Santa Maria de Siurana semblaria obra més aviat de Pere de Pinós, ja que li haurien donat Albarca i altres llocs de la Serra de Prades. Si per Santa Maria de Montsant es refereix a la comunitat religiosa que hi va haver a prop de la zona on actualment hi ha la Mare de Déu de Montsant, llavors també la seva fundació la devem a Pere Balb, i si en canvi fa referència al monestir de Vallclara, llavors el fundador seria l'abat Esteve, no Joan d'Organyà. La presència d'un santuari als Montalts és desconeguda; únicament sabem que fou un poble situat a prop de la cartoixa de Scala Dei, del qual només es conserva l'església en estat ruïnos (Palomar, 1999: 115).

§18 A l'any 1163, Na Sanxa, muller del rei Alfons I el Cast, acompanyada de fra Guerau, estigueren a Fonts o Fontes (antiquíssim poblat ibèric del Mons Sacer). Portaren per al Rico-Hombre de Aragón, el nomenament d'Alférez del Estandarte Real de la Corona de Aragó i Catalunya; a fra Guerau l'hi féu donació de les terres de l'ermita de Sant Bartomeu i demanà que no havent-se construit l'antic monestir de Wiclar, s'hi construís un Santuari on s'hi venerés la imatge de Santa Maria, i que les relíquies de sant Ermenegild, fossin traslladades a Saragossa, menys el cap, que el prengué com a relíquia per a l'església del monestir de Xixena del qual n'era fundador[79]. Com que els Cabassers volgueren que el santuari de Santa Maria de Wiclar fons dins la seva comarca, fou alçat sobre el poblat de FONTES, al peu de la FONT DE LES FOIES[80] (la veu Foia, vol dir escorriall o aiguamoll) i per a

79 A la *Historia de los victoriosíssimos Conde de Barcelona*, de Francisco Diago, de l'any 1603, hi apareix un fragment que explica l'assumpte de les relíquies de Sant Hermenegild i de Sança, muller d'Alfons I (Diago, 1603: 40). Vegeu també Morgado, 1587: 113v-116r.

80 L'ermita de la Foia no es va fundar fins el 1585. Referim al document fundacional contingut en un manual notarial de l'APC. Transcrivim la prova documental: "*A XXII de setembre del any 1585. Los honorables en Juan Sollanelles, en Juan Morell i en Pere Amorós del Mas, jurats, i en Pere Gibert dit de la Plaça, i en Pere Gispert i en Juan Homdedéu, pròmens, tots de la villa de Cabaçés de grat et confesen aver rebut del venerable mossèn Gabriel Gisbert, prevere i natural del mateix loch de Cabaçés, és a saber, treze liures, dich XIII Ll, les quals dit mossèn Gabriel Gispert les ha replegades de caritats per a què de aquelles se face o comense a fer una capella a la Foya, la qual capella (h)a de comensar a fer dins de mit any. Les quals confesaren aver rebudes a sa plena voluntat et en presènsia de mi Pere Arbonès, prevere i vicari del dit loch, i dels testimonis debay escrits, qui són los honorables Francesc Criviller de la Vilella d'Amunt i Juan Masip dit de la Plaça, i habitants en Cabaçés, et cetera.*" (APC, Fons Notarial, vicari Pere Arbonès, 1583-1586). La benedicció de l'ermita fou el dia 11 d'abril del 1592, quan també s'hi digué la primera missa, set anys després de la recepció de les caritats

fomentar la devoció marial, en el mes de setembre de 1164, Albert de Castellvell, senyor de Siurana, va atorgar a Ramon de Vallbona i al sacerdot Pere d'Escala-Dei, a Joan d'Organyà i a fra Guerau, el planell de muntanyes, on després es féu l'ermita de Santa Maria de Mont-Sant, que a l'any 1210, fra Guerau[81] concedí a Pere Balb i Guillermina, junt amb la seva ermita de

---

per a construir l'edifici. Donà llicència el bisbe Gaspar Punter. el 23 de març del 1592: *"Die 11 mensis Aprilis anno 1592, fonch beneïda la iglésia y capella de la Verge Maria de la Foyia per mi, Pere Macip, prevere y rector de Cabacés, et cetera, en presènsia de la major part del poble, y dit la primera missa, presents en Joan Veyià, batle general de la baronia de Cabacés, y en Pere Gispert y en Joan Macip del Perche, y d'en Pere Ferrer, moliner, jurats de dit any de Cabacés, et cetera, tenint llicènsia de nostron senyor, don Gaspar Punter, bisbe de Tortossa, de xxiii de mars de l'any 1592."* (APC, Fons notarial, Bernat Voltes i Pere Macip, 1577-1593, fol. 58r). Vegeu també la nota 151.

81 Sobre Fra Guerau, la relació més semblant al text és la que apareix a l'obra de Joseph Vallès, del 1663, reimpresa el 1792, *Primer instituto de la Sagrada Religión de la Cartuxa: fundaciones de los conventos de toda España, mártires de Inglaterra y generales de toda la orden.* Transcrivim directament què diu: "*Por la mucha antigüedad, y poca curiosidad de los que en aquellos tiempos nos precedieron, no se hallan noticias individuales de estos ilustres Varones, solo de Fray Gerardo, Hermitaño de San Bartolome, una de las del dicho monte, las observó aunque sucintamente el Padre Nicolas Monsi, Valenciano de nacion, y las trae en los Anales de aquella Real Casa, que dice haberlas sacado de un manuscrito muy Real antiguo que se hallaba en aquel Archivo. Por los años de 1160, poco antes de la fundacion de Escala Dei, entre otros Varones floreció Fr. Gerardo, primer Hermitaño de San Bartolome, del qual tuvo muchas noticias la Reyna Doña Sancha , muger del Fundador; porque fue esta Reyna muy pia y muy devota de los Varones, que trataban con excelencia en la virtud. Y habiendo enfermado de peligro (dicen de un sobre parto) en la Villa de Fraga, frontera de Cataluña, último lugar de Aragon, dos leguas muy grandes de la ciudad de Lerida, deseosa de cobrar salud , y mucho mas de conocer este insigne Varon , mandó a dos de sus Caballeros , que con toda diligencia , discurriendo el monte sin perder rincon de él , le buscasen a Fr.*

sant Bartomeu, que passaren al monestir de Bon-Repòs (avui Mas de sant Blai) i d'allí als cartoixos d'Escala-Dei[82].

§19 En aquest mateix temps, arribaren els primers pares de la Cartoixa, acompanyats de Guillem de Sirca[83], qui junts amb els ermitans, Pere d'Escala-Dei de Pobuleta, fra Guerau de Sant

---

Gerardo" (Vallès, 1792: 29). Continua explicant com Fra Guerau va anar cap a Fraga i la reina es va curar, i a canvi li va concedir les terres del lloc: "*La Reyna le concedió facultad de volverse, y le dixo pidiese algunas mercedes, que todas las reduxo Fr. Gerardo a la donacion de aquel sitio y de algunas tierras, que estaban al rededor de la Hermita, para lo qual le despacharon sus privilegios, y por su muerte lo heredó todo el Convento de Bonrepos, y despues el de Escala Dei por Bula de Union de aquel Convento con el Real de Escala Dei*" (Vallès, 1792: 30-31).

82 A la tesi de Montserrat Obiols Bous, *El monacat en la Catalunya Medieval: Santa Maria de Valldaura*, es fa una repàs força complert de l'eremitisme al Monstant: "*Lladonosa, ens hi acosta i descriu alguns exemples del procés eremític seguit. L´any 1157 ja existia l'asceteri de Cèrvoles, prop de Ciurana en les muntanyes de Prades, que ja havia estat habitat abans per R. Vallbona. Volien convertir-lo en abadia benedictina, però Poblet s'hi oposà fins que aconseguí la cessió del lloc, convertint-lo en granja de Poblet. Finalment l'any 1171, Ramon de Vallbona, pactà amb l'Orde del Cister l'establiment d'un cenobi femení al lloc de Santa Maria de Vallbona, format per antigues deixebles ermitanes, a les que s'hi afegiren monges procedents del cenobi cistercenc de Tulebras. Els ermitans de Cérvoles, en canvi, es traslladaren al Montsant Altres exemples que ens exposa Lladonosa els trobem a les muntanyes del Montsant i el Coll de Mònecs. En aquest últim, l'origen de l'eremitori es deu al donat del Cister, fra Gerald. Coll de Mònecs, com indica la paraula Mònecs, suposaria un lloc per a monjos. Aquesta zona donaria origen més tard al monestir cistercenc de Bonrepós situat al municipi de la Morera del Montsant. El procés d 'incorporació d'aquest monestir al Cister, s'inicia amb la fugida de Lleida cap aquestes terres muntanyoses de grups a vegades matrimonials i familiars, com és el de Pere Balb, esposa Guilleuma i la seva filla Anglèsia, que marxaren a l'eremitori de Santa Maria del*

Bartomeu, Joan d'Organyà[84] de Bonrepòs i Miquel de Lusià[85], que cedí les terres, escolliren el lloc per a la fàbrica de la casa monestir de la cartoixa d'Escala-Dei[86], davall del poblat dels Cabassers de Montal[87] i enfront del de la Villella d'Amunt, en el començament del Barranc de les Pinedes Pegueres, que pren l'aigua de la Font PEGONA[88].

Montsant. Se'ls hi uniren varies dones. L´any 1193 baixaren a les terres per la dificultat de vida en el lloc i edificaren una casa del Orde del Cister, anomenada Bonrepós. L´any 1203 el bisbe de Tarragona, Ramon de Rocabertí, no va permetre un monestir mixte. Així, una butlla del papa Innocenci III de 1202, promulgada en el IV Concili Laterà, manà separar ambdues comunitats: la de Santa Maria de Montsant i la de Bonrepós. El 2 de setembre de 1210, el prelat enviava una autorització a l'Orde del Cister perquè Pere Balb restablís el primitiu cenobi de Santa Maria del Montsant, i que fidel a la butlla d'Innocenci III de 1202 es mantingués separades ambdues comunitats, una a Montsant i l'altra a Bonrepós. Bonrepós es convertí llavors, l'any 1210, en un monestir cistercenc femení, on la primera abadessa seria Guilleuma esposa de Pere Balb, i la segona, la seva filla Anglesia180. Creiem que aquest cas explica molt clarament el procés de sortida de l'eremitisme, sobretot per a les dones." (Obiols, 2005: 121).

83 Guillem de Sirca fou el prefecte dels exèrcits del regne d'Aragó, i va ser enterrat al monestir de Scala Dei, traslladades les seves restes des del de Poblet. És fals, però, que tingués res a veure amb la fundació del monestir, però sí que en va ser un gran benefactor (Vallès, 1663: 36-38).

84 Vegeu la nota 61.

85 Vegeu la nota 50.

86 Es desconeix el nom dels fundadors de la cartoixa de Scala Dei, ja que el document fundacional o no ha existit mai, o s'ha perdut (Gort, 2008: 14). Tot el relat de Vidal al voltant d'aquest assumpte és ficció.

87 La muntanya de Montalt apareix per primer cop documentada el 9 de març de 1164, quan Albert de Castellvell la dóna a l'església de Tortosa i a l'església de Vallclara "et clericis in ibi Deo servientibus" (Virgili, 1997: 191-192).

88 De nou Vidal crea una etimologia falsa. La font a què es refereix s'anomena Pregona, no Pegona, i es troba al terme municipal de la Morera de Montsant, a prop de la cartoixa de Scala Dei i de la masia La

§20 El Santuari de Santa Maria de Wiclar[89], s'emplaça en una planúria, que servia d'atans i abeurador als ramats de pas. L'altar major l'ocupava la Mare de Déu i al redós hi havien les imatges dels apòstols sant Pere i sant Pau. Voltejava l'esplanada, el camí militar d'Antoninus Pius, que venia de Flix i anava a la Ripa de Tulcis[90], que portava el nom de Camí de Capafons; darrera del santuari s'hi enterraven els cossos de les persones de Fontes que morien en gràcia de Déu; als heretges i endemoniats i maniàtics, se'ls espenava pel Forat de la Boca de l'Infern[91], on els esperava en Pere Botero, que amb la barca, els conduïa a les calderes de Llucifer[92].

§21 A l'any 1185, essent bisbe Pons de Munells de la Diòcesi de Tortosa, es presentà una reclamació sobre la propietat del santuari[93], fent valdre el senyor bisbe l'acta de donació per Joan d'Organyà del territori de Vall-Clara[94], que el confonia amb el de FONTES, i obtingueren del rei Alfons I el domini eclesiàstic per a la seva diòcesi[95], amb el qual el dia 9 de maig el dit bisbe

---

Pietat.

89 Es refereix a l'ermita de la Foia, a Cabassers.

90 Tulcis és el nom que rebia durant l'època de l'Imperi Romà el riu avui conegut com Francolí (Cortés, 1836: 437).

91 El Portell de la Boca d'Infern és un collet no massa llunyà de l'ermita de la Foia, al terme de Cabassers, dintre de la serra de Montsant (Biete, 1979: 30).

92 Tot el paràgraf és una invenció sense fonament. A l'afirmació que es feien enterraments darrera del santuari (que en realitat és l'ermita de la Foia), s'hi veuen reminiscències d'una notícia de Delfí Navàs, que es comenta més endavant, a la nota 162.

93 És espúria l'afirmació que Ponç de Monells presentés cap reclamació sobre la propietat de l'ermita de la Foia el 1185, ja que aquesta encara no existí fins el 1585 (vegeu la nota 80).

94 Qui féu donatiu de Santa Maria de Vallclara a la Seu de Tortosa fou el prior Frederic (Virgili, 1997: 148-149) i no Joan d'Organyà.

atorga carta pobla[96] als Avin-Cabassirs i a la seva posteritat, concedint-los "ILLUM NOSTRUM LOCUM QUOT DIBUR KABASSES AB FACHITATEM, CUM OMNIBUS TERMINI", pretenent obtindre per aquest fer (sic) que des de Flix inclòs, fins a El Margalef de Lleida, fos incorporat a la seva diòcesi. La investidura eclesiàstica la donava a títol de benefici, el senyor del Castell, al sacerdot escollit per aquell càrrec, en preferència al que tingués més mèrits per a ser-ho, amb el beneplàcit de l'arquebisbat de Tarragona[97].

---

95 És cert que Alfons I i Sança confirmaren les donacions fetes a la Seu de Tortosa per Ramon Berenguer IV, i establiren els antics límits del bisbat mitjançant carta de 28 de novembre de 1178 (Virgili, 1997: 373-378), la qual cosa justifica l'afirmació de Vidal que el bisbe Ponç de Monells obtingués "el domini eclesiàstic de la seva diòcesi". El document va ser publicat pels continuadors de l'obra de Flórez (1859: 310-316) i O'Callaghan (1886: 295 i ss.), i per tant, Vidal hauria pogut utilitzar qualsevol d'aquestes fonts per a conèixer-lo.

96 Ponç de Monells atorgà la carta de població a Cabassers el 9 de maig de 1185 (Virgili, 1997: 471-472). La carta utilitza la forma "Cabacer" per al topònim, i no "Kabasses" com pretén Vidal, que, a més, comet evidents errors de transcripció del text llatí. La carta de població no fou publicada fins el 1969 (Font, 1969: d. 177), un any després de la mort de Vidal i Llecha, per la qual cosa és impossible que Vidal conegués aquest document per aquesta publicació. Cal suposar que devia llegir-ne algun trasllat manuscrit, potser a la documentació de l'APC. Vegeu també la nota 103.

97 La resta del paràgraf s'ha de considerar una invenció de Vidal. L'esment al vist i plau de l'Arquebisbat de Tarragona per a l'elecció del sacerdot sembla una confusió d'un passatge del document d'acceptació de la donació de Santa Maria de Vallclara a la Seu de Tortosa per part de Ramon Berenguer IV, datat a Osca el 2 de gener de 1149. L'arquebisbe de Tarragona signa, amb altres, la carta, expressant "salvo iure Terrachone ecclesie" (Virgili, 1997: 149-150). Vidal hauria pogut conèixer el document per les edicions de Villanueva (1806: 267-268) i Corredera (1963: doc. 6[I]).

§22 És de notar la vocació sobrenatural que els Cabassers tenien a la imatge de la Mare de Déu de la Font de Les Foies, quan després de la mort d'en Miquel de Lusià[98] a la batalla de Muret, la prengueren per senyera, traslladant-la a la Capella del Castell, per temença de que no fos robada, al veure's injustament acusats d'albigenses, pels frares d'Escala-Dei i pel Bisbat de Tortosa, perquè ambdós pretenien la possessió de CABA-LOCA (= lloc dels Cabasses)[99]. Els frares d'Escala-Dei, obtenien romandre amb les terres del MASDEU[100] (=

98 Al *Llibre dels Feyts* de Jaume I hi apareix un cavaller aragonès, anomenat Miquel de Luzià, que participà a la batalla de Muret, on va perdre la vida: *"En Simon de Montfort era en Murell bé ab vuit-cents hòmens a cavall entro en mil; e nostre pare venc sobre ell prop d'aquell lloc on ell estava. E foren ab ell d'Aragó don Miquel de Lúzia, e don Blasco d'Aragó, e don Rodrigo Liçana, e don Ladró, e don Gomes de Luna, e don Miquel de Rada, e don Guillem de Puyo, e don Açnar Pardo, e d'altres de sa mainada molts, e d'altres qui a nós no poden membrar; mas tant nos membre que ens dixeren aquells que hi havien estat, e sabien lo feit, que llevat don Gomes e don Miquel de Rada, e don Açnar Pardo, e alguns de sa mainada que hi moriren, que els altres lo desempararen en la batalla, e se'n fugiren: e foren-hi de Catalunya En Dalmau de Creixell, e N'Hug de Mataplana, e En Guillem d'Horta, e En Bernat de Castellbisbal, e aquells fugiren ab los altres. Mas bé saben per cert que don Nuno Sanxes, e En Guillem de Montcada, que fo fill d'En Guillem Ramon e de Na Guillelma de Castellví, no foren en la batalla, ans enviaren missatge al rei que els esperàs, e el rei no els volc esperar: e féu la batalla ab aquells qui eren ab ell.* (*Jau. I. Llib. Fey.* 46)

99 Una altra falsa etimologia de Vidal. A banda, el 7 de febrer de 1168 Albert de Castellvell donava a l'església de Santa Maria de Vallclara l'honor de Cavaloca, amb tots els seus termes (Virgili, 1997: 241-242), per la qual cosa el litigi del monestir de Scala Dei i el bisbe de Tortosa amb els habitants de Cabassers per al domini d'aquest territori és una invenció sense fonament.

100 Masdéu no era un comanador del Rosselló, sinó que era una comanda del Temple que tenia la seu a la zona del Rosselló. No hi ha constància que tingués relació amb el sud de Catalunya; ni amb Tortosa, ni amb Scala Dei, com queda clar després de consultar els cinc volums del

Comendador del Rosselló), marit de Sibila de Lusià del poblet de Montal, que destruíren i enviaven els veïns joves a la conquista i poblament de València; les donzelles s'endugueren al cor la Mare de Déu de la Foia, i els miquelets a Sant Miquel. D'ací ve que als voltants de València es trobin Santes Maries, Foies, Miqueletes, Monts-Sants, i que en les esglésies s'hi conservin cançons i cerimònies de rite mossàrab, que els Cabassers fins a la meitat del present segle han conservat encara.

§23 Molt migrat de personal quedà Fontes, després de les conquistes de Mallorca i València, i els castells i villelles, poc menys que abandonats, perquè en Miquel, fill del que morí a Muret, acompanyant a Pere I, qui aproximadament tenia la mateixa edat de Jaume I, era qui amb els seus Al-mo-ca-bas l'hi feien guàrdia i no s'apartaven del seu costat[101].

§24 El rei Jaume I, redimí els castells de Lusià de l'empenyorament que tenien, i els incorporà al reialme de la Corona d'Aragó, formà una cavallera amb els Cabassers que restaven i deixà nomenat lexa o llegat en representació de la

Diplomatari del Masdéu (Tréton, 2010).

101 Cal considerar tot aquest paràgraf una invenció.

reialesa a l'últim Miquel de Lusià[102]; expedí una carta pobla[103] escrita en llemosí de puny i lletra seva, fundant la Vila de Cabassers en el lloc on és avui, deixant per Lar a sant Miquel, i per Patrona la imatge de Santa Maria de la Font de les Foies, fent cas omís de les peticions de la diòcesi de Tortosa i de les costums i usatges que a l'any 1310 el Bisbe de Tortosa, Pere de Batteto[104], expedí als veïns de Cabassers i que l'església els concedeix.

§25 Creixia més que l'haura que la cobria la fama de la Mare de Déu de la Font de la Foia de Fontes-Clares[105]; devots, peregrins

---

102 És sabut que després de la batalla de Muret i la gestió pèssima del rei Pere, pare de Jaume I, la situació econòmica fou força desastrosa, i Jaume I va sanejar l'economia i desempenyorar molts béns. Pel que fa al cavaller Miquel de Luèsia, poques notícies es troben. L'única que trobem apareix al treball de Huici i Cabanes, *Documentos de Jaime I*: Lop Ximenis de Luèsia obtingué béns al repartiment de Mallorca, que canvià amb Jaume I el 1247 per la propietat i jurisdicció del castell i lloc de Luèsia (Huici - Cabanes, 1976-1988: núm. 451) i, per tant, el que hauria succeït seria el contrari del que diu Vidal. Amb tot, cal dir que Jaume I va recuperar posteriorment aquest castell, mitjançant el notari de Lleida Sa Sala, per 1.500 morabatins, l'any 1260 (Montaner, 1997).

103 La carta de població de Cabassers no va ser atorgada per Jaume I, sinó pel bisbe de Tortosa Ponç de Monells (vegeu la nota 96). Els anacronismes són omnipresents al paràgraf: Jaume I, que visqué entre els anys 1208 i 1276, ni havia nascut encara quan el 1185 s'atorgà la carta de població a Cabassers, i ja havia mort quan el 1310 es redactaren les Usances i Costums de la baronia de Cabassers.

104 El 1310 Bernat des Jardí, amb consentiment del bisbe Pere de Batet, atorgà les Usances i Costums (Carreras, 1924b: 314-319). A banda, aquesta afirmació entra en contradicció amb el que diu al paràgraf 21 sobre la carta de població.

105 Vidal anomena ara Fontes-Clares el Fontes que apareix prèviament als §18, 20, 21 i 23. Al §18 s'hi detecta una contradicció amb el §1: afirma, al 18, que Fontes era un "antiquíssim poblat ibèric del Mons Sacer" que situa "al peu de la Font de les Foies", mentre que al §1 identifica el "Mon Sacer" amb la Bisbal. Es torna a referir a Fontes-Clares als § 26 i 27, i a

i romeus de molts llocs apareixien anant i venint pel Camí de Cap-a-Fonts[106]. A l'any 1317, es recorda que vingué Na Teresa Jimenes de Uerrea[107], priora del monestir de Xixena, que acomanyava a Na Blanca d'Aragó, filla de Jaume II, que es queixava d'una dolença de pulmons[108], que la consideraven inguarible; permanesqué a Fontes-Clares i a Cabassers durant tot l'hivern, anant cada dia a la Font de les Foies, a tastar l'aigua

---

partir d'aquí aquest suposat poblat desapareix del relat Treu el nom llegendari de Fontes i, més endavant, Fontes-Clares, de la llegenda sobre l'origen de Cabassers expressada per Delfí Navàs el 1918: *"L'origen de Cabacés es antiquíssim. Segons la tradició, en la antigüedad ere tan gran que arribave per la part de sol ixent al punt conegut pels Coscollets: ó sigue al pla de la Costa ó pujadó de cavall del camí de Reus; y per la part de sol ponent, hasta lo solá del Espasa y creu del Peiró distant aquesta mes de 1300 metros de la població, tenint lo nom primitiu de Fuentes Clares: (mitj castellá y mitj catalá) nom que semble adecuat, per estar la població voltada de bones fonts, com també ne te lo terme en abundancia: pero en cuant á la grandária que se li atribeix, á pesar de que en los Coscollets se ha vist restos de edificis; damunt del pon del Solá fins á últims del sigle passat s'hi va veure unes paretotes de tápia doble: en la Sorteta, existeis encara una paret de argamassa y restos de un edifici que semble ere una fábrica moguda pel aigua: y a mitj camí del Peiró hi ha un punt que se'n diu Les Tápies, y sens dupte que te aquet nom perque mes ó menos de temps antig, alli hi devia havé construccions ó restos mes tart de tápies; semble que donades les condicions del terreno no es creible que la població ó ciutat de Fuentes Clares (com se diu) fos tan gran."* (Navàs, 1918: 3).

106 Sembla que Vidal jugui amb una altra falsa etimologia, implicant el topònim de la població de Capafonts per a donar credibilitat al seu imaginari Fontes.

107 Efectivament, Teresa Jiménez de Urrea fou priora de Sixena i mantingué una bona relació amb Jaume II (Ubieto, 1966), que es va educar a Scala Dei (Cabestany, 1977: 321-327). Sabem que el rei estigué a Cabassers, ja que allí hi signà un document on s'establien els drets de la Cartoixa sobre la mineria del Priorat (ACA, Cancelleria, reg. 210, fol. 65v). També la filla del rei, Blanca d'Aragó, fou priora del Sixena després de Teresa Jiménez de Urrea.

i fer la visita a la imatge. Se'n tornà a Xixena completament guarida de la seva dolença[109]. Als anys 1324 al 1328, tornà moltes vegades Na Blanca per a donar gràcies a la Verge i per visitar al seu germà Joan, que estava en el Monestir d'Escala-Dei[110].

§26 A l'estiu del 1348 la granòla assolava el país i la diòcesi de Tarragona i Tortosa no hi quedaven sacerdots. L'arquebisbe fra Sancho López de Ayerbe, recordant els miracles de la Mare de Déu de la Foia[111] i altres favors rebuts per la seva intercessió, i tement al mateix temps que els flagells no fossin un càstig de Déu, degut a la destrucció pels frares d'Escala-Dei del Santuari de Santa Maria de Montal, convertint-lo en casa de labor i

---

108 Per documents de la Cancelleria de la Corona d'Aragó es pot deduir el delicat estat de salut de Blanca d'Aragó, i es té coneixença que preferia establir-se a València en cas de malaltia. És curiosa la carta que Jaume II escrigué a Teresa Jiménez de Urrea el 8 de novembre del 1317, on li diu que un cop Blanca hagi millorat, la dugui a descansar a Fuentes (ACA, Cancelleria, reg. 244, fol. 94v). El document original diu "Fontes", però no hi ha cap indici per a afirmar que aquest Fontes es pugui referir a Cabassers. Tot i que és un topònim que fa referència a un lloc desconegut, Julio P. Arribas Salaberri, a la seva biografia de Blanca d'Aragó *Doña Blanca de Aragón y de Anjou: XVI priora del Real Monasterio de Sijena"* , apunta que es podria tractar de Fuentes de Ebro, ja que posteriorment a aquesta estada Blanca faria un descens pel riu Ebre fins a Tortosa. De fet, Fuentes de Ebro es deia Fontibus o Fontes (Arribas, 1973).

109 Des del primer punt i a part i fins aquí, el text es reprodueix al capítol dedicat a l'ermita de la Foia a *Puix en alt lloc sou posada* (Palomar - Solà, 2009: 92), citant com a fonts la *Breu Història* i Biete, 1991.

110 Vicenç Biete es refereix a aquest paràgraf, transcrivint-lo en part i donant-li credibilitat (Biete, 1991: 143-144).

111 Novament hem de referir a la nota 80 sobre la fundació de l'ermita de la Foia el 1585, cosa que feia impossible que s'hi fes cap peregrinació el 1348 perquè, senzillament, l'ermita encara no existia. López de Ayerbe sí que era, en canvi, arquebisbe de Tarragona el 1348.

ermita de sant Antoni[112], encapçalà una peregrinació al Santuari del peu d'El Montsant, fent rogatives lúgubres, presidint la creu coberta amb un vel negre[113]. A l'arribada no trobaren el sacerdot dels Cabassers, perquè havia mort de la pesta, i els feligresos pregaven a la Verge que a més de la cessassió de la plaga, que els portessin un bon guardador d'ànimes, donant-se el cas curiós que en acabar-se la pregària,

---

112 Segons les escriptures de Scala Dei, es permeté a uns pobladors establir-se al Montalt el 1286, i no fou fins el 1354 que es donà permís per a construir una capella a Sant Antoni. En cap cas es parla de reconvertir una capella ja construïda (AHN, Codex L-1234). L'existència del santuari de Santa Maria de Montalt que anomena Vidal és improbable.

113 Entre els apunts de Miquel Vidal, hi ha dues quartilles que recullen rogatives per quan no plou. *"Rogativas cuando no llueve - procesiones de penitencia. Comenzaban con 7 misas, celebradas en 7 días consecutivos. Pasado estos días se hace procesión á l aVirgen de La Foya donde se dice una misa. Si no llueve ó viene la lluvia deseada, comenzas las procesiones lugubres, precede la cruz cubierta con un velo negro, acompañada de dos luces o velas y el pueblo sigue detrás implorando con cantos. Llevan el Cristo grande a la Foya y sacan á San Isidro. Canto triste y pausado, pidiendo á la Virgen que ruegue para nosotros, indignos de la misericordia del Señor. Otras rogativas con motivo de la langosta y el pulgón"* (ASMV, Fons Miquel Vidal, doc. 19). També: *"Devotas rogativas que en ciempo de sequía se hacían desde muy remoto tiempo. Se celebraban siete misas consecutivas, una cada día de la semana, y se cantaban los gozos de nuestra Señora. Si con todo este tiempo no acude la lluvia deseada, se hace una procesión de penitencia. Precede la cruz cubierta con velo negro transparente, acompañada de 2 linternas y vuelta la imagen a la procesión. Llevan la imagen de la virgen de La Foya á la Iglesia. Cantan: el cura* Non sumus digni á te exaudiri / Nostris demeritis meremur puniri / Sancta Maria, ora pro nobis. *Y responden todos:* Kyrie eleyson, Jesu Rex gloriae, da nobis pacem, salutem, ac pluviam congruentem. *Continúan con la letanía y acaban cantando los gozos de La Foya, hasta llegar a la iglesia, donde dicen 7 misas consecutivas. Procesiones por las plagas de langosta y el pulgón"* (ASMV, Fons Miquel Vidal, doc. 17).

aparegué un frare escapat del Monestir del Puig-Roig[114] (= Masroig) carregat amb la imatge de la Verge de la Pinyera[115]. Aquest frare sacerdot, del qual la multitud s'apartava, per temença del contagi, es retirà a fer vida eremítica a la Cova del Dolman, antic cementiri de Fontes, i fou el fundador de l'ermita de sant Roc[116], propera al Santuari de la Foia[117].

---

114 El monestir del Puig-Roig no ha existit mai. El Puig-Roig és un antic poblat iber, localitzat a prop de l'ermita de les Pinyeres, al Masroig, i sembla que Vidal juga amb aquests dos conceptes. Val a dir que el 1964 es va començar a excavar el Puig-Roig (Vilaseca - Prunera, 1966), al mateix moment en què Vidal escrivia aquesta història sobre Cabassers, i possiblement va imaginar que les runes que s'excavaven eren d'un antic monestir.

115 Aquesta història és falsa. Vegeu la nota 129.

116 L'ermita de Sant Roc tenia una inscripció amb la data 1594 a la porta d'entrada (Navás, 1918: 21), que molt probablement sigui la data de fundació o, com a mínim, de finalització de l'obra de l'edifici. Així doncs, el 1348 l'ermita encara no existia. Sabem, en canvi, que el fundador de l'ermita de Sant Roc fou fra Domingo Bonaventura Galícia: "*Die 29 mensis novembris anno 1602, na Hierònima Valla, viuda, i son fill Pere Vall, fan venda de quatre sous sensals /per preu de quatre lliures mota/ etc als senyors de jurats de la vila de Cabaces. Ço és: an Joan Homdedéu i an Joan Macip del Perche maiors, i an Pere Solanelles de la Iglésia, i a sos sucssesors en dit offici de jurats, per obs de un aniversari o missa se (h)a de dir en la iglésia de Cabaces o en Sanct Roch per la ànima del pare fra Dominguo Bonaventura Gualicia, hermità i fundador de dita hermita, de manera que si lo rector o vicari que sirà de Cabaces vol pujar a dir la missa a la hermita de Sanct Roch, li an de donar los segristans dos sous i mig, i los devuit dinés són per a la hermita de Sanct Pere i Sanct Roch. I si no (h)i volen pujar, dar-li an un real de la missa i sis dinés al segristà. I assò obliguen los dos, mare i fill, tots sos béns llarguament etc, renuntiant etc. Fiat large etc. ab salari de procurador sinch sous etc, et fiat apocha de receptis etc. Testes huius reis sunt magister Franciscus Maçip, faber lignarius, et Felipus Homdedéu, parator, habitatores ville de Cabaces.*" (APC, Fons Notarial, Manual de Bernat Voltes, 1577-1603, inscr. 29/11/1602). No sabem entre quines dates va viure fra Domingo Bonaventura Galícia, però el

§27 A l'any 1398 visita La Foia, Na Maria, esposa del rei Martí[118], i trobà el poblet de Fontes-Clares desfet i destruit per un aiguat i els habitants traslladats a Cabassers; i com que el santuari tampoc estava en bon estat de conservació, es traslladà la imatge novament al castell, demanà que aprofitant una volta que quedava del derruït monestir de Wiclar es fés l'església de la vila de Cabassers[119], dedicada a la Verge, i fos incorporada a la diòcesi de Tortosa[120], que la regia Huc de Lupià. En Miquel dels

---

document deixa entreveure que no deuria haver mort massa abans del 1602, si en aquella data encara li feien misses per la seva ànima.

117 En aquest cas, fent el joc que contínuament fa Vidal en tot el seu relat, barrejant realitat amb ficció, i relacionant qualsevol topònim proper amb un altre topònim lligat amb un fet èpic, construeix una història mitològica de Cabassers. Així, relaciona el Puig Roig de Torrent d'Empordà, on hi ha el Dolmen del Puigroig i el Cementiri dels Moros, descobert per Salvador Raurich el 1932. Aquest dolmen fa un aixopluc on s'hi han trobat moltes restes òssies, i per això hi ha la menció al Cementiri dels Moros. Vidal utilitza clarament aquesta història per a lligar el seu relat amb el Puig-Roig del Masroig. Jesús Ávila reinterpreta el paràgraf sencer, fent-lo encara més fantasiós que Vidal (Ávila, 1994: 77). Joan Llecha, seguint i citant a Ávila, també esmenta aquest passatge (Llecha, 2003: 17).

118 Biete menciona aquest fals esdeveniment (Biete, 1991: 144). Vegeu també, de nou, la nota 80 per l'anacronisme de la suposada visita de l'esposa del rei Martí el 1398 a una ermita que no existí fins el 1585.

119 L'obra de l'església de Cabassers fou acabada el 1603, segons consta a la inscripció de la torre del campanar, o, com a mínim, si no l'obra de l'edifici sencer, el 1603 sí que marcaria la data de finalització de la torre de les campanes. Per tant, l'empresa havia de ser començada a les darreries del segle XVI. L'església va ser bastida aprofitant les restes de l'oratori romànic construït al segle XII per ordre de Ramon Berenguer IV (Virgili, 1997: 59-60), i la façana d'aquest edifici romànic va ser engolida per la façana de l'església actual (Prats, 2006: fitxa D.047.000).

120 Cabassers ja s'havia incorporat a la diòcesi de Tortosa abans del 28 de novembre del 1178, data en què els reis Alfons i Sança establiren els antics límits del bisbat (Virgili, 1997: 373-378).

Cabassers[121], lexa del castell i de la cavallera, qui rebé l'encàrrec, confià al pintor Lluís Borrassà, de Barcelona, el retaule dedicat a Santa Maria, del qual encara se'n conserven fragments.

§28 En 1479, En Huc Roger, de Pallars, ex-senescal de Catalunya, figurava com a propietari de terrenys de la comarca dels Cabassers, com a marit de Na Catarina i administrador dels béns de la seva sogra Na Violant Albert, hereves de la casa i baronies del Mansu-Dei Erill, casat amb Na Sibila de Lusià[122].

---

121 Sembla que tots els Miquels que apareixen al text són una al·legoria del propi autor, Miquel Vidal i Llecha. De vegades s'anomenen Miquel de Lusià, després Miquel dels Cabassers, però fan tots la impressió de ser el mateix personatge, immortal, que apareix a totes les èpoques. La suposada i inexistent província romana de Lusiania que apareix al §1 sembla voler entroncar aquests personatges amb un passat ancestral i remot. Així ho confirma una targeta de visita del mateix Vidal, on el seu nom hi apareix com "Miguel Vidal Llecha de Llusá y de Llaberia" (fig. 27).

122 Hug Roger de Pallars fou l'últim comte de Pallars, i va entrar en rebel·lia contra Joan II, posant-se del costat de la Generalitat a la guerra civil catalana (1462-1472). El comte de Pallars fou derrotat, i segons la Viquipèdia: "Hug Roger III es refugià als seus dominis pallaresos, on va poder resistir fins que, el 1484, Ferran el Catòlic va encarregar al comte de Cardona Joan Ramon Folc III de Cardona la conquesta del Pallars. Entre la tardor i l'hivern de 1486, Hug Roger marxà a França, abans que les neus tanquessin els passos de muntanya. El comte mirà debades d'obtenir l'auxili dels francesos, mentre la seva muller defensava el castell de València d'Àneu. No fou fins al 30 de juny de 1487 que la comtessa inicià converses per la rendició d'aquella fortalesa. València fou lliurada a Joan Ramon Folc IV de Cardona (el seu pare Joan Ramon Folc III havia mort durant la conquesta del comtat) el 10 de juliol. Tot seguit, Caterina marxà a França per reunir-se amb el seu espòs. Fruit de tot això foren embargats tots els seus béns per part de la corona, els seus i els de Caterina Albert, la seva esposa." (Hug Roger III de Pallars Sobirà. 2021, 14 de març). També cal dir que del matrimoni amb Caterina Albert va tenir dues filles legítimes: Joana de Pallars i Isabel de Pallars. La referència als Pallars del text de Vidal podria estar motivada

En Huc Roger, en defensa dels seus drets, tingué guerra, contra els parents de la Casa de Cardona, que eren el Bisbe d'Urgell, Pere Cardona; en Joan Cardona, Conestable d'Aragó, i en Joan Ramon Folc, Comte de Barcelona i Comte de Prades, tots ells molt amics del Rei sense fe, Joan II. Durant aquesta guerra en Huc sol·licità l'apoi del seu amic Miquel Lexa[123], dels Cabassers, i havent estat derrotats, es retiraren En Huc a Mora i En Miquel a Flix[124], emportant-se amb ell la miraculosa imatge de Santa Maria de la Foia.

§29 De resultes d'aquest malastre, abans de la mort d'Huc Roger al Castell de Xàtiva, foren confiscats tots els béns d'ell i dels seus familiars, menys els del Comte de Prades[125].

---

per un Roger de Pallars que apareix a la documentació de l'arxiu parroquial de Cabassers. En Roger de Pallars sembla una persona benestant, procurador de diferents causes i propietari de terres a Cabassers, però en cap cas no es pot considerar que la persona que apareix en aquesta documentació sigui el comte de Pallars. De fet, consta que en Roger de Pallars de Cabassers tenia un fill que es deia Guillem de Pallars, i això contradiria la possibilitat que fos el comte, ja que aquest tenia dues filles. El que sí que crida l'atenció és que en Roger de Pallars de Cabassers desapareix de la documentació en el mateix moment en què el comte de Pallars s'exilia a França, fet que podria haver despertat la imaginació de Vidal i Llecha, que hauria pogut creure que aquest Roger de Pallars de Cabassers fos en realitat el comte.

123 De nou, l'autor fa una al·legoria de sí mateix. Vegeu la nota 121.

124 Entre els segles XI i XVI hi hagué un canvi important en la població de Cabassers; no sabem si a causa d'una crisi o per efectes de la guerra civil catalana, com es desprèn de la documentació de l'arxiu de la baronia de Cabassers, conservat juntament amb el parroquial. També podria tenir la causa en el fet que l'expulsió dels moriscos portés noves oportunitats a zones de la Ribera d'Ebre com Flix o Móra, i la gent decidís emigrar-hi. Possiblement els Pallars foren uns dels qui hi anaren. Dels Lexa (o Llecha) no n'hem trobat cap referència.

125 Tot el que s'explica en aquest paràgraf és cert i hi ha abundant bibliografia que ho corrobora. Per exemple Rovira, 1931: 604.

§30 La comarca dels Cabassers, ja molt migrada, era envejada i reclamada aleshores per Alfonso de Aragón, bisbe de Tortosa, pel Comte de Prades, pel Bisbe d'Urgell i pel monestir d'Escala-Dei[126].

§31 El bisbe de Tortosa, Alfonso de Aragón, s'avençà al fall dels aconteixements i, sense cap consentiment, es féu ell senyor de l'Església i territori del AVIN-KABASSIRS, qui, desconeixedor de les costums i tradicions dels Cabassers, prengué per norma la imposició de la seva autoritària voluntat, fent perdre aquell fervor religiós al poble més cristià i més devot que es pugui desitjar[127].

§32 En el Santuari de la Foia, a manca de la Mare de Déu, es tragueren les imatges de sant Pere i sant Pau, posant-s'hi les de sant Marc evangelista, la de santa Bàrbara[128], per quan troni. De l'ermita de sant Roc, es tragué la imatge de la Mare de Déu de la Pinyera[129], per a retornar-la a l'ermita de Masroig. Els sants

---

126 Tot el paràgraf és una invenció. Alfons d'Aragó va ser bisbe de Tortosa del 1475 al 1512, i no consta cap litigi amb ningú per la jurisdicció de la baronia de Cabassers en aquesta època.

127 Tot el paràgraf és una invenció.

128 No hi ha constància que a l'ermita de la Foia s'hi hagin venerat mai sant Pere i sant Pau. Sí que se sap que el 1865 es va construir un nou altar major per a l'ermita, amb imatges de la Verge, sant Marc Evangelista i santa Bàrbara (Biete, 1991: 356).

129 No consta enlloc que a l'ermita de Sant Roc s'hi venerés mai la Verge de les Pinyeres. A principis del segle XX només hi havia les imatges de sant Roc i de sant Sebastià (Navàs, 1918: 21). Actualment sí que hi ha una imatge de la Verge de les Pinyeres, a la capella dreta (vegeu la fig. 9). A sobre de l'arc de la capella hi ha un medalló d'escaiola que mostra dues figures portant una gran pinya (vegeu la fig. 10), i un altre d'idèntic a la volta de l'interior de la capella. L'ermita va ser reformada a mitjan segle XX (Biete, 1991: 354-356), i hi ha indicis per a sospitar que tant els

Lusio i Marsio de La Bisbal, es canviaren per santa Llúcia[130] i sant Marc. El santuari de la Mare de Déu de La Mola de la Figa = (La Figuera)[131], s'hi posà a sant Pau[132], primer ermità, patró dels esparters, i el Lar del Castell del mateix poble que era l'arcàngel sant Miquel, fou substituït per sant Martí[133].

§33 A l'any 1505, obligava a tots els habitants de la comarca a que es presentessin al primer dia de febrer a Tortosa, per assistir a les festes religioses de sant Blai, sota pena de no fer-ho; com que això no era possible, tant per la distància com perquè eren els dies més freds, ho condonà amb la condició que fos construida una capella en honorança a sant Blai, i a l'ensems que es fes festa religiosa a l'igual que a Tortosa i segons el rite romà, expedint a l'any 1508, un pergamí que encara es conserva, concedint indulgències. En aquesta diada modernament es

---

medallons com la imatge de la Verge de les Pinyeres van ser col·locades per ordre de Miquel Vidal i Llecha, que va finançar l'obra de reforma, feta el 1962 (vegeu l'apèndix 2, fol 2v). Aquesta història sobre la presència de la Verge de les Pinyeres a l'ermita de Sant Roc ha fet certa fortuna en la transmissió oral entre els veïns de Cabassers, fins al punt que es dóna com un fet cert, reforçat per la presència dels medallons a l'ermita.

130 A la Cova de Santa Llúcia, de la Bisbal de Falset, s'hi venera, efectivament, la santa que li dóna nom. No consta enlloc que s'hi veneressin els sants Lucio i Marcio que anomena Vidal, i tampoc sant Marc.

131 Falsa etimologia.

132 No consta enlloc que l'ermita de sant Pau de la Figuera hagi estat mai dedicada a la Mare de Déu.

133 Tot el paràgraf és una invenció. Donat que el paràgraf següent, el 34, narra suposats fets de l'any 1515, hem de referir de nou a la famosa nota 80 sobre la fundació de l'ermita de la Foia el 1585, amb molta posterioritat a la suposada cronologia dels fets que narra.

cantaven aquells "gozos" - Anima las almas Blas, ¡anímalas!, ¡anímalas![134]

§34 Intervingué en aquest conflicte, a l'any 1515, el senyor bisbe de Tortosa fra Lluís Mercader, que al mateix temps era prior del monestir d'Escala-Dei i confessor del rei Ferran II[135], i es resolgué nomenant senyor o baró[136] de la comarca de Cabassers, al senyor bisbe de Tortosa, passant tot el territori a la seva jurisdicció eclesiàstica i la civil en el mer i mixt imperi, deixant la criminalista que no podia exercir el senyor bisbe, per al Comte de Prades[137]. El castell fou tancat i la Cavallera disolta.

---

134 Segons costum corrent, per la festa de la majoria dels sants, a la tarda, hom els dedicava un rosari i cantava els goigs. Després de la dominació napoleònica es produí una reacció religiosa, per efecte de la qual hom dictà nombrosos goigs en castellà, generalment d'un valor literari molt baix i tots ells molt pobres. Entre els goigs d'aquella època, se'n van dictar uns de dedicats a sant Blai, la recobla dels quals, a causa de les repeticions que imposava la tonada, donava lloc a un mot equívoc, que pot veure el lector: *Anima las almas, Blas, animalàs, animalàs, animalàs* (Ignasi, 2010-2011).

135 Lluís Mercader fou nomenat bisbe de Tortosa i prengué possessió el 13 de gener de 1514 (Fernández, 1867: 279). Abans, el 1504, havia estat nomenat conseller i confessor del rei Ferran II. Mercader era cartoixà, però no va ser mai prior del monestir de Scala Dei. Sí que ho fou de Porta Coeli el 1488; el 1489 de Valldecrist; el 1490 fou nomenat visitador de la província de Catalunya; i el 1494 visitador d'Alemanya (Cantera, 2010: 54). Vidal crea una confusió com fa tantes altres vegades al llarg del seu text, prenent un fet constatat i tergiversant-lo, canviant-li els detalls fonamentals.

136 El títol de baró de Cabassers és molt anterior al 1515, contra el que vol fer creure Vidal que es creà per a resoldre un conflicte inexistent, que s'inventa. El 2 d'abril de 1303 Jaume II ja confirmava el títol i els drets del bisbe de Tortosa com a baró de Cabassers (Biete, 1991: 128; Ruy, 1917 a Biete ed. 1985: 43).

137 Pel que fa a la sobirania compartida entre el bisbe de Tortosa i el comte de Prades sobre la baronia de Cabassers, l'afirmació és correcta: Jaume II, a la carta de 2 d'abril de 1303, concedeix el mer i mixt imperi al bisbe

§35 Les possessions i feus del Comte de Pallars passaren en feu als germans Miquel i Isidre Roger[138] i a Miquel Llexa, i a la família Erill se li respectaren les cases de Flix i les partides que posseien a l'una banda i a l'altra de la Serra de La Figa (= La Figuera)[139].

§36 A manca del santuari marià de La Foia, el dia 25 de març del 1528, es posà una imatge dedicada a la Verge Maria, i es digué la primera missa a Sant Salvador de la Tornera, en el terme de Margalef, donà i conferí la llicència el magnífic misser Pere Crespo, oficial del bisbat de Tortosa, pel reverendíssim senyor Guillem Euchifort, cardenal i bisbe de Tortosa, en la qual ermita dedicada al Salvador i a la Verge Maria, fou posada la primera pedra per mossèn Bernat Albaiges de Caruja, vicari i notari de Cabassers, qui digué la missa estant presents els reverends pares fra Baptista Baset i fra Pere Rosell, els dos preveres de Falset[140].

---

de Tortosa com a baró de Cabassers, però reserva la jurisdicció sobre les penes que comportessin mort o mutilació per al comte de Prades (Biete, 1991: 136).

138 Entre la documentació espoliada per Vidal de l'APC, ara conservada a ACP (Fons Mas Roger), s'hi troben tres documents que fan referència a un Isidro Roger: els núms. 102, 116 i 124. Els dos primers són capítols matrimonials del primer (1704) i segon (1720) matrimoni d'Isidro Roger, i el núm. 124 és una àpoca de la dot que li signa a la seva segona muller, el 1732. Els capítols de 1704 anomenen aquest home "Isidro Roger del Mas", i a la seva primera esposa "Magdalena Amorós del Mas". Tenint en compte el nom de Mas Roger, Vidal deuria veure en aquestes persones ancestres de la família de la seva mare, i d'aquí que inclogui a Isidro Roger al seu relat. De Miquel Roger no hem trobat cap referència entre els documents que Vidal espolià.

139 Tot el paràgraf és una invenció.

140 La base d'aquest paràgraf és certa i es basa en el document núm. 5 procedent de l'APC i actualment a l'ACP, Fons Mas Roger, però

§37 A l'any 1530, el reverend mossèn Jeroni Veyà, fill de Cabassers, porta com a ofrena del monestir d'Escala-Dei, la Vera-Creu i les relíquies per a l'església de Cabassers[141].

§38 A l'any 1551, pren possessió de la rectoria de Cabassers i de les sufragànies de Margalef, Bisbal i La Figuera, el reverend Bartomeu Voltes, d'Alforja, qui a l'any 1559 deixa arrendada al seu germà Bernat Voltes[142]. El primer bisbe que trobo nomenat Baró de Cabassers[143] és Gaspar Punter, que l'any 1592 nomena rector a mossèn Pere Masip[144], natural de la vila, qui bregà molt per a poder fer tornar al santuari de La Foia la imatge, sense

transcriu malament noms i cognoms. L'original no parla enlloc de l'advocació de l'ermita de la Tornera, mentre que Vidal li atribueix les advocacions de sant Salvador i la Verge Maria. Amb tot, fa una transcripció molt propera a l'original, que reproduïm: *"Ihs. Avui, qui comptam a xxv del mes de març any de la Nativitat de Nostre Senyor Déu Ihesu Xristi mil D XXVIII, dia de la Verge Maria de març, se comensa y principia de dir missa en la hermita de la Tornera, terme de Margualeph, del bisbat de Trotosa. Donà y consentí la liçèntia lo magnífich senyor míser Pere Crespo, offiçial de dit bisbat per lo reverendíssim senyor don Guilem de Anguefort, cardenal y bisbe de Tortosa, en la quall hermita fonch posada la primera pedra per mi, Bernat Albagès, prevere del loch de Cervià, vicari de Cabasés, y per mi mateyx fonch dita la primera missa en dita hermita dia y any damunt dit, estant en dita hermita los reverents pares frare Johan Basset y fra Pere Rossell, los dos preveres, en sacres hoïdes. Y en testimoni de veritat fach la pressent yo, predit vicari y notari de Cabacés."*

141 La font d'aquesta notícia és Navàs (1918: 19): *"la vera creu y la reliquia la van regalá los monjos de Scala Dei en l'añ 1530 portanles de Scala Dei lo Reverent Geronim Veyá, natural de Cabacés, sent rebudes pel poble amb molt solemne provessó."* Navàs afirma haver tret la informació de *"documents existents en la rectoria"*.

142 Bernat Voltes apareix com a rector de Cabassers a documents de l'arxiu parroquial, d'entre els anys 1526 i 1583, espoliats per Miquel Vidal (apèndix 3, docs. 4, 8, 9, 11, 12, 13, 15, 16, 18, 19, 20, 22 i 23).

143 Vegeu la nota 136.

que ho pogués aconseguir, perquè ho impedia encara el mal estat de l'edifici i la temença dels desaprensius.

§39 Aquest senyor rector, a l'any 1602, essent bisbe fra Pedro Manrique, qui més tard fou Virrei de Catalunya, començà l'ampliació de l'església, dedicant-la al Naixement de la Mare de Déu i a sant Blai. L'obra durà disset anys[145] i s'acabà essent bisbe Lluís de Tena, que a l'any 1680[146] enviava a prendre possessió de rector a mossèn Jeroni Broquetes, i de vicari a mossèn Pere Vidal[147], qui per mandat del bisbat, feren quant pogueren per

144 Jaume Sabaté accepta com a bons els nomenaments de Bartomeu Voltes, Bernat Voltes i Pere Masip, citant la font (Sabate, 1994: 29). Pere Masip apareix com a rector de Cabassers a documents d'entre 1597 i 1607, espoliats de l'arxiu parroquial per Miquel Vidal (apèndix 3, docs. 33, 44 i 49).

145 Segons aquest càlcul, l'obra s'hauria iniciat el 1602 i s'hauria acabat el 1619, i existeixen diversos indicis per a pensar que aquesta informació és correcta. Com observa molt encertadament Biete, *"la construcció del temple devia haver estat iniciada força abans d'aquesta data* [es refereix a la data del campanar, 1603] i *potser interrompuda durant un temps, perquè la capçalera i tres de les capelles són d'un gòtic decadent, mentre que la resta ja és renaixentista"* (Biete, 1991: 351). El fet que l'altar major tingués data de 1618 (Biete, 1991: 351) també avala una finalització del temple propera a aquest any, i coincideix amb la cronologia que dóna Vidal.

146 La versió preliminar 16 i la definitiva, amb número 17 a l'anàlisi comparada del capítol II.2, indiquen l'any 1620 i no 1680. Per la cronologia del bisbat de Lluís de Tena (1616-1622) i per l'any que indiquen les versions citades, queda clar que es tracta d'un error d'impremta.

147 Jaume Sabaté accepta i dóna com a bons els nomenaments de Jeroni Broquetes i Pere Vidal, i cita la font (Sabaté. 1994: 29). Hierònim Broquetes apareix com a rector de Cabassers el 1624 a la documentació espoliada per Miquel Vidal de l'arxiu parroquial (apèndix 3, doc. 68.). Pel que fa a Pere Vidal, no era vicari de Cabassers, sinó rector de Garcia, com consta en un document del mateix any: *"Sig+num mei Petri Vidal, presbiteri, rectoris parrochialis ecclesie ville Garcie, Dertusensis*

adaptar les cerimònies al rite romà i canviar les devocions de sant Joan de Wiclar de sant Nonito i de sant Joan Baptista, per les de sant Joan Evangelista. De mossèn Pere Vidal sabem que li calgué fugir a pedrades de la vila, deixant-hi la casa dels seus pares, que avui encara porta l'apel·latiu de "Can Rito"[148].

§40 A començaments de l'any 1624, el bisbe Agustí Espínola, junt amb el rector mossèn Miquel Homdedeu i vicari mossèn Andreu Casals[149], retornaren l'església de Cabassers a les costums antigues, i pactaren amb Miquel Llexa, i amb Isidre Roger[150], el retorn de la imatge de la Mare de Déu de La Foia, amb qual motiu es bastí al peu de la font una petita capella, i enfront un sopluig, cedint N'Isidre Roger els terrenys, que formaven la plaça de Les Nogueres per esbarjo dels devots i el bosc limítrof, pels forns de calç i les carboneres públiques, deixant-ho en propietat de l'església, i a cura del rector mossèn Miquel[151].

---

diocesis, ac dicto nomine actuante ordinario notarii publici, hec scripsi et clausi rotaguts et requisitus et cetera" (APC, Fons Notarial, 02/12/1624).

148 Jaume Sabaté reprodueix aquesta història, molt probablement fruit de la imaginació de Vidal, citant la font (Sabaté, 1994: 29). El suposat canvi de devocions als sants i l'adaptació de cerimònies de què parla són fantasia.

149 Jaume Sabaté accepta com a bons els nomenaments de Miquel Homdedéu i Andreu Casals, citant la font (Sabaté, 1994: 29). Efectivament, la documentació de l'Arxiu Parroquial de Cabassers confirma que Andreu Casals era vicari el 1624, i Miquel Homdedéu apareix com a rector de Cabassers a la documentació espoliada per Miquel Vidal. Vegeu l'apèndix 3, docs. 68, 69, 70 i 73, datats entre 1626 i 1628. Abans, el 1609, el mateix prevere consta com a vicari de la Bisbal i Margalef (apèndix 3, docs. 52 i 53).

150 Vegeu la nota 138. Aquest suposat retorn "a les costums antigues" no és res més que una altra invenció de Vidal.

151 La data de construcció de l'ermita a l'any que diu Vidal és falsa i entra en contradicció amb el que diu al §18. Amb tota probabilitat també és

§41 Acabada la fàbrica, amb processó solemne, fou tornada la imatge al seu lloc, fent parada a l'ermita de sant Roc, on es deixà el quadro de la Mare de Déu de Loreto[152], que en Miquel Llexa portava, per substitució de la Verge de la Pinyera, resant-

---

falsa la suposada donació feta per Isidre Roger (vegeu la nota 138 per a un nom similar). Un document del 1585 dóna fe de la recollida d'unes almoines per a alçar una capella a la Foia, i estableix que aquesta s'ha de començar a construir en mig any. Un altre document, del 1592, informa de la celebració de la primera missa i de la benedicció de l'ermita, i per tant, aquesta es va construir entre el 1585 i el 1592 (nota 80). De totes maneres, Vidal sembla inspirar-se en Navàs: *"La hermita de la Mare de Deu de la Foya situada al peu de unes roques espadades del Montsant á 560 metros sobre'l nivell del mar y sobre uns tres kilómetros de distancia de Cabacés, en la antigüedad no tenie mes que cuatre metros de ample y 4'40 de llarg ó sia l'actual presbiteri: sols que al davant de la hermita hi havie un perche que servie de refuxi als pasatjés en temps de pluixa"* (Navàs, 1918: 20). Pel que fa al relat de la donació del que Vidal anomena "plaça de Les Nogueres", entre els documents que espolià de l'arxiu parroquial s'hi troba una permuta de 20 de gener del 1685, que es pogué recuperar i reintegrar al mateix. A la permuta, un pagès anomenat Pere Macip canvia una heretat que té a la Foia, i que confronta amb la mateixa ermita, amb en Josep Omdedéu, a canvi d'una altra heretat situada a la partida de Davall lo Muro i dues dobles d'or: "*Ego, Petrus Macip, concambio et permuto vobis, cum dicto Josepho Omdedeu, tituloque et causa cambii et permutationis concedo et trado vobis his presenti et vestris heredibus et sucsesoribus et quibus voluentis perpetuo, totam illam hereditatem quam habeo et posideo in termino de Cabasses, in partita de la Foya. Confrontam a solis ortu ab la ermita, a solis ocasu cum Petro Roger, et a cirsio cum Jabocbo Nabàs, francam ab omni sensu.*" (APC, Fons Notarial, Compravendes, 1685 gener 20). Entre els límits d'aquesta finca no es menciona cap altra propietat que no sigui la mateixa ermita, sense cap referència a la plaça de Les Nogueres. Potser l'Isidre Roger del text de Vidal s'inspira en el Pere Roger que apareix com a veí de la finca permutada el 1685. Si la donació del 1624 a l'església que menciona Vidal fos certa, al document se un respons pels que allí estaven sebollits, i continuà la peregrinació fins a deixar la imatge[153].

§42 A l'any 1650 un terç de francesos va venir i entraren a la vila, i com que estaven empestats, tota la gent se'n va anar, menys vint-i-sis persones, entre homes i dones, i n'eixiren divuit, quedant la vila abandonada a mercè dels paisans i de la guarnició de Flix, que venien i carregaven calderes, portadores, roba i tot el que trobaven[154].

---

de permuta del 1685 aquest veïnatge hi seria mencionat.

152 Vicenç Biete accepta que el quadre de la Mare de Déu de Loreto havia estat a l'ermita de sant Roc des del 1624, data que Vidal esmenta al paràgraf anterior (Biete, 1991: 352). Avui en dia aquest quadre es conserva a la primera capella del costat de l'Epístola de l'església de Cabassers.

153 Tot el paràgraf és una invenció. Per a l'origen del respons que es resava "pels que allí estaven sebollits", que Vidal malinterpreta i canvia d'ubicació, vegeu Navàs, 1918: 21, i la nota 162.

154 Aquesta informació és verídica i fou extreta del document 109 de l'arxiu de la baronia de Cabassers. Es tracta d'un procés judicial sobre una reclamació per una venda considerada il·legítima, de 8 de juliol de 1693, que narra aquests fets de 1650. Transcripció de l'original en què es basa aquesta informació de Vidal: "*Nosaltres, los curadors baix firmats de la isienda del quondam Joan Sentis, demanam del millor modo i manera que de dret i de justísia se pot demanar, i és que demanam deu lliures que deixà la àvia de dit Joachim Llauradó que aporte la qüestió ab nosaltres, a son marit ab son últtim testament. Les deixà a son marit, quondam Joan Sentis, i nosaltres, com a curadors de sa isienda, fem la dita demanda. I com conste que lo dit Joachim Llauradó i sa muller Catarina, pares mares d'est Joachim, cobraren 70 lliures barseloneses de tot lo dot aportà s'àvia ab dita casa del quondam Joan Sentís, i no n'avien de cobrà més de 60 lliures barseloneses, per quant avie fet allegat a són marit de deu lliures, per lo tant demanam restatoesquen les deu lliures, i tanbé les 60 lliures barseloneses restant les (h)i volem pagar ab dinés contans si en quant és de dret i de justísia lo pagar-les, i ab que mos torne les dos dites heretats, los Clots i lo Bancal, per quant les tenen a manco de migh preu i dos vegades manco de migh preu,*

§43 En l'any 1651, a darreries d'agost, arribà i ocupà el castell de Cabassers el príncep Joan d'Àustria, acompanyat del seu estat major, soldats de l'exèrcit i els religiosos de Poblet fra Francisco Serra, fra Miquel Pasqual i fra Bernat Pàmies[155]. El nom d'ell i llurs acompanyants es troben inscrits en el Llibre de la

conforma conste ab la jodicasió de dits proms all[e]gits per lo senior balle general com conste. I que dites eretats, quant se veneren i se conpraren a manco de dos vegades migh preu, ere la causa que esta vila de Cabaçés estave de tot destroïyda, per quant un tersio de fransesos en lo any de 1650 van venir i entrar ab esta vila, i estaven enpestats, i tota la guent se'n va anar de la vila; ells varen entrar per un portal (i) la guent se n'anaren per l'altre. Con que estar[e]n tems ells sols ab la vila, tant solament quedaren 26 persones entre omens i dones ab dita vila i se moriren los 18, així se pot veure com quedare la dita vila. I quant ells se nanaren no (h)i varen deixà tant solament cosa ninguna que·ls fes goigh. I més, emmentres dits fransesos estaven ab dita vila sols sens ningú de la vila, los paisans de la vila de Flix i fransesos que (h)i avia de gornesió venien i se carregaren per moltes vegades de calderas i portadoras i roba, que no (h)i deixaren res de bo ab tota la vila. I después d'este saco i peste va venir la fam, com totom o sab, i així, entre fam, peste i guerra, va venir que tota la guent d'esta vila estàvem molt pobres. I així, per lo tant, se veneren estes dos heretats ab tant poch preu com se veu, que elles, dites heretats, tales són ara com eren alsehores, que de millores, tant a la una heretat ni a l'altra, no n (h)i (h)a gens ni ni an fet res, com conste ab la jodicasió de dits jodicadors. I així demanam ab primer lloch las ditas deu lliures, i en segon lloch las dos ditas eretats per engany de mighés si en quant és de dret i de justísia. I tanbé demanam lo que (h)i avia ab casa, puig se troba que ells se van fer amos. Jo, Pere Nabàs. Juan Farré, curadós sobredits"(ABC, 109). Vicenç Biete també cita aquest passatge, i l'extreu de Vidal sense citar-lo (Biete, 1991: 164). És impossible que Biete conegués el document original, ja que aquest va ser reintegrat a l'arxiu de la baronia de Cabassers, procedent del material expoliat per Vidal, anys després que Biete publiqués el seu llibre.

155 Com en tantes altres ocasions, Vidal torna a mesclar realitat i ficció. La notícia sobre l'estada de Joan d'Àustria a Cabassers és falsa, però els

Confraria del sant Rosari[156], de Cabassers, que és guardat a l'Arxiu de la Parròquia[157].

§44 Joan d'Àustria arribà convalescent de cor-agre i de pesta, i el primer que demanà fou per la Mare de Déu de La Foia, de la que venia informat dels seus miracles, i per aquest motiu havia escollit la vila per caserna de descans. En aquest sojorn es preparaven les sortides a la conquesta de Prades, L'Espluga de Francolí, l'ajuda i guàrdia al monestir de Poblet, i que amb l'ajut dels naturals de la vila, portats per Lluís de Magriñà, de

---

noms dels religiosos de Poblet que diu que l'acompanyen consten efectivament inscrits al llibre de la Confraria del Roser de Cabassers, tot i que en un document que no té res a veure amb Joan d'Àustria ni és de la data que diu Vidal: *"Fra Onofre Brams predicador general y prior del convent de Sant Francesch de Tortosa, de la orde Predicadores, admito a todos los cofrades dalt escrits en este libro de la confradia del Sant Rosari, i·ls agrego a la de Roma per particular comissió dels sumos pontifices, y així agregats puguen guañar y guañen totes les indulgències, gràcies y privilegis concedits a dita confraria de Roma com si en ella estiguesen escrits, y així mateix ab lo dit poder nomene en prior de dita cofraria en la villa de Cabaçés al reverend mosèn Gabriel Sans, rector de dita vila, ab ple poder, al qual coneguen los majordoms y confrares per verdader prior, donanli la facultat y poder que dits priors de la confraria acostumen tenir, així per a condir rosaris com per a escriure confrares y demés coses necesàries y concernents a l'aument de dita confraria y major devosió de Maria Santissima del Roser, en fe del qual afirme en Tortosa, a 4 de desembre 1658."* (APC, Confraries, Llibre del Roser, fol. 42v). Més endavant, a la llista de confrares: "*Fra Francisco Serra, religiós de Poblet; fra Miquel Pasqual, religiós de Poblet; fra Bernat Pàmies, religiós de Poblet*" (APC, Confraries, Llibre del Roser, fol. 43r).

156 Vidal i Llecha cita, per primer cop al seu text, una font consultada: l'arxiu de la parròquia. Ho repeteix al §47.

157 Vicenç Biete accepta i dóna per bona la informació aquest paràgraf i dels 44 a 46, sense citar fonts (Biete, 1991: 164).

Tivissa, i dones de Cabassers, s'obtenia, després de dos assalts, apoderar-se del castell de Siurana[158].

§45 Volgué Joan que la Verge de La Foia fos portada a l'església, i cada dia a la tarda s'hi resés el sant Rosari i les lletanies, i el cant de la salve tots els dissabtes, fins haver obtingut l'entrada a Barcelona. El pare Jeroni Martin, prior d'Escala-Dei, amic de Joan d'Àustria, deia que les seves vistòries[159] es devien a les oracions dels devots del sant Rosari, i a la Verge de la Foia.

§46 Una taula votiva amb la inscripció declara la gràcia d'haver-lo lliurat de la pesta, i de l'ambició dels francesos per a la possessió de Catalunya. Aquesta taula es conservà fins l'any 1936.

§47 Si repasseu, com hom ha fet, l'Arxiu de la Parròquia, els testaments dels segles XVI, XVII i XVIII, dels pobladors de la Baronia, no[160] se'n troba ni un que, al repartir les almoines, s'hagi oblidat del santuari de la Mare de Déu de La Foia.

§48 A l'any 1663, morí fra Joan Cové, últim ermità en propietat dels terrenys i de l'ermita, i en les seves darreres voluntats llegà tots els seus béns a l'església de Cabassers, perquè aquesta propietat sigui unida a la del santuari i administrada pel senyor

158 Tot el paràgraf és una invenció. Joan d'Àustria va emmalaltir l'agost del 1651 a Tarragona, i fou dut a Vinaròs, on passà la malaltia i la convalescència. Aquell mateix agost, a la segona quinzena, es va atacar i ocupar Prades, i més tard el castell de l'Espluga de Francolí. Siurana es va ocupar el 27 de novembre del mateix any, no per assalt, sinó per capitulació amb condicions força honroses pels assetjats (Coll, 1992: 448).

159 Error tipogràfic a la impressió dels goigs. Hauria de dir "victòries".

160 A la impressió dels goigs, hi ha una repetició del "no" per error.

Rector que hi hagi, demanant ésser sebollit al forat que hi ha dessota la capella[161].

§49 Durant tot aquest segle i el següent, les romeries, rogatives i processons de La Foia eren seguides, com també freqüents les gràcies que es rebien de la Verge; els leprosos i apestats eren atesos a sant Roc i per les sequies, plagues de la llagosta, febre groga, còlera i altres calamitats, s'anava a La Foia, tenint en compte que, en arribar a l'altura de l'ermitatge de sant Roc s'hi resava un respons pels enterrats en aquell cementiri[162].

---

161 Joan Cové fou, efectivament, ermità, però de Sant Roc, com prova un document notarial del 1649: "*Die vigesima octava mensis octobris anno a nativitate Domini MDCXXXXVIIII Ego Tecla Macipa, vídua relicta Gabrielis Macip, confesso estar contenta y pagada de tota aquella cantitat me devia Fransesc Macip, obrer de vila, del albac li vaig vendre, y axí li'n fas la present àpoca de rebuda, y sia allargada ab totes les clàusules nesesàries. Testimonis Blay Llaurador, perayre, y fray Juan Cové, hermità de Sant Roc, y Rohe Albins.*" (APC, Manual notarial de Gabriel Sans, 1647-1678, fols. 66r i 66v). Pel que fa al testament que menciona Vidal, no l'hem pogut localitzar a l'arxiu. Es dóna la circumstància que quan morí Miquel Vidal, el 25 de febrer de 1968, fou sebollit en un sepulcre que hi ha a l'interior de l'ermita del Mas Roger, i que ja contenia les restes del seu pare i de la seva esposa. El tancament d'aquest sepulcre, just al centre de la capella, utilitza les làpides del seu pare i la de la seva dona, que conté també el seu propi nom, tot i que sense la inscripció de la data del seu traspàs. Vegeu la fig. 27.

162 Vidal i Llecha utilitza confusament una informació facilitada per Delfí Navàs, qui explica que quan *"se anave a la hermita amb provezó, al arribá al coll ó vista de la hermita, se cantave un respons ó Libera me Domine"*. Segons Navàs, el respons es cantava a les envistes de l'ermita de la Foia, i no a la de Sant Roc, com vol fer creure Vidal. La tradició que narra Navas l'atribueix al fet que durant unes obres a la Foia el 1844 s'hi van trobar restes humanes, i dedueix d'això que *"allí en altre temps hi havie fosses ó sepultures"* (Navàs, 1918: 21).

§50 A l'any 1840, acabada la guerra dels set anys, a l'evaquar les tropes de Catalunya, Carles Maria Isidre de Borbon escollí, també, com ho féu Joan d'Àustria, l'antic camí de Cap-a-Fonts, que anava des de La Bisbal del Penedès a Flix, i Cabassers era la segona jornada. L'evaquació durà tres dies i tres nits[163], i Carles les aprofità per a visitar la Verge de La Foia, de la qual era molt devot. A l'anar-se'n féu donació d'una respectable quantitat al rector, mossèn Josep Cid, que l'acompanyava, i al senyor Homdedeu, en quina casa s'estatjava, per a que la destinessin al santuari.

163 La referència que fa aquí a la visita del pretendent Carles Maria Isidre a Cabassers, el 1837, contradiu les fonts històriques, tal com recull Biete (1991: 184), que agafa la tradició de Delfí Navàs (1918: 12). A les memòries del príncep Lichnowsky, *Recuerdos de la guerra carlista*, es parla del pas del les tropes de Carles V el setembre del 1837 per Margalef i Cabassers: *"El 27 continuamos nuestro camino hasta Margalef; sólo estábamos a cuatro leguas del Ebro. Cuando lo supieron las tropas estalló una gran alegría. Parecía que despertaba el antiguo espíritu belicoso de los vascos y navarros y pedían a gritos seguir adelante; pero se les obligó a descansar algunas horas. Algunos batallones avanzaron dos leguas más para tomar posiciones en el desfiladero de Cabacés, que la columna principal atravesó el día siguiente. A las seis atravesamos La Figuera y Molá, y dos horas más tarde, al pasar por García, la fortaleza enemiga de Mora hizo algunos disparos de cañón para anunciar nuestra proximidad. Desde las alturas de García pudimos contemplar las aguas del Ebro que descendían majestuosamente al mar"* (Lichnowsky, 1942: 101). Sembla que el rei també aniria amb la comitiva i que van fer nit una part de l'exèrcit a Margalef i l'altra a Cabassers. Ara bé, no sabem si el rei va passar la nit a Margalef o a Cabassers o es va quedar un dia més i va anar als dos pobles, com diu Delfí Navàs (1918: 12). L'Enciclopèdia Catalana recull també el relat de Navàs a l'entrada *Cabassers*. En tot cas, Vidal pren, en part, la informació de Navàs: *"per espay de tres dies y trs nits no pará de arribá y marchá tropes de Carlos V, ab sa corresponent cavalleria y artilleria"* (Navàs, 1918: 12).

§51 A l'any 1844 es començaren les obres, tirant a terra el sopluig i ampliant-se el cos de l'edifici a 6 metres d'ample per 12 de llarg. Hagué d'interrompre's perquè havia esclatat la guerra civil, i foren represes l'any 1865, que fou quan es construí l'altar[164]. Durant aquest període la imatge es guardava a l'església, on cada dia s'hi resava el rosari i les lletanies. Per ordre del senyor bisbe, també fou retirat de l'església el quadre a l'oli de la Mare de Déu de Loreto, per a evitar els excessos de les turbes irreverents, que sempre apareixen en temps revoltats[165].

§52 L'any 1873 vingué exprofés per a visitar la imatge, Na Maria de les Neus, muller d'Alfons de Borbó[166], germà de Carles VII, i es feren les festes de la Coronació. Donya Maria de les Neus va quedar sorpresa en veure la imatge, i digué que era, com la seva patrona, gairebé una còpia de la Mare de Déu de les Neus, del Coll d'Esquino. Com que els de Cabassers s'ho cregueren, i el

164 Vidal extreu les dates de l'inici de les obres de reforma i de construcció de l'altar de Navàs: *"En 1844 se tirá lo perche á terra y se añadí á la hermita lo segon cos que te 6'30 metros ample y 12 metros llarg de llum [...]. L'altá se construhí l'añ 1865 y conté les imatjes de la Mare de Deu de la Foya de tamany natural, tallada en fusta y porte lo Jesuset al bras dret"* (Navàs, 1918: 20). Tanmateix, Navàs no parla de cap interrupció, mentre que Vidal manipula la informació de Navàs per a presentar l'inici de les obres el 1844 i la seva continuació el 1865, després d'una falsa interrupció "perquè havia esclatat la guerra civil". En realitat, el 1865 és la data en què es posà l'altar a l'ermita.

165 Tota aquesta segona part del paràgraf, des de la nota anterior, és una invenció de Vidal.

166 Després de comprovar a les memòries manuscrites de Maria de les Neus de Borbó el seu periple per Catalunya (i editades per Espasa-Calpe el 1934), no s'ha trobat cap indici que passés per Cabassers, malgrat que dóna molts detalls dels llocs per on va passar i els santuaris on havia anat. De fet, de les seves memòries es conclou que no va passar per Cabassers ni per les rodalies en el seu camí cap a l'Aragó a la tardor del 1873, sinó que ho féu per la Granadella i Flix (Borbón, 1873 i 1934).

poble era molt decantat al tradicionalisme, en honor de dita dama canviaren la denominació de la Mare de Déu de La Foia, i li'n digueren després Verge de les Neus[167].

§53 Quan era Santa Maria de Wiclar[168], es feia la seva festa el 13 d'abril; després de la Reconquesta, la festa era el 8 de setembre, que començaven les festes dels Cabassers, i duraven fins a sant

167 Vicenç Biete accepta aquesta història sense citar fonts. És de suposar que ho va treure de la *Breu història* de Vidal i Llecha i ho va donar per bo erròniament (Biete, 1991: 356). També l'accepten Palomar i Solà (Palomar - Solà, 2007: 92), igualment sense citar fonts, cosa que provoca que Rodríguez, que cita aquests últims a la seva bibliografia, també reculli la història (Rodríguez, 2020: pàgs. sense numerar, entrada "16 d'abril"). Abans ja se'n fa ressò Josep-Enric Peris i Vidal (Peris, 2013: 23). També recull el mateix relat Llecha, tot i que confonent-se amb la visita de Blanca d'Aragó del §25, cosa que acaba provocant que anomeni "Blanca Neus de Catalunya" a Neus de Borbó (Llecha, 2003: 18). L'Inventari del Patrimoni Arquitectònic de la Generalitat de Catalunya també recull aquesta dubtosa tradició a la fitxa sobre l'ermita de la Foia, citant Asens, 1981 i Biete, 1979 (Generalitat de Catalunya, 2021). Pel que fa a la referència a Biete, 1979, l'autor es limita a constatar en aquell treball que, a l'ermita, "hom hi venera la Mare de Déu de la Foia o de les Neus" (Biete, 1979: 64). Tot i que no hi ha cap evidència del pas de Maria Neus de Bragança i Borbó per la Foia el cert és, però, que entre 1874 i 1880 es registren sis baptismes on s'imposà el nom de Maria de les Neus a les batejades: APC, Baptismes, Tom V (1860 a 1886), Magdalena María de las Nieves Prats, 29/05/1874, fol. 76v, inscripció 17; María de las Nieves Navás y Ferrer, 24/10/1877, fol. 95r, insc. 3; María de las Nieves Pilar Carim Masip, 24/10/1877, fol 100v, inscr. 26; María de las Nieves Rosa Ferré Porqueres, 04/08/1878, fol 108r, inscr. 30; María Nieves Gibert Aragonès, 28/07/1879, fol. 125v, inscr. 34; María Nieves Bienvenida Amorós Abonès, 12/11/1880, fol. 125v, inscr. 34). Aquesta eclosió de Maries de les Neus es produeix a partir de la suposada visita de Maria Neus de Bragança el 1873. També, un opuscle publicat el 1943 en motiu de la reposició de la imatge de la Verge de la Foia, destruïda el 1936, es titula *Reposició de la Verge de les Neus* (Martí, 1943), tot i que conté únicament, a les quatre pàgines que ocupa, un poema de Tomàs Martí titulat "Cant a la Verge de l'ermita de la Foia", datat el 5 d'agost de

Miquel; i ara es fa la festa el 5 d'agost, havent-se traslladat la festa major de l'església al dia de sant Blai, al 3, endevina quin mes és[169].

§54 Tot ve el moment que s'acaba, i així fou l'any 1936, que fou cremada[170] la imatge[171] milenària[172] i miraculosa, consol i senyera dels Cabassers, precursors del fervor marial i dels eremites d'El

---

1942. És evident que la Mare de Déu de les Neus es venerava a la Foia abans que Vidal redactés el seu text, però l'únic que la relaciona amb Maria de les Neus de Bragança és ell. A la versió preliminar 7, §6, atribueix el canvi d'advocació a la visita de l'esposa de Carles Maria Isidre de Borbó, i no a Maria de les Neus de Bragança; i a la ver. 9, §1 al propi pretendent Carles Maria Isidre. Delfí Navàs, el 1918, es limita a escriure que "*L'altá se construhí l'añ 1865 y conté les imatjes de la Mare de Deu de la Foya de tamany natural, tallada en fusta y porte lo Jesuset al bras dret com la Verje de Sixto V. ó de les Neus, y te lo coll algo gros com les dones de montaña freda*" (Navàs, 1918: 20), això que una de les batejades amb el nom de Maria de les Neus (24/10/1877) era germana seva. Sembla que si la història de la visita de Maria de les Neus de Bragança fos certa, Navàs l'hauria hagut de recollir, tal com narra a la p. 12 de la mateixa obra el pas del pretendent Carles V. De totes maneres, els indicis permeten més aviat descartar que no confirmar que l'advocació de la Mare de Déu de les Neus a la Foia tingui res a veure amb Maria de les Neus de Bragança, ja que els suposats fets que narra Vidal, molt llunyans al seu temps, no consten documentats enlloc, i els recull amb una literalitat que hauria requerit un testimoniatge directe per a poder conèixer els detalls que explicita. A banda, veient la tònica general de l'obra de Vidal, on la invenció predomina arreu, és més raonable pensar que aquesta relació de la verge de la Foia amb els Borbons és una fantasia més de l'autor, potser inspirant-se en el passatge de Navàs citat abans i tergiversant-lo. És probable que la menció al papa Gregori el Magne que Vidal fa al §3 com a trametent de la fantasiosa talla de fusta de la Verge trobi també inspiració al text de Navàs citat més amunt, quan compara la imatge de la Verge de la Foia amb la "*Verje de Sixto V. ó de les Neus*". Sense dubte, Vidal s'inspira en la llegenda de la fundació de la basílica de Santa Maria la Major al turó d'Esquilino de Roma (Coll d'Esquilno al seu text, suposadament citant a Maria Neus de Bragança). La basílica es fundà, segons la tradició, al lloc

Montsant. Avui els vells sentim nostàlgia quan passem pel lloc del santuari i veiem que al lloc de la Verge de La Foia hi ha una imatge vulgar, de les que duen el cap buit; i si anem més amunt, trobem que la Boca de l'Infern[173] s'ha tancat. És de preveure que en "Pere Botero" ha plegat l'ofici, perquè l'infern n'està ple d'ingrats i desagraïts.

---

que aparegué cobert de neu el 5 d'agost del 358, com a senyal miraculós de la Verge a uns patricis romans sense descendència, perquè li construïssin un temple al lloc indicat per la nevada (Croiset, 1791: 350-351). D'aquí que la festivitat del 5 d'agost estigui dedicada a la Verge de les Neus. La basílica patriarcal de Santa Maria la Major de Roma conté la icona coneguda com a Salus Populi Romani, que representa la Verge Maria amb el Nen al braç. D'aquí l'analogia de Navàs al seu opuscle del 1918. De nou segons la tradició, la icona arribà a Roma el 590, i fou rebuda pel papa Gregori el Magne. Tanmateix, Navàs s'equivoca i relaciona la imatge amb el papa Sixt V, segurament per la capella que aquest pontífex féu construir dintre de la basílica per a allotjar la relíquia d'un fragment del bressol de Jesús. La Salus Populi Romani, per contra, es troba a la capella Paulina o Borghese, feta construir per Pau V. Vidal fa d'aquesta comparació de Delfí Navàs, de la talla de fusta de la Verge de la Foia amb la Salus Populi Romani, l'eix vertebrador del seu relat, bastit al voltant d'aquesta imatge, a la qual atribueix una antiguitat fantasiosa. D'aquí que al §3 mencioni a Gregori el Magne, en un clar ressò de la tradició de l'arribada de la Salus Populi Romani a Roma, però canviant-li el paper i presentant-lo com a trametent de la talla venerada a la Foia. I és en aquest §52, ja al final del seu text, que tanca el cercle, tornant a les reminiscències inicials a la Salus Populi Romani, posant en boca de Maria Neus de Bragança l'analogia que fa Navàs el 1918 de la Verge de la Foia amb la Salus Populi Romani. Queda sense aclarir, però, en quin moment es decideix celebrar la festivitat del 5 d'agost, Verge de les Neus, a la Foia. Sembla que hagi de ser un costum relativament recent; els primers goigs d'aquesta Verge, editats el 1886 a la Tipografia de M. Brull de Falset (Biete, 1991: 322) es titulen *Gotjs en alabansa de Ntra. Sra. de la Foya.* Els goigs mateixos als quals acompanya el text de Vidal, que en són la cinquena edició, tenen per títol *Goigs a la Mare de Déu de la Foia.* Enlloc no hi ha cap referència a la Mare de Déu de les Neus, i si l'advocació tingués el seu origen a la falsa visita de Maria Neus de Bragança el 1873, seria lògic pensar que els goigs del 1886 es dediquessin a la Verge de les Neus i no a Nostra Senyora de la Foia. És coherent pensar que la celebració del 5 d'agost a la Foia derivi del comentari de Delfí Navàs del 1918, quan compara la talla de la Foia amb la Salus Populi Romani, i que per tant sigui posterior a aquest any, però anterior al 1943, quan l'opuscle de reposició de la imatge ja menciona la "Verge de les Neus". Hi hauria també una explicació per a la imposició del nom de Maria de les Neus a diverses nenes batejades a partir del 1874; la pròpia Maria Neus de Bragança descriu a la seva crònica el fervor popular desfermat mentre era a la Granadella, i explica que quan abandonaren aquesta població ho feren "*acompañados gran trecho del camino por los habitantes, que no podían resolverse a separarse de nosotros, cuyo entusiasmo, estallando en frenéticos vivas, no es para describir*". Afegeix que aquest fervor popular "*continuó mientras seguían con nosotros, sin interrupción, cubrían de besos nuestras manos, nuestros pies, nos tiraban casi del caballo*". També diu que "l*as mujeres arrancaban el crin de las melenas y colas de nuesrtos caballos*" per a tenir un record a mode de relíquia (Ferrer, 1959: tom XXVI, 161-162). És ben probable, veient això, que els batejos del 1874 al 1880 responguessin a aquell entusiasme desfermat pels carlistes a la zona, i no a cap visita de la pròpia Bragança a la Foia.

168 La *Guia del Priorat* recull, sense citar la *Breu història*, aquesta suposada tradició mariana que Vidal crea des de temps dels visigots a la població: *"No es pot parlar de Cabasses sense parlar de la Foia. La Foia ha estat el centre i l'impuls vital de Cabassers durant molts segles. Hom diu que la Mare de Déu hi havia estat venerada fins i tot abans de la invasió islàmica amb el nom de Santa Maria de Wiclar"* (Asens, 1981: 77-78). Jesús Àvila ve a dir més o menys el mateix que Asens, també sense citar la font (Àvila, 1994: 53). Més tard, a l'any 2009, l'obra *Puix en alt lloc sou posada* fa també esment d'aquesta suposada tradició, anomenant-la "llegenda" i citant a Vidal com a font (Palomar - Solà, 2009: 91-92).

169 Sembla que l'afirmació de la festivitat del 13 d'abril sigui gratuïta (és la de sant Hermenegild). Pel que fa a la festivitat del 8 de setembre, Nativitat de la Verge Maria a l'advocació de la qual està dedicada l'església, és cert que en aquesta data se celebrava antigament la Festa Major d'estiu de Cabassers, i el 3 de febrer, festivitat de Sant Blai, patró local, la Festa Major d'hivern. També és cert que la festivitat del 5 d'agost, Nostra Senyora de les Neus, se celebra amb una romeria a l'ermita de la Foia, i des del 1985 amb un dinar popular (Biete, 1991: 315). Vegeu les notes 166 i 167 sobre la celebració de la festivitat de Nostra Senyora de les Neus a l'ermita de la Foia.

170 Es conserva una fotografia del retaule i les talles destruïdes el 1936 (vegeu la fig. 3 a l'apartat de làmines).

171 El 1936 l'ermita de la Foia fou saquejada i el seu retaule i imatges de talla de la Mare de Déu, sant Marc Evangelista i Santa Bàrbara, construïts el 1865, foren cremats (Biete, 1991: 356).

172 No cal dir que l'atribució d'una gran antiguitat a aquesta imatge de la Verge per part de Vidal i Llecha, que la vol remuntar a època visigoda, és una fantasia més.

173 Vegeu la nota 91.

II.2 Comparativa

Miquel Vidal va escriure setze versions diferents, majoritàriament parcials, de la *Breu història* (versions 1-16), el text definitiu que va lliurar a la impremta (versió 17) i unes notes preliminars (versió 18), força disperses, amb apunts del que acabarien essent les idees expressades als paràgrafs del text. Per tal d'entendre la gènesi, canvi i evolució de l'imaginari que crea, comparem els paràgrafs apareguts el 1968 als Goigs a la Mare de Déu de la Foia, amb les versions descartades que va deixar Miquel Vidal. Amb notes a peu de pàgina, assenyalem quins paràgrafs del text definitiu influeixen les diverses parts de cada versió descartada. Les setze versions preliminars s'han ordenat tenint en compte la pròpia cronologia del relat, ja que no podem saber la cronologia de composició, car no estan datades. Els textos reproduïts aquí són les transcripcions íntegres, tal com les deixà l'autor, de les versions descartades, seguint aquest ordre temporal del relat. Cal tenir en compte que aquestes versions tenen un gran nombre d'afegidures, supressions i correccions, normalment manuscrites, i per tant, per a poder significar cada circumstància, hem utilitzat les següents notes de transcripció:

Text en <xxx>, cancel·lat a l'original.

Text en /xxx/, afegit a l'original, en substitució del cancel·lat.

Vacat., espai en blanc, d'extensió indeterminada.

Només es regularitzen els símbols de puntuació. Ortografia i ús de majúscules tal com figuren als originals.

Versió 1

Mecanografiat en versaleta
Dos folis A3 plegats, cada un d'ells amb còpia per calca a 2r.

Títol (1) Breu ressum historic de las ermites; monestirs i santuaris del Mun-san dels que hen té memoria l'ermita del arcangel sant Miquel de Cabasses.

§1 El nom de MUN-SAN, que el naturals del pais habiem conservat per costum ó per tradició finses á començament d'aquest sigle, ens vé del llenguatge fenici, i vé á significá Mun de montanyes, les quals estan cercades per un cordó de serres que les amurallen, dejan-hi solsament una entrada á les guetas invasores per la part que mira á mixdia. Les serras que el clouen son la de la Lena, la Figa i el Montal, i la porta es á la montanya del Perineu. Aquestos trés noms de Lena, Figa i Perineu tenen identic significat: expresen un promontori que separa dos vertens. Les aigues, que es van acumulant al fons d'eixa gran ollla, donan naixement a un riu, que el primer nom que tingué fou el de (Flau Zayith) = Riu Olí, i per últim Riu Mont-sant. Finses al sigle VII antes de J. Cr. el riu anava directament á desembocar al mar, baixant casi paralel al Ebre fin á Labedoncia, i de allí á (Sal-au) = tocá l'aigua. Els movimens cismics i la sequia del sigle VI a.d.J.Cr. el desviá i el portá á ser un afluyent del Ebre, que hi entra per (Larcea) = dit erroneament GARCIA.[174]

---

174 A partir d'aquest paràgraf, desenvolupa els §6, 9, i ja hi ha una menció a la "serra de la Figa" del §32. Hi apareix també la correlació de noms que fa per al riu Montsant al §17. Eliminà de la versió definitiva la història de la desembocadura del Montsant al mar.

§2 Dintre del olla del Mun-san, en el temps de la gran sequia, hi pogueren sobreviure un grup de Cel-Ibers refugiats, que junt amb el seu Patriarca, sortits de la capital Ibera i atravesant el riu Ebre, emprengueren camí del Pirineu oriental, hon es deya que s'hi trobava aigua, peró emper, habien atravesat á peu aixut el terreny pantanós del Ausetania Cis-Ibera, trobaren tres fons caudaloses que manaven, casi de renglera, el primer esgraó del (Mont-syllo) = Montal, i allí es quedaren, fundant el poblat de FONTS, que després tingué el nom de Fontes, Fontes Clares ó de Wiclar, i per últim, antes de la seua desaparició, el de Kaobasses ó Kobasses, que are ha quedat per senyalar la partida territorial hon habia existit el poblat de FONTES.[175]

§3 Gracies á las trés miraculoses fonts, que encara es conservan i es coneixen actualment pels nom de FONT DE LAS FOYES, FONT DE CABALOCA, I FONT DE LA PEGONA Ó DE LAS PEGUERAS. La primera s'hen diu de las FOYES perque de la seva acequia en surten mols escurrialls ó aigua-molls, que en parla vulgar s'hen diu Foyes. La paraula CABALOCA vol dir Lloc de las Cavas, i l'aigua de la font regaba els terrenys que (AFORANCA) = enfiteosis, tenian las families dels (Al-Mo-Kabas) = de las cavas d'en Miquel de Lusia, en temps de la reconquista. La font de la PEGONA pren aquest **(2)** nom perque asuoa la pineda peguera, perque els pins carrascóns

175 D'aquí sortiran els §1 i §5, canviant context, protagonistes i circumstàncies. També apareix el poblat de Fontes del §18, per al qual dóna el nom alternatiu de Wiclar, no adoptat a la versió definitiva. Després, aquest Wiclar donarà nom a Joan de Biclaro al §3, a la imatge de Santa Maria al §4, i al monestir al §13; i finalment, els "kaobasses o kobasses" ja deixen entreveure els "Kabassirs" del §11.

fasiguen més pega; l'aigua de aquesta font, els Cartoxios d'Escaladei, la fehian servir per destila la rehina, i de la destilació separaben en el recipient florentí dos liquits: l'Aigua Rás, que es la esencia de trementina, i l'aigua fons, que es la que queda devall, que ells ne deyen PREGONA i la feyen servir per neteijar i curar les llagues dels Llaprosos que s'apropaben al Monestir[176].

176 Aquesta història es transforma en el §19 al text definitiu, però també esbossa les idees de "Miquel de Lusià" i les "Al-mo-kabes" del §1, i la definició de "Foia" del §18.

Versió 2

Mecanografiat i manuscrit
Un foli A3 plegat, amb text a 1r.

Títol (1r) Full Históric.

Subtítol Origen de la imagen i del santuari de la Mare de Deu de la font de las Foyes.

§1 El rey got Leovigild, lograda la unitat territorial de la peninsula baix el seu domini, vogué asociá en el regne els seus dos fills. A en Ermengol el feu Rey de Sevilla, y <al> Recaret el preparaba per fer-lo Rey dels Celtibers, y á aquesta mira en el any 573 comença á edificar un palau <á> o estatge junt al Il-lusia (Castell del Llop), residencia de Al-Lusio, Patriarca y regul de les lexións Lusiana, i de la Marciana dels <Imperial ó romans> /romans/. El lloc era en el Mun-sans de la regió dels Suecetans, prop del poblat de FONTS i entrada del Mons-Sacer ó Bisbal[177].

§2 En el any 585, que encara no estaba acabat aquest palau ó Reccopolis, fou decapitat á Tarragona el Rey de Sevilla Ermengól, y el seu cos el recollí el seu germá Recaret, i portat á Reccopolis <A les hores> <y cedit el lloc al Jua>. /El/ Lusitá frare Juan de Wiclar <Qui> amb l'ajuda del Arquebisbe de

177 Apareixen tots els conceptes del §1, si bé amb variacions importants a la nomenclatura i rols dels personatges. Principalment: anomena "Il-lusia" el "castell d'Al·lusio" de la versió definitiva, i al patriarca del mateix nom li assigna aquí una funció militar imperial, com a cap de les legions "Lusiana" i "Marciana". El "Mons Sacer o Bisbal" la situa a la "regió dels Suecetans", mentre que a la versió publicada l'ubica a la província "Lusiana".

Tarragona <Tranquileno> y Artémio /li/ fundaren el Monestir /de religeosos d'habit negre/, que prengué el nom de Santa Maria de Wiclar <hon s'ajuntaren altres anacoretas que vestien l'habit de los religiosos de San Agustí>. La comunitat <fou> <seguí> /ere/ del orde de San Benet, i observaren unes regles fetes per l'Abat Juan de Wiclar, perquè les <del> /fetes pel/ Patriarca del Silenci encare no existien[178].

§3 La Image de Santa Maria de l'Iglesia <de aquest> /del/ Monestir l'envia desde Roma el Papa San Gregori, á instancies de San Leandre, i fou colocada al altar major, que als peus guardaba les reliquies del cós de San Ermengol[179].

"Guarda el monenc maurol,

en el convent de Wiclara

<de la legió Lusiana>

al fidel Sant Ermengol[180]"

§4 <A poca estona del monestir hi habia el poblat de Fontes, l'entic poblat de Fonts.> Vore Fonts, pasa el riu subterrani que sembla venir de Pirineus orientals, d'hon neixen tres grans manantials <que s'escampen> <que formen> que escorren les aigues montaña avall, formant numerables filtracions (Foyes) y fons secundaries (aubellons)[181].

---

178 A partir d'aquí es desenvolupen els §2 i 3.

179 El contingut d'aquest paràgraf es reparteix, a la versió publicada, entre els §2 i 3.

180 Suposada "corranda popular", suprimida de la publicació, molt similar a la utilitzada a la felicitació de Nadal de 1967 (fig. 25).

181 Les mateixes idees es desenvolupen al §18.

§5 La font Pegona, que rega la pineda peguera <alimen> y els horts de La Cartoixa d'Escaladei[182].

§6 La /font/ de Cabaloca, que rega les fertils terres de l'Aforanca <dels Cabacés> del lloc de las Cabas <y la de> y l'ermita de San Miquel[183].

§7 La Font de las Foyes, que <allarga> /dona/ l'aigua <fins al Bautisteri> /a San Roch de San Joan, al monestir y al castell, y <l'ermita de San Roch ...> ses foyes alimenten l'aubelló del <Fonts> poblat[184].

Surca de Fonts aigues gelades

que de trans Medullins baixen

per les forts dela Bisbaal, foyes escampen[185]

182 §19

183 Cavaloca apareix al §22, però no definit com una font, sinó com el "lloc dels Cabassers".

184 El curs d'aigua de la font de la Foia fins al "baptisteri de Sant Joan" es descriu al §5.

185 Versos suprimits de la versió definitiva, del mateix gènere que els publicats a la felicitació de Nadal de 1967 (fig. 25). Similar a §9, ver. 4, §3, ver. 8; §5, ver. 10; §16, ver. 11; §7, ver. 13 i ver. 18e.

Versió 3

Manuscrit
Un foli apaïsat.

Títol (1r) Breu Historia

Subtítol Origen de l'Imatge

§1 A 13 d'abril de l'any 585, <al eser mort a Tarragona el que ere Rey de Sevilla, Sant Ermengol> /El Rey de Sevilla Ermengol per castic per no volguer abjurar de la religio catolica <fou condemnat> rebé el suplici del nobles, escapsat i escalabrat <per ordre del seu pare o madrastra, al palau de Tarragona>/, el seu germa Recaret s'emportá las despulles i les guardá en el <seu> palau de la celtiberia, que el Rey Leovigildo habia fet construir <en el> al (Mons-Sacer) <Bisbaal del riu Zayith>/, entre el casal del Patriarca Il-Lisio i el poblat de Fontes /(Fonts)/. Il-lisio ere <a les hores> a més de Patriarca dels celtibers, Regul de las <lexions> /legions/ Lusiana, Marciana i Bisbe de Girona /desde l'any 589/ <mol devot de Sant Felix, enterrat a Girona, i dels sants Lusio i Marcio, enterrats a la cova grant de La Bisbaal, qui també Recaret, i mol devot dels gloriosos sants Lusió, san Marcio, sepultats á la cova grant de La Bisbaal de Zayith, i de Sant Felix, sepultat a Girona, tots martirs de las persecucions dels romans contra l'iglesia catolica, i als quins Recaret comparaba amb el seu germá <martir>, víctima <dels Albigenses Arrians, de l'arrianisme i del judeisme dels seus temps>, dels heretges del seu temps[186].

186 Apareixen, junts, els conceptes que després formaran els §1 i 3, però amb les següents variacions: situa la Recòpolis a la Bisbal o Mons Sacer,

§2 A finals del any 589 En Recaret, el Bisbe Il-lisio de Girona, el Bisbe Artemi de Tarragona, començaren la construcció de un monestir entre el castell de Il-lisio (Castell de Llop) i la Recópolis (Palau de Recaret) a fi de guardar les despulles de San Ermengol i proseguir la lluita contra las heregies dels arrians i el juheisme que infectaben el pais[187].

§3 La fábrica del monestir s'acaba l'any 591, i el primer Abad fou en Joan de Wiclar, del monacat de la Orde de San Benet, d'habit negre, guardant les regles propies del Abad perque les del Patriarca del Silenci encara no habien aparegut. A la Iglesia s'hi veneraban els dos primers martirs romans del temps de Maximi; L'auseta cis-Ibera San Marciá, i el celtiber de la Lusiania San Lusiá, i el gloriós San Felix de Girona, a qui Recaret va oferir la corona d'or quant va ser Rey. <Per l'altar major> el Pontifice Papa San Gregori, á instancies de San Leandre, ex Bisbe de Sevilla, que es trovaba a Roma, <envia> /feu donacio per l'altar major de la iglesia de/ una presiosa imatge de Santa Maria, tallada á la fusta <de noguera> a tamany natural, qui porta el Jesuset al bras dret. Aquesta es la /milagrosa/ Imatge que va <venerar> <adorar> rendir culte <més de> durant 5 segles <la Baronia de> /els/ Cabasés amb el nom de Mare de Deu de la Font de las Foyes[188].

---

i atribueix al patriarca dels celtibers Il·lisio (el patriarca Al·lusio de la versió definitiva) ser també comandant de les legions romanes Lusiana i Marciana, i bisbe de Girona. Mescla, tot i que després suprimeix la frase, arrianisme i catarisme.

187 El §2 ja es perfila aquí, amb la supressió, a la versió definitiva, de la referència al judaisme.

188 El §3 és molt similar a aquesta versió, amb poques variacions.

Versió 4

Manuscrit
Un foli A3 plegat, amb text a totes les cares.

Títol (1r) Breu Ressenya Historica

Subtítol Orijen de l'Imatge.

§1 El rey dels gots, Leovigild, lograda la unitat territorial de la peninsula Iberica baix el seu domini, volgué asociá en el regnat als seus dos fills. A en Armengol el feu Rey de Sevilla, i a Recaret el preparaba per ferlo Rey dels Celtibers, per lo que al any 573 es comença la fábrica de un estatge en el Mun-san = (mun de montañes), que tancaben el Mon Sacer = (Bisbal) <entre Il-lusia = (Castell del Llop)> entre el poblat de Fonts = (Fontes) i Il-lysia = (Castell del Llop), residencia de Al-lusio, patriarca i en aquell tems regul de les lexións Lusians, indigetas i <...> el restes de la emerita romana dels Marcians[189].

§2 En l'any 585, no acabada aquesta palau, que s'hen deya Recopolis, fou decapitat a Tarragona Armengol = (Hermenegildo) <i> el seves despulles foren recollidas per en Recaret i traslladadas á Il·lylia, al ampare del arcangel San Miquel, Llar ó patró dels Llops[190].

---

189 Aquest paràgraf suposa una ampliació respecte al §1, ja que a la versió publicada no es menciona Leovigild. Anomena "Il-lusia" i "Il-lysia" al "castell d'Al·lusio" i apareix el "poblat de Fontes" que a la versió publicada es menciona al §18. Atribueix a Al·lusio funcions militars a les legions "Lusians" i "indigetas", que desapareixen al text dels goigs.

190 Bàsicament, conté el relat del §1, amb la diferència que la Recòpolis d'aquell paràgraf és anomenada aquí "Il·lylia" i diu que el palau encara no estava acabat.

§3 L'any 589 conveniren en Recaret <i en> /amb l'ajuda del arquebisbe de Tarragona Artemio/, Fray Joan de Wiclar <acerrim perseguidó dels heretges, que es trovaba refugiat en el> del convent dels P.P. Agustins, <amb l'ajuda del Arquebisbe de Tarragona Artemio> la fundació <de un> del monestir <que fos de Joan de Wiclar ...> en el lloch <que quedaba> /situat/ entre Il-lysia i Recopolis, per guardar les reliquies de San Armengol[191].

§4 A instancies de San Leandre /Bisbe de Sevilla/, <sent Sant Pare> /bisbe l'any 591, es/ Papa San Gregori, desde Roma enviá /una magnifica imatge de Santa Maria ...> <i una> talla de fusta /policromada/ de tamany natural, </.../> <a peu dret>, portant el Jesuset <al bras dret a la dreta> /al bras dret/, que fou venerada á l'altar major amb el nom de Santa Maria de Wiclar[192].

§5 L'any 614, essent Pontifice San Deo-Dado i Eusebi Bisbe de Tarragona, i en vida del Abat Juan de Wiclar, Bisbe de Girona, el Rey Sisebut va proscriure els Juheus, obligantlos en el termini de un any á bateixarse ó espatriarse, i l'acta de jurament fou fet en la plaza del Bautisteri de San Juan de la Canal, del lloch del monestir. Algun dels juheus bateijats <es quedaren en> fundaren <l'aljama del barri> /la barriada de/ San Miquel <barriada>[193].

---

191 Correspon al §2.
192 Versió breu del §3.
193 Versió breu del §4, afegint, però, que el carrer de Sant Miquel és el "Call-Juic" que a la versió publicada situa a 100 metres del monestir.

§6 L'any 713 l' <ocupació> /empenta/ dels alabs arriba fins a la creu vial dels Cuatre Camins del monestir, <hon es tractá i el> s'entrá en tractes de respecte mutue <a els> /per a los/ llochs, poblats <per Lusians> de la Bisbal[194].

§7 (IV) Els Juheus de Recópolis es revelaren, y ajudats <al rey juheu Hafrun> /per l'Achitan =/ (Rey Juheu del Rotalyehud) i dels Francs, saquejaren <el monestir, quemaren la Recopolis> y cremaren i destruiren el monastir y la Recopolis. L'imagen en Santa Maria y les reliquies de San Armengol pogueren ser salvades <y guardades primer al Castell, y després a la propera muntanya ... del Muntal, que conserva el nom de punta del Armengol.>[195]

§8 Els monjos s'escamparen, /uns/ per la part de Montal <i altres buscant per la serra la Lena, cercant Balmes ben orientades per continuar la vida eremitica> /que sont els que guardaren la <Mare> de Santa Maria <y San Armengol> y les reliquies/ /a la punta del Armengol/. y altres a les balmes de la Serra de La Lena /a la part solana/ <frente> a Ulldemolins

---

194 Primer esbós del §5, un dels més difosos de l'obra de Vidal. Aquí anomena "creu vial dels Cuatre Camins del monestir" el que als goigs és la "creu vial dels Quatre Camins dels Peirons", cancel·la el gentilici dels pobladors (Lusians) i anomena la regió "la Bisbal".

195 Coincideixen informacions que a la versió publicada es desenvolupen als §8, 9 i 10. Relaciona el Montalt amb la punta de l'Ermengol, accident geogràfic que s'anomena així al terme de Cabassers (Biete, 1979: 26). Aquesta referència desapareix a la versió publicada. Al "Rei Chitano Afrún", basat en el personatge històric Omar ben Hafsun (vegeu la nota 44) aquí l'anomena "rey juheu Hafrun", ho cancel·la i reescriu "Achitan, rey juheu del Rotalyehud". Aquesta Rotalyehud era la zona d'influència d'Omar ben Hafsun (Conde, 1820: 150).

(molins d'aigua), que foren els <ermitans del Mont-sant> /precursors iniciadors de la vida eremitica del Mont-sant/[196].

§9 *El 25 d'abril del 1149, després de la conquista de Lerida, el compte S. Ramon Berenguer IV <trobantse a l'altura de Gardeny, va fer donació al Beato Juan i recordant que per les terres ocupades> per que en el lloch dels Avin-Kabessir (poblats dels Cabasses) <habia estat el monestir de Wiclara, va fer donació /encarrec/ al Beat Juan de Orgañya de aquell de la seva reconstrucció, amb monjos de l'orde Premonstratense>[197]

*"Serva el monenc maurol = (negre)

del monestir de Wiclara

a la Verge Lusiana (Provincia creada per Augusto en terres de Al-lusio)

i al fidel San Armengol"[198]

§10 *Encarrega al Beat Juan de Organyá <que> la <seva reconstrucció> /restauració ó/ nova creació, amb pares de l'orde Premonstratense. <I el Beato s'equivocá>. El Beato no arribá a la terra dels Kabasses d'En Miquel de Llusiá, ni haguera sigut ben rebut, i alli hon l'hi va semblá bé comença la fábrica de una iglesia y nou monestir en el lloc de Val-clara, terres

196 Bàsicament, correspon al §9, amb la supressió de la referència a la punta de l'Ermengol.

197 Correspon al §13. Versió abreviada.

198 Versió de la falsa corranda popular que acompanya la felicitació de Nadal de 1967 (fig. 25). Suprimits de la versió definitiva. Similar a §3, ver. 2, §3, ver. 8; §5, ver. 10; §16, ver. 11; §7, ver. 13 i ver. 18e.

abandonades <...> pels Kabases, i masa prop <...> de las de Poblet, hon se projectaba l'altra monestir del cister[199].

§11 A l'anar a conquistar Lleida, el compte de Barcelona Don Ramon Berenguer IV, determina fundar en els nous estats un monastir de la Orde Premonstratense <i encarregá sa fund> i ho encarregá al abat Esteve, que era un dels creuats francesos <que> que l'acompañaba, /i/ enterats després, de haber existit el monestir de Wiclar, a 25 de abril de 1149 el comte /fa donació i/ encarga al Beat Juan de Organyá la localizació <i restauració de l'iglesia i edifici, i al obecte ti> /i restauració del dit monestir que havia estat al Mun-san dels/ Avin-kabessir = (lloc ocupat per los de las cavas = Al-Mo-Kabas de Miquel de Llusiá). Kapsieris i Unikapsieris = (Contins i Contins aliats) i Kabaldás = (amics lliures refugiats)[200].

§12 (2r) El Beat Juan de Orgañá <no pogué> /trobá oposició per/ entrar a les terres de Avin-Kabessir, i començá la fábrica de una iglesia en el lloc de Val-clara, <que vehienla innecesaria antes de acabarla, á l'any 1158 en feu donació a la Catedral de Tortosa> que de moment l'abandonaria , perque prop d'ella era les terres del <Paubolet> /eremita (pastor engrexadero), el Torms, lloc millor emplaçat, que fundá l'oratori de Sant

199 Aquestes idees es desenvolupen als §11 i 13. Els §9 i 10 d'aquesta versió estan cancel·lats, amb una nota que indica "pasa al any 1120".

200 Bàsicament, molt similar al §13, amb una diferència substancial respecte a la versió publicada: aquí cita correctament la data de l'acta de donació d'Avicabescer, reanomenat Vallclara, per part de Ramon Berenguer IV: 25 d'abril del 1149. Al goigs la data es transforma en el 25 d'abril de 1154.

Salvador/ de la Lardeta <s'anaba a edificar el monestir cistercenc de Poblet>[201].

§13 /El 1149 feu donació del Hort del Pabulet a l'abat Xanxo del monastir de Font-Freda. hon San Bernardo, abad de Claraval, per mandat del comte Ramon Berenguer, fundá el monestir de Poblet, de la orde Cistercense, en el año 1151/[202].

§14 <Perque> mes prop, hon en el <Hort i> oratori de San Salvadó del Hort del <Pabulet> /Pabulator = (Pastor)/ de la Lardeta, <prop> del poble de Ullés, en 1151, l'abad Xanxo y els monjus de Font-Freda fundaren el monestir de Poblet, que ocuparen l'any 1153[203].

§15 Que el any 1158, Juan de Organya /abandoná/ i feu donació, la fundació de Vall-Clara, fent donació d'ella a la Catedral de Tortosa[204].

§16 Altre conceció feu el comte al creuat /presbitero/ Don Pere de Escaladei, provinent del monestir cistercense del condado de Bigorra, en la Gascuña (fundado en 1127), qui a petició del comte, ellegí la part vertent al mig-dia de la montaña que tancaba el Mun-San <per> el lloch de Pabulatio / = (pastura), nomenat/ en riu Suera = (Siurana) <(...)> <ó Ciurana (Ciurana), que> /mot/ que prové de Suesis = (<...>), cap dels suesetans (porquers), hon es reunien els pastors del corn d'ovelles = (Corral de obelles) = (Cornudella), i fundá una iglesia dedicada

201 En general, correspon als §15 i 16.

202 Aquest paràgraf i el següent, amb variacions importants en els detalls, esbossen el contingut definitiu del §16.

203 Vegeu la nota anterior.

204 Correspon al §15.

al Apostol San Pera, i treballá per reunir tots els ermitans /del territori/. Fou el fundador de Poboleda, i despres, al any 1163 /1º/ Prior del monestir de la Cartoixa d'Escaladei, i /feu/ cambiá el nom de <Mun-san> /Mont Sillo o Muntals de Tarrago/ per el de Montsant, y el riu del Mon-san, que era l'antic riu Oli o el Oleum Flumen, per el de riu Mont-sant, perque en lo mes ferestec de aquest riu, el Miquel Fra Guerau i feu vida de penitent, en l'ermita de San Bartomeu <fins l'any 1213, que fou enterrat> fins l'any 1210, que la concedí a Pere Balle i Guilleume, junt amb la casa de Santa Maria de Mont-sant, que construí junt amb el Beat Juan de Organya i Fra Pere de Escala-dei, morint a Bonrepós i esent enterrat a Scala-dei[205].

§17 Al 1120, siendo sumo pontífice el Papa Calixto II, y obsipo de Zaragoza Don Pedro de Librana, Miguel de Lusiá, que había asistido a la conquista de aquella plaza /usando la espada del Santo/ con los Al-Mo-Kabas, llamados Miquels, perque l'arcangel era el San Patró, se trasladaron **(2v)** a Zaragoza los restos de San Armengol, y la Image de Santa Maria de Wiclar, que es guardaba, es quedá a /Fons/ (Fontes)[206].

§18 Al any 1163, Dª Sanxa, esposa del rei Alfons I el Cast, va ser assabentada per l'eremita dels Miquels, Fra Guerau, lo succeit al Beat Juan de Organya, a Pere d'Escala-dei, lo de las reliquies de San Armengol portades a Zaragoza, i l'existencia de la /<...> conservació/ Imatje de Santa Maria de Wiclar, que es guardaba

205 Esbós general del §17. amb variacions als detalls, personatges i rols respecte a la versió publicada.

206 Història capgirada de com acabà apareixent al §12. També apareixen els "Al-Mo-Kabas" del §11 i el poblat de Fontes, que a la versió definitiva apareix al §18.

a Fontes <Clares>, poblat que prengué per aquest motiu el nom de Fontes Clares[207].

§19 Per desitch y voluntat de Dª Sanxa, les reliquia del cap de San Armengol = (Hermenegildo), foren traslladades á la Iglesia del monestir de Xixena, y a la Mare de Deu de Fontes clares se demaná que de moment se la guardes en un santuari que <construiria> alçarien els Kabasses, hon brollava[208]

207 Esbós del §18. Anomena "Fontes-Clares" al poblat de Fontes, cosa que a la versió publicada no passa fins el §25.

208 Fusionat amb el paràgraf anterior al §18 de la versió definitiva. El text acaba bruscament.

Versió 5
Manuscrit
Un foli apaïsat.

§1 Ocupació dels alabs y <destruccio> /devastació/ del monestir

§2 Els moros, á l'any 717, per capitulació prengueren la ciutat de Girona, poc després de la mort del Bisbe Miró, i antes de que prengués posessió l'abad del monestir de Wiclar <que> /Servus-Deo/, que el tenia que succehi /i aquest fou el motiu de que es trobés aqui/. Anys mes tart la tradició diu que /els moros/ pasaren l'Ebre per l'Aumadina de Avin-Ebre d'Ascó = (esquerra) i seguint el cami que vorejaba la part baixa del terreny ausetá = (pantanós) de sobre el riu, /y atravesan la ... de la legió Marciana = (Torre del Español), arribaren/ al empalma del cami de Gueta-Lupia = (Gratallops), /antes/ poblat /tenia/ que <primer> s'hen digue Gueta Phenos i Després Kartago Vetus; i de alli no pasaren en avant, respectant <la inviolabilitat del> lloch sagrat del Mun-San (munt de montañes) <escampanse i establinse en las montañes que prengueren el nom> /que tancaban la Mont-Sacer o Bisbaal/.

Fundaren el poblat de Goraptes = (corps), <que eren el que nosaltres els Llops donaven als moros que vingueren a robarnos el gra> de la Palma de Ebre, <de la Granadella y de les terres ceretes de> Grana-Dela i <de ponts> /de/ Mequinenza[209].

209 Bàsicament, el contingut d'aquest paràgraf es troba als §5, 6 i 7 de la versió impresa, els més difosos de Vidal. S'hi troba una contextualització de "Servus-Deo", un personatge que al §5 apareix anomenat com "Senus-Deo" i "Sevus-Deo" a l'original lliurat a la impremta per Vidal (vegeu el §5 de la versió 17). A la versió definitiva, anomena "l'abat del monestir Senus-Deo", i per aquest paràgraf de la versió 5 queda clar que "Servus-Deo", a l'imaginari de Vidal, és un abat i no el nom d'un suposat monestir. En canvi, la versió dels goigs es presta a confusió, i el nom és més interpretable com un topònim que com un antropònim. Això causà la confusió a l'autor que pretengué ubicar aquest monestir sota les runes de la cartoixa de Scala Dei (Rodon, 2004). La referència al "bisbe Miró" desapareix a la versió publicada. També hi ha l'ideari que es reflecteix al §6 dels goigs sobre el "Mons-Sacer" i "Gorabs", i també anomena el Gueta-Lupia del §7, afegint-hi dos pseudotopònims pretèrits més: Gueta-Phenos i Cartago Vetus. Les altres referències toponímiques desapareixen a la versió publicada, i en aquest preliminar anomena "Aumadina" el que a la versió definitiva serà el "Pas de l'Ase", on, a més, transforma aquesta "Aumadina" en un camí.

Versió 6
Manuscrit
Un foli apaïsat.

§1 Devastació del monestir

§2 Pocs dies després de la mort del Abad Miró, prelat de Girona, al any 717, <entraren els per> els alabs entraren a Girona per capitulació de la ciutat, i el nou abad <del monestir> y Bisbe Servus-Deo, /antes de prendre posesió de la Diosesi/, junt amb molta clerencia i cristians, es traslladaren al monestir de <Fonts> Fontes Clares[210].

§3 A mitad del sigle VIII diu la tradició que els moros pasaren el riu per l'Aumadina de Avin-Ebre d'Ascó = (esquerra), i seguiren el pas d'Hamilcar per l'entorn ausetá = (pantanós) fins al encreuat de /la antigua factoria fenícia/ de Gueta-Phenos, /a Gueta-Lupia/ (Gratallops), hon foren rebuts pels magnats del Mons-Sacer, i entraren en concordia, esent així respectada <el Mun-san> la Bisbaal del Mun-san = (munt de montañes) com el lloc sagrat de la celtiberia, i enprengueren cami de la Palma de Ibera, aturanse prop del riu, hon fundaren el poblat dels Gorabtes (corps), on <magatzemaven> /recollien/ el grá que baixaba pel riu Sueris procedent dels Cerets /i ausoseretes/ de la Grana-Dela i dels diposits de Maquinenza i Aitona[211].

---

210 De nou, part del famós §5 de la versió impresa. Continua anomenant "Servus-Deo" al personatge que descriu a la versió 5 com a abat del monestir de Wiclar, i aquí afegeix que, a més, era bisbe. No anomena "Wiclar" al monestir, sinó que li diu "monestir de Fontes Clares". Aquest suposat topònim no apareix, a la versió publicada, fins el §18, i descrit com un "antiquíssim poblat ibèric del Mons Sacer" i no com a monestir.

211 De nou, el tantes vegades mencionat §5, amb variacions importants respecte al mateix passatge de la versió 5: ara parla d'una ruta prèviament seguida per Amílcar, afegeix que Gueta-Phenos era una "antiga factoria fenícia", i fa referències al "riu Suesis", "Grana-Dela", "Mequinenza" i "Aitona", que desapareixen a la versió publicada.

Versió 7
Manuscrit
Un foli.

§1 (1r) Suc de les Fonts, aigues gelades

<que de> /de/ trans els Medullins baixen

per les sorts de la Bisbaal, foyes escampen

dan frescura a las terras anedegadas

<als monecs maurols de Wiclara>

Estatge de monencs maurols

de Maria de Wiclara

<que en la terra> /hon en terra/ Lyciana

reposá San Ermengol[212]

§2 1ª Capilla – sigle XI

§3 Una capilla de 4 metros ample y 4,40 de llarg. Devant de la ermita hi habia un sopluix per resguardarse[213].

§4 Al ponent existia un <tancat> cova entre rocas que servia de refuji de pastors y bestia, y entre mitg una gran esplenada <partida per una acequia de l'aigua que manaba de la font> /que feya de atans pels remats que anaven/ de pás. Al peu de la

---

212 Composició poètica similar a les del §7, ver. 2; §1, ver. 1; §5, ver. 8. Amb reminiscències de la falsa corranda popular apareguda a la felicitació de Nadal de 1967 (fig. 25) i de la seva evolució prèvia, a §3, ver. 2; §9, ver. 4, §3, ver. 8; §5, ver. 10; §16, ver. 11; §7, ver. 13 i ver. 18e.

213 Nota preparatòria del §40. Les mides les extreu, en part, de Navàs, 1918: 20.

capella manava la font major, que mitjansan una acequia conduia l'aigua al bautisteri de San Juan /de Wiclar/ <del avuy poblat pels cabasses, que baixaren de Montal el 12 *Vacat*[214].

§5 En 1844 es tirá el perche = (sopluix), y en el seu lloch s'alça un cós d'ermita de 6 metres 30 d'ample, y 12 metres de llarg. Y en 1865 se construí l'altar, hon se posá l'image de la Mara de Deu <de Wiclar>, talla de fusta a tamany natural, que porta lo nen Jesús al bras dret, com indica el gravat, tret de <una> fotografia <que conservo> de la imagen original, colocant a els costats dos petites imagens de aquella época, l'una de San Marc evangeliste y altre de Santa Bárbara[215].

§6 Al finalizar la guerra dels set anys, al evacuar Catalunya, pasaren pel camí del Asse /(via antonina)/, que atravesa el Munt-sant, Don Carles V, y ab les tropes, pernoctan Don Carles tres dies a la Villa de Cabacés. Y al veure la sua esposa la verge de la Foya, digué que li era la de la Mare de Deu de las Neus /de Santa Maria la Mayor/, patrona d'ella, y per recort a dita senyora es cambiá el nom **(IV)** de Mare de Deu de La Foya per de Mare de Deu de les Neus, y <es comença> se l'hi cambiá la festa al dia 5 de agosto [*Vacat*] en lloch del dia 8 de Septembre <que> com era costum des de <l'any *Vacat*> /la seva fundació/, que els vehins de Fonts <començaren a venerarla> y

214 Amb grans variacions a la versió publicada, aquí s'hi veu el §40.

215 Bàsicament, aquest correspon al §51 de la versió publicada. Extreu les dates i mides de Navàs, 1918: 20, però en aquesta versió informa correctament que la data de 1865 correspon a la col·locació de la imatge de la Verge de la Foia, mentre que a la versió publicada diu que aquesta data és la de la represa de les obres, iniciades el 1844 i interrompudes "perquè havia esclatat la guerra civil". La fotografia que esmenta es pot veure a la fig. 3.

de Montal començaren á venerarla en aquell lloch com á Mare de Deu trobada en las despulles del monestir de San Joan de Wiclar, junt amb les reliquies de San Hermenegildo, que foren traslladadas á Saragoza <després de la> un cop reconquistada definitivament dels alabs[216].

§7 Any de la mort de S. Hermenegildo, 585, Reccopolis[217].

§8 Any de la creació del convent de Wiclar, 586[218].

§9 Any de la <conversió> /proscriure/ dels Juheus, 614, en temps de Sisebut[219].

§10 Destrosa dels moros[220].

§11 Portaben l'habit negre dels> de los religiosos de San Agusti, guardant l'orde del de Sant Benet, i reformada pel mateix Juan de Viclar[221].

§12 No podia observar sus reglas porque todavia no existian[222].

§13 San Benet el diuen el patriarca del silenci[223].

---

216 D'aquí sortiran els §50 i 52 de la versió definitiva. En aquest, mescla el pas de Carles Maria Isidre de Borbó per Cabassers, que relata al §50, i la falsa visita de Neus de Borbó del §52, afegint-hi referències al monestir de Wiclar i a les relíquies de sant Hermenegild, no presents a la versió publicada.

217 Nota preparatòria del §1.

218 Nota preparatòria del §2.

219 Nota preparatòria del §4.

220 Entra en contradicció amb el §6, ja que mentre aquí anota "destrosa dels moros", allí diu que "respectaren el lloc del Mons-Sacer".

221 Nota preparatòria del §3.

222 Nota preparatòria del §3.

223 Nota preparatòria del §3.

Versió 8

Manuscrit

Dos folis A3 plegats, amb text a 1r, 2v i 3r.

§1 (1r) En el año 573 el rey godo Leovigildo asoció a sus dos hijos en el reino; Hermenegildo fue rey de Sevilla, y a Recaredo le encargaba de cuidar de los celtiberos, <empezando la funacion de> /y para él fundo/ una ciudad y palacio <... junto a la residencia de la del patriarca Il-lusio> /en el poblado de Fonts, situado en el Mon-San de los Suecetanos/, junto a Il-lusia (<casa residencia> /castell del Llop y residencia de Al-lusio y/ del Patriarca de Ibera <ilercavons, ilergetes y suecetanos>) Lusianos, <situada en> /guardadora del/ Mont-Sacer ó Bisbaal /seguido de las <legiones> /legion romana de/ marcianas y de la de Indigetas, situada sobre de> en la Auceta de la Ausona, Cisibera[224].

§2 En 585, encara no estaba acabat aquest palau, fou decapitat a Tarragona el rey de Sevilla, Ermengol, i el seu germá Recaret retirá les seves despulles per guardarles, y cedi el seu lloch á en Juan de Wiclar /monjo fill de Lucitania/, que ab l'ajuda del arquebisbe de Tarragona /Tranquilino y/ Artemio /en 568/ fundá allí el Monestir, que prengué el /seu/ nom de Santa Maria de Wiclar, al que s'ajuntaren altres eremitans, que portaben l'habit de los religiosos de San Agusti, si be <eren> /foren/ del orde de San Benet, y observaren unes regles fetes <pel mateix> /per/ Juan de Wiclar, perque en aquell temps /les

224 Conté el que acabarà essent el §1, amb informacions sobre Leovigild suprimides del text definitiu, i amb la menció del poblat de Fonts, que als goigs no apareix fins el §18. Anomena "patriarca Ibera" al "patriarca Al·lusio" del §1.

d/el gran patriarca del Silenci encare no <habia fet les propies de la seva orde> /no existien/[225].

§3 En aquest Monestir, y als peus de la <image> de Santa Maria, es guardaben les reliquies de San Hermenegil. La Image <fou> vingué de Roma, i fou regalo del Papa San Gregori, que l'envià a instancies de San Leandre[226]:

"Guarda el monec maurol

en el convent de Wiclar

<del lloch de la> de la legio Lusiana

al fidel San Ermengol"[227]

§4 En l'antiquisim poblat de Fonts manaben 3 <fons> /manantials/ inagotables, que es diu que venen de un riu subterrani que procedeix del Perineu <occidental> /oriental/, que avuy se les coneix pels noms de Font de las Foyes, Font de Cabaloca y Font de la Pegona[228].

§5 La Pegona, situada al cim de <una> /la pineda/ peguera, <rega el> /s'escorra al/ monestir d'Escala-Dey. La de Cabaloca rega les terres /fertils/ de la Aforanca dels Cabasses. La de las Foyes <baixa acequia avall> seguin l'acequia arriba fins al

225 A grans trets, conté la història del §3.

226 Aquest relat queda incorporat al §3 a la versió publicada.

227 Versió de la falsa corranda popular que acompanya la felicitació de Nadal de 1967 (fig. 25). Suprimida de la versió definitiva. Similar a §3, ver. 2, §9, ver. 4; §5, ver. 10; §16, ver. 11; §7, ver. 13 i ver. 18e

228 Els conceptes d'aquest paràgrafs queden repartits, a la versió definitiva, entre el §4 (font d ela Foia), §18 (Fonts), §19 (font Pegona) i §22 (Cavaloca, com a territori i no com a font).

bautisteri del monestir de Wiclar, dejant pel seu cami un aubelló que abastecia a Fonts[229].

"Suc de las Fonts, aigues geladas

<...> de trans <els> Medullins baixen

y per les sorts de la Bisbal, foyes escampen"[230]

§6 (IV) En el 614, reinat de Sisebut, en el bautisteri de Sant Juant del Monestir de Santa Maria de Wiclar, amb l'aigua de La Foya, foren bateixats /y feren el jurament/ els juheus que no volgueren expatriarse[231].

§7 Entronisaren en aquest temps, com a Lar del Castell y Fonts, al glorios arcangel San Miquel[232].

§8 A la vinguda dels alarbs, el monestir y la Verge foren respectats, fins l'any 882 /que/ els francs y juheus, manats pel rey Hafsun del castell de Rotalyehud, l'asaltaren, robaren y destruiren, poguense salvar l'image de la Mare de Deu y les reliquies de San Ermengol, que s'amagaren mes al interior del Mun-san, y repartinse /els vehins de Fonts clarenses y/ els monjos <per diferents ermites> /per les balmes/ i pels congosts del riu Oli <que transcurre entre el> /y de la/ serres de la Lena <y la de Sillo> /de Corvins/ y del mont Syllo[233].

---

229 De nou, els conceptes es tornen a repartir entre diversos paràgrafs a la versió publicada amb els goigs: §4 (baptisteri del monestir), §18 (poblat de Fonts), §19 (font Pegona i pineda peguera) i §22 (font de Cavaloca).

230 Versos similars a §7, ver. 2 i §1, ver. 7. Suprimits de la versió publicada.

231 Aquesta història es troba integrada al §4.

232 Sant Miquel apareix com a "lar del castell" al §11, i no hi ha cap referència a què ho fos també de Fonts o Fontes.

§9 <1114> 1118 <fou reconquis> a la <tornad> volta de les Kabas den Miquel de Lusiá de la reconquista de Zaragoza <per Alfonso I d'aragó>, es torná á ocupar el lloch de Fonts /clares/, y les ruines del monestir y del castell, y en 1135, a instancies de Don Ramiro II el Monge <foren descobertes en la primera punta del Sylló> /fou/ descobert l'amagatall de la image y les reliquies a la montaña del Ermengol, y es demana fosin traslladadas a Zaragoza per la seva custodia, cosa que no fou posible fer de moment[234].

§10 En 1148, despres de la rendicio de Lleida, el Comte de Barcelona Don Ramon Berenguer, al posesionarse de la montaña de Gardeny, va fer donació a l'abad Esteve, que era un dels <creuats> crusats <francesos> /francs/, de tot el territori ocupat pels Kabassés perquè reedifiques el monestir, y aquest ho encargá al Beato Premonstratense Juan d'Organya, que comença la fábrica de un nou monestir en el lloch de Vall-clara, obra que tingué que ser abandonada /y regalada a la Catedral de Tortosa el 1158/, perque troba la oposico dels <pobladors> /poblats/ y per <en sustitució> la proximitat de l'altra donació <que es feu> de les terres del Pabulet, per el monestir del cister[235].

233 Apareixen, mesclats, els conceptes que acabaran configurant els §6, 8 i 9.

234 Aquesta és una mescla de la segona part del §11 i el 12, amb elements que no apareixen a la versió definitiva, com la suposada troballa de la imatge de la Verge i les relíquies de sant Hermenegild, o l'ocupació del lloc de "Fonts Clares".

235 Concentra els conceptes que després apareixeran als §13, 15 i 16.

§11 Altre concecio fou la feta al crusat procedent del <...> /monestir/ <Benedicti> /cistercense d'Escala-Dei/ <de la Borgoña> /del comtat de Bigorra/, nomenat Don Pedro de Scaladei, per la repoblacio de les terres suacetanes del <Paubulari> <Pabulatio> /Pabularius/, <del que fou un començament del> </... d'hon procedeix el/> monestir de la Cartoxa, relació que tampoc aceptaren els Kabasses de les terres de Lusiá, <tractanse mutuament d'heretges> basques del /eremita/ Pabulator <o Poblet de la Lardeta> Lardarium[236].

§12 En 1170, pretenien quedarse amb <les terres y poblats> els poblats y les terres del Mun san <tant els frares d'Escaladey> com <el Bisbat> de Tortosa tan els frares de la Cartoxa /ajudats del arquebisbe de Tarragona/ per **(2r)** establir-hi el <nou> Nou Monestir com els /canonges/ regulars de l'obispat de Tortosa[237].

§13 El rey Alfons doná les terres de moment necesaries per fundar el monestir d'Escaladei <que pertangueren a Sibilia de Lucia y al seu marit rosellones conegut per Mas Deu>, y á instancies de la sua esposa, Dª Sanxa, y de Fra Guerau, Ermitá de San Bertomeu, foren definitivament traslladades les reliquies de San Ermenegildo a Zaragoza, y de allí shen endugueren el cap, per fundar l'iglesia del Real casa de Xixena de l'orde de San Juan, pera las filas dels rich-homens d'aragó, de la que fou fundadora Dª Sanxa[238].

---

236 Part del relat del §17, amb un conflicte amb els "Kabasses" que no apareix a la versió publicada.

237 Reminiscències del §30, amb la falsa disputa territorial, i potser també del §26.

238 Argumentari del §18 i menció a "Sibilia de Lusia" i a "Mas-Deu", que al relat definitiu apareixen al §22.

§14 Pero L'Image de Santa Maria <guardada per les gents de las Kabas> /la guardaren los Al-mo-Kabas/ al peu de la font de las Foyas, situat casi a iguals distancies dels poblats del Castell, de Fontes-clares y de Montal, en un petit santuari que contenia la Mara de Deu de Wiclar, San Pau y San Pera apostols, hon es traslladá el cementiri dels morts en gracia de Deu. Sobre el santuari, a 150 metres mes alt, es troba l'avenc /els dolens es llensaven/ Boca del Infert d'en Pere Karym, conegut per "Pere Botero", que es deye que ere el barqué que conduia les /despulles/ dels mals esperits á les calderes de Lucifer[239].

§15 1317. Para reponerse de su quebrantada salud, pasó todo un invierno en Fontes-clares la infanta Dª Blanca de Aragón, acompañada de Dª Teresa Jimenez de Urrea, priora del monasterio de Xixena, <atraída> para descansar <y pedir> y reponerse de la enfermedad que la aquejaba por la gracia de las aguas calcareas de la Foya y la milagrosa virgen. En 1321, Dª Blanca fue elegida para priora del monasterio, al fallecimiento de Dª Teresa. Desde el año 1324 al 1327 estaba en Escala-Dei de religioso Cartujo su hermano Don Juan de Aragón, al que Dª Blanca tenia adoración, y por no quererse separar de su lado, siempre que podia huia de Sijena a suplicar á la Virgen de la Foya, puesto que no le permitian la entrada al monasterio de Escala-Dei, y en 1334 murio en Probo, de la Diocesis de Zaragoza, y fué llevado su cuerpo a Tarragona <y en>, desde donde al siguiente año, desde aqui, con el deso de rezar ante la sepultura de su hermano Juan, salio Dª Blanca a Tarragona, a

239 Bàsicament, el relat del §20.

robar los restos de y trasladarlos al <Sijena> convento de Sigena[240].

§16 (2v) En el 1348, al istiu, l'epidemia de granola asolaba el pais, y ab asistencia Dr. Fra Sancho Lopez de Ayerbe, arzobispo de Tarragona, es feren rogatives "lugubres", precedit la creu, cuberta amb un vel negre, siguiendo en proceción detrás los <caballeros, masips y naturales de la Baronia de Cabasses> el pueblo y los caballeros de toda la Baronia, implorando con cantos a la Virten que ruegue por nosotros, indignes de la misericordia del Señor[241].

§17 Aquesta epidemia motivá l'arribada de un frare escapat del convent <de la> Puig Roig que portaba l'imatge de la Mare de Deu de la Pinyera, y <en la bauma> devall de la bauma prop de la Foya, hon habia sigut antic sementiri de Fontes, s'hi construi <una ermia a hon vingue encara molts anys> capella per la verge <y la casa> y la seva residencia, hon feya vida eremitica. Aquesta ermita, en el sigle XVI y a causa d'altres epidemies de granola y de *Vacat* es converti en lazaret de la vila de Cabasses y en cementiri d'infecciosos, posani una image de San Roch y una pintura al oli de la Mare de Deu del Loreto. <...> /Despres, en mes tart de 1700, es torná á la Pinyera l'image de la Mare de Deu>[242].

240 Relat similar al del §25, però amb menys elements fantasiosos i més d'històrics.

241 Part del §26.

242 Primer esbós de la falsificació de la història de Sant Roc que es pot llegir al §26.

§18 1399. Visitá <la Foya> y les Mare de Deu de la Foya y de la Pinyera Na Maria, comtesa de Luna, esposa del Rey Marti y Duquesa de Mont-Blanch, qui era reconeguda com a reyna durant l'absencia del seu marit, y <l'acompanyaba el Prior de Escala-dey> y se celebrá la bendició <de la primera iglesia de la villa de Cabacés y> del <retaula> altar majo de la primera <iglesia> /parroquia/ de la villa de Cabaces, <que> cual rera-taula de fusta fet per Lluís Borrasá <s'he conserven alguns fracments> que alguns fracments encare es conserven[243].

§19 De començaments del sigle XV en endavant <poca cosa> /res extraordinari/ he trobat que fasi referencia á la Mare de Deu de la Foya, mes que la de la grand devocio del poble y dels foresters, les visites pastorals dels Bisbes de Tortosa, que començen a finals del sigle XVI, y les deixes mes o menos importans que figuren en tots els testamens que he vist. L'administracio del petit santuari era feta per una junta, que nombraba cada any un majoral, que junt amb el Rector de la parroquia de Cabaces y de las sues *Vacat* organizaben les festes, actes religiosos, romeries y rogatives quan n'era necesari[244].

§20 Sempre que <s'hanava> si anave amb colla, al arribar al cruze del camí amb lo de l'ermita de San Roch, es parava la comitiva **(3r)** y resava un respons[245].

243 Coincideix, a grans trets, amb el §27.

244 L'explosió de devoció mariana que situa al segle XV en aquest paràgraf, la ubica al segle XVII al §49. Menciona també les deixes als testaments que relata al §47.

245 També incorpora aquest relat al §49.

§21 La capella primitiva era de 4 metres d'ample per 4,40 de llarch, devant brollava la font, y l'aigua s'escorria per una azequia que partia una gran esplanada que servia de atans pels remats de besitá <que pa> anaven de pas <pel cami proper>. A ponen existia una cove feta vora roca que servia de refugi[246].

§22 En l'any 1844 se tirá lo perxe á terra y si añadí un segon cos d'edifici de 6 metres ample y 12 de llarg. Es renová l'altar a any 1865, posanse al centre la image de la Mara de Deu de la Foya, y la de San March evangelista y la de Santa Barbara, en substitució de les de San Pere y San Pau, que ya es veneraben a l'iglesia de Cabacés[247].

§23 Y en aquest temps, que era al final de la guerra dels 7 anys, en evacuar de Catalunya les forces carlistes pasaren camí d'aragó pel antiga via Antonina, <acompanyades del seu Capdill Don Carlos V> a Don Carles V y la seu familia, que pernoctaren 3 dies en Cabaces, y al visitar la Verge de La Foya, Dª Maria de las Nieves, al veure l'imagen, digue que era igual o mol semblant a la de la <Verge> Mare de Deu de las Neus del Coll d'Esquins de Santa Maria, <y ha les hores> y en el seu honor <a la> /y homenatje/ a dita señora[248].

§24 1854 any del cólera. Estaben els aires[249]

[Nota al marge:] Guerre 7 anys 1833-40[250]

---

246 La idea es desenvolupa al §40.

247 Similar al §51 (però vegeu la nota 215).

248 D'aquí sortiran els §50 i 52.

249 Paràgraf inacabat, i tampoc no es troba res referent a l'any 1854 a la versió definitiva. El text acaba bruscament.

250 Nota preparatòria del §50.

Versió 9
Manuscrit
Un foli A3 plegat, amb text a 1r.

§1 <... camí que atravesant el Mont-Sant ...> Acabada la guerra dels 7 anys, al evacuar les tropes de Catalunya, Don Carlos <Isidro> Maria Isidro de Borbon escolli també com ho feu Don Juan de Astura /l'antiquisim/ cami que, atravesant el Mun-san, anave desde Flix a la Bisbal del Panadés, i aquesta via /de 3 jornades/ que inventaren els fenicis, en el trajecte de la segona, o sia, desde Cabacés /i fontes/ a l'<estatge> /hostatje/ de Cap-a-Fons, es troba l'ermita de la Foya. <El pas> L'evacuació durá tres dies y 3 nits, i Don Carlos V /acompañat de Tamarit.../, que els acompañaba, pernoctá en Cabacés i vistá/ren/ a la Verge, /perque era al mes de septembre de 1839 que se celebraba la festa de la Verge y la coronació/, i al veure l'image digue a mosen Josep Cid de Tortosa, rector de la villa, que l'acompanyaba que aquella imagen que portava el Jesuset al costat dret era <la de la M> cópia mol exacta de la de <l'iglesia Santa Maria> la Verge de las Neus, a la que ell sent gran devoció. Se va hospedá en la casa Homdedeu[251].

§2 Al 1844 es començaren les obres á la ermita, tirant a terra el sopluix y ampliant el cós d'edifici a 6 metros d'ample per 12 m llarch, teninla que dejar interrompuda per haber començat la segona guerra civil, reanudanles l'any 1865, que es construi l'altar. Durant aquest periodo l'image es guardaba a l'iglesia de

251 És el §40, però atribuint el canvi de nom a la Mare de Déu de la Foia pel de Mare de Déu de les Neus a Carles Maria Isidre de Borbó, i no a Maria Neus de Bragança, com fa al §52.

Cabaces, en el altar majo al costat de l'evangeli, i <...> també foren recollides i guardades a l'iglesia la imagen de San Isidro, de la capella de la Font de Cabaloca, y el quadro /al oli/ de la Verge del Loreto, de l'ermita de San Roch <per por que no fosin> per evitar els exesos de la turbas irreverents, el robo i la profanación[252].

§3 En 1873 /San Blay/ visita la Imagen de la Foya Dª Maria de las Nieves, esposa de Don Alfonso <hijo de Don Carlos VII, que operaban en Catalunya> /de Borbon, hermano de Carlos VII/. Va ser puijada l'imaje ab <profeso> /processó solemne[253].

§4 d) tornaren organizar festes y aplecs per anar á encantar flos, cocas, rams, i fer dinades y balls[254].

§5 Un temps d'epidemies, d'esterilitat, <de secada> /de poca pluja/ y de plagas /de la llagosta/ en els pobles de la Baronia, hi afluien en romeria /y profeso/ a fer rogativas, a dar las gracies a la Mara de Deu del aigua que Deu ens do[255].

252 El §51 ja molt perfilat i similar al de la versió definitiva.
253 D'aquí desenvolupa el §52.
254 Aquí sembla que s'hi esbossi el §49.
255 Esbós primerenc del §26.

Versió 10

Mecanografiat en versaleta i manuscrit.
Un foli A3 plegat, amb text a totes les cares.

§1 (1r) Breu Ressenya Histórica de la Imatje, el seu orijen, la fundació del petit santuari i perqué sé la nomena Mare de Deu de la Foya.

§2 En el año 578 fundá Leovigildo, rey dels Gots, un palau que nomenava Recópolis, junt al lloch de la <Celtiberia> residencia de Al-Lysio, patriarca dels celtibers, en mires de asociar en el regnat al seu fill Recaret, encargant-li el cuidado de la regió, ocupada per gent indigenes ilerguetes i restes de Imperials, que es mantenian apartats dels errors dels arrians[256].

§3 Junt al poblat de Fontes <Fonts> el 13 de Abril de l'any 585, i á la ciutat de Tarragona, en Sisbert tallá el cap y doná mort A Sant Armengol (Hermenegildo), que preferí /del seu pare/ la corona del martiri á la corona reyal[257].

§4 Recaret, germá d'Armengol, recollí de Tarragona les despulles <del Sant> escapsades del Sant, i les amagá, ab el permís del Pontifice Pelagio II <á Recópolis> al seu palau de descans de Recópolis, que a l'any 580 el doná al Arquebisbe de Tarragona /Artemio/, perquè baix la direcció del Sant Juan de Wiclar, que á les hores es trobava refugiat clandestinament en

256 §1. També, els "imperials" que anomena apareixen al §4 de la versió definitiva.
257 Versió alternativa del §1.

el convent dels padres Agustins de Tarragona, el convertiren en monestir guardador de dites reliquies[258].

§5 Acabada la fábrica de l'Iglesia, i per instancia de Sant Leandre <l'any> de Sevilla, l'any 59<3>/1/, el Papa Sant Gregori el Magne envià com à regalo l'imagen de Santa Maria, talla de fusta /en pie/ à tamanyo natural, i que porta el Jususet al bras dret. Se la veneró con el nombre de Santa Maria de Wiclar <ó de Mare de Deu Lusiana> <ó de Mare de Deu de l'Armengol>, he inspiró gran devocion entre las gentes del Mons-sacer ó Bisbal, por el hecho que se le atribuyó de haber salvado de la peste que aquell any s'estenia pels contorns, y haber acabat ab el perill del arrianisme. La feren patrona contra totes les heregies /pasant San Juan de Wiclar, abad del nou monestir, a ser bisbe de Girona por muerte de Alysio/[259].

"Guarda el monenc maurol,

del monestir de Wiclara

a la Verge Lusiana

I al fidel Sant Armengol."[260]

§6 L'any 614, essent Pontifice San Deo-dado y reinant Sisebut, /y Eusebio obispo de Tarragona/, va proscriure els juheus, obligantlos en el terme de un añy à beteixarse ó a

258 La història del §2, però amb la donació de la Recòpolis per a convertir-la en el monestir de Wiclar.

259 D'aquest paràgraf surten conceptes dels §3 i 4.

260 Versió de la falsa corranda popular que acompanya la felicitació de Nadal de 1967 (fig. 25). Suprimits de la versió definitiva. Similar a §3, ver. 2, §9, ver. 4; §9, ver. 8; §16, ver. 11; §7, ver. 13 i ver. 18e.

expatriarse. Foren mols els que es presentaren á la Sala del Monestir de Santa Maria de Wiclar per rebrer les aigues en el bautisteri de Sant Juan i fer el jurament davant la image de Santa Maria[261].

§7 Darrera el bautisteri es reunian els juheus, que formaren la aljama nomenat de /.../ Sant Miquel <arcangel>. El castell del llop, perquè com a protector, lar ó patró a dit arcangel[262].

§8 En el 711 fan l'entrada dels serrahins a la peninsula, y la guerra contre ells dura fins el 713, <que comença>. Aquesta guerra fou respectat el monastir, fins al any 882, que es vejé asaltat pel rey Juheu Hafrun del Rotalyehud, conegut pel nom de Achitan = (<dimoni> /Satanàs/), ab el seu ejercit format de Juheus i de francs incontrolats. /Es diu que fou per venjansa dels Juheus o per robar els hornamens y els manuscrits dels historiadors gots, que alli es guardaven/[263].

§9 La imagen de la Mara de Deu y les reliquies de San Armengol pogueren ser salvades, trasladanles a la mes proxima montaña del Montal, hon foren guardats, fins l'any /1135 Al/ 1170 <cuando los moros volvieron a replegarse en las montañas de Prades> /que siendo rey don Ramiro II el Monje, fue entronizada en el lugar del Mon-san, donde hoy se encuentra, entre los pueblos de Fontes y el de Montals, i les reliquies de San Ermengol tornades a la capella del Castell, menos la espasa,

261 La història del bateig dels jueus es troba al §4, si bé aquí hi apareix una "sala del monestir de Santa Maria de Wiclar" que no es menciona a la versió definitiva.

262 Mescla del que seran els §8 i 11.

263 Mescla del que seran els §5 i 8.

que es deya que era la que portava en Miquel de Lusiá l'any 1118, quant foren á la conquista de Zaragoza/. La reina Dª Sancha, esposa de Don Alfonso el Casto, por conducto del ermitaño del Mont-Sant Fra Guerau /de la ermita de San Bertomeu, l'any 1160, estan a Caspe/, s'entera de l'existencia de les reliquies del rey San Hermenegildo, y mana que fosin traslladadas á Zaragoza, desde hon foren repartides, quedanse la part del cap, que feu traslladá á la Real casa de Xixena de la orde de San Juan, de la que era fundadora[264].

§10 La image de Santa Maria, els cabasses dels /poblats de/ Montal y **(IV)** y de Fontes, y de tots els llochs ocupats per les cavas (<Kabaloca>), la guardaren fins al any 1185, que el Bisbe Ponç de Munells de la diocesis de Tortosa, a 9 de maig, <dona> /otorga/ carta de Pobla<ció> als pobladors de les Kaba-loca i a la sua posteridad, concedinlis "Illum nostrum locum quod dicibur Kabasses, ad frachitatem, cum omnibus terminis"[265].

§11 Sobre el poblat de Fontes (avuy Kabases) /en una altura de 600 m/ en el lloch on mana la font dita de las Foyes, es traslladá l'imaje de la <Mare de> Santa Maria /de/ Wiclare, on <s'alça> /es construi/ un petit santuari /on s'alça un altar/ a la Verge, a les que <s'uniren> /acompañabanles/ les imagens de San Pere y la de San Pau. Els voltans del santuari es feu cementiri, hon eren enterrats /sols/ els cabases que morien en gracia de Deu[266].

---

264 Mescla del que seran els §9, 11 i 18.

265 Versió que es pot adscriure als §21 i 22, amb la diferència que diu que la carta de població fou atorgada als "pobladors de les Kaba-loca".

266 D'aquí surten el §40 i la part final del §20.

§12 El poblat de Fonts prengue el nom de Fontes clares </y despres el de les Konbases/>, y l'image el de Nostra Senyora de la <Foya> font de las Foyes[267].

§13 La veu Foya <vol> expresa lo que <...> /en/ diem /caladors o/ ayguamolls, que en aquest cas es formaven pels voltans de la asequia general que conduia l'aigua de la font major al peu del Bautisteri de San Juan, <y al> al monestir /de Wiclar/ y al castell de <Lusiá> Miquel de Lusiá, <sobre> sobre quals ruines alçaren els (<Al-mo-kabas>) de las cavas (Al-mo-Kabas) <el poblat> /la vila/ dels Kabasses (Avin-Kabassir), que <avui> s'he <diu Cabasses> n'auria de dir Cavasses y no Cabacés, com correntment s'el nomena[268].

§14 Al peu del santuari de la Verge <naix la primera> /brolla/ la primera de las tres fonts, que donaren nom al antic poblat iberic de Fonts o Fontes. Les altres dos son la font de Cabaloca, que regue les /terres d'/Aforancas <dels cu> del cavasses, y la font de la Pegona, que naix <sobre el> en los pinars de las pegueres, de sobre el monastir de la Cartoixa d'Escala-Dei. Las tres, /que may s'han estroncat/, prenen l'aigua de una veta subterranea, que sembla <...> prové del /desglas del/ Pireineo oriental[269].

§15 L'any 1238 es de notar l'importancia miraculosa que es daba a la Mara de Deu de la Foya y al poder curatiu de les aigues de

267 Esbós de l'inici del §25.

268 Aquestes idees apareixen al §18 (definició de Foies), 4 (recorregut de l'aigua de la font fins el baptisteri del monestir de Wiclar), 11 (Miquel de Lusià i els Al-mo-kabas) i 3 (runes sobre les que s'alça Cabassers).

269 Tot i les referències a la font Pegona del §19, aquest paràgraf quedà suprimit de la versió definitiva.

les Fonts, perque els resos y la tradició pasá a terres de Valencia quant es desfé el poblat de Montal y las doncelles, 20 doncelles /d'aquest poble/, junt amb altres 40 de Ulldemolins (molins d'aigua), foren enviades a Vilareal per casarse amb els Almokabas d'eixes terres, que s'apoderaren de Ruçafa, y despres poblar Valencia[270].

§16 En 1317 fue trasladada /en <romeria> peregrinacio/ a Fontes la infanta Dª Blanca de Aragón, /filla de Jaume II, germana d'En Joan, abad de Montaragó/, /que estaba malalta/, acompañada de Dª Teresa Jimenez de Urrea, priora del monsaterio de <Sigena> Xixena <para descansar y reponerse> <per a pendre l'aigua i descansar> **(2r)** <para pedir a la> </a suplicar a la/> <presentarse a la> Mare de Deu de la Foya, <reponerse su quebrantada salud> <la sua intenció per reposar, la curació de l'enfermetat que patia> ab el desit de <resar davant als peus de la Verge y demanar a la> <beure del aigua> /a pendre les aigues/ i demanar á la Mare de Deu de la Foya el restabliment de la salud[271].

§17 El dia 13 de abril es celebraben en el santuari de La Foya la festa de San Juan de Wiclar y la de San Armengol, <i era també la festa a tots els poblats dels kabasses> /que hi prenien part tots els avin cabasses[272].

§18 La <festa> /diada/ de la Verge, patrona, es celebrava el <dia> 8 de Septembre, y la de Sant Miquel <protector> /patró dels cabasses/ <es feya> el dia 29 del mateix mes, de manera que els

---

270 Aquí s'hi veu l'última part del §22.

271 Tot això es troba relatat al §25.

272 Aquest paràgraf i el següent es troben al §53 de la versió publicada.

poblats començaben les festes /religioses/ al 8 de Septembre, y les acabaven al ultim dia del mes, no dejant, en pero, els treballs </el cuidado/> y el cuidado del camp a les hores conveniens[273].

§19 En 1348, /al istiu/, La peste asola tot el pais, y ab asistencia de Don Frai Sancho Lopes de Ayerte, arzobispo de Tarragona, es feren rogatives lugubres /a la verge de la Foya/, precedint la creu cuberta amb un vel negre, y seguint en profesó detras tots los vehins de la /universitas agrorum/ de la Baronia de Cabasses, asistint a la plegaria un frare supervivent del convent de la <mare> del Puig-roig /(Masroig), vingué caminan/, que portava al coll una image de la mara de Deu de la Pinyera, <qui>. Acabada la ceremonia, es queda allojat a la /propera/ cova dels Tumuls, que habia sigut primitiu cementir de Fonts, i alli feu vida <eremitica> /solitaria/ </,,, digue misa/> <esent el que primer> curant pestosos y leprosos /y fent de cura d'animes/, esent el fundado de l'ermita de San Roch, que mes tart serví de Lazaret i de cementiri de infecciosos <a Cabasses>[274].

§20 En el 1398 visitá la Foya Na Maria, comtesa de Luna, esposa del Rey Martí y Duquesa de Montblanch, que era reconeguda com a reyna <davant l'absencia del seu marit>. A instancias de ella <fou> es <traslllada la capella del castell a> feu la primera iglesia de la villa, que costejá els /Miquel dels Cabasés/ <de la Caballera> del castell y <de la> Caballera, hon es <porta> posá <per> /el/ rera-taula <pintat per> den Lluis de Borrasá, que en

273 Vegeu la nota anterior.
274 Pràcticament el text és idèntic al del § 26.

part encare es conserva /am l'iglesia/ i es pot admirar. En el centre de aquest retaula, figura la Verge Maria amb lo Jesuset[275].

§21 En 1650 la peste y el hambre s'estenien per tots els llochs, i el poble imploraba a la verge de La Foya, novament, per salvarse de la plaga. Enterat Don Juan de Austria dels miragles de la Mare de Deu, de la que n'era molt devot, desde Burriana hon estaba, per curarse y repararse de la malaltia <que>, es feu **(2v)** <posar> /traslladar/ á Cabassés, y /establert/ en el castell, que estava abandonat, el va <establir> /fer/ el quartel <de descans> /de armes/, <y l'estat major del general>, que comenava el Capita General Marqés de Olias y Mortara, que ab un ejercit de 8000 homes tenia ocupades les places de Flix, Miravet y Tortosa. Estaba de rector de l'esglesia de Cabacés el Doctor Gabriel Sans, <que> /que feu/ traslladá l'Imagen de la Mare de Deu de la Foya a l'isglesia de Cabacés, <hon fou> /hon es coroná y fou/ venerada tot el <temps que durá la guerra> dies que duraren els asetjos de Prades, el de Espluga de Francoli, la rendició de Ciurana, y el cerco de Barcelona[276].

§22 Cuidaben de Don Juan de Austria dos frares vinguts del monestir de Poblet[277].

§23 A la ermita, quedá com á presentalla una tabla votiva que declaraba la gracia de haberse curat i llurat de la peste, y de la ambició dels francesos per la posesió del Principat de Catalunya. Y al archiu de la Parroquia, en el llibre de la

---

275 Coincident amb el §27.

276 A partir d'aquestes idees es desenvolupen els §42, 43, 44 i 45.

277 La referència a aquests frares de Poblet és al §43, tot i que allí en cita tres i dóna els seus noms.

cofradia del Rosari, els noms dels oficials del ejercit inscrits en aquella fecha.[278]

§24 Tots els dies es resava el santisim rosari, i es feyen oracions perque fosen encaminats al acert i al exit en las operacions qu'emprenien[279].

§25 <A l'acabament de la guerra dels 7 anys[280]>

§26 A finals del sigle XV, degut a la situació compromesa de la <Baronia de> Cabacés, per haber <ajudat> /amparat/ a Huch Roger de Pallás <en las guerras> en la <contra Joan II> y <...> <tingue> /guerra/ contra el Bisbe <Urgell> /Urgell dels/ Cardona de <Urgell>, la Baronia quedá compromesa, y en Miquel Leza tingué que /disoldre la Cavallera i/ abandonar el castell. Pasar <a Flix> ab la seva familia a <Flix> viure a Flix[281].

§27 Aleshores <la Baronia> /tan la Baronia/, <el territori> la universitat /y el <...> poder eclesiastic/ pasá de fet i per força <al Sr. Bisbe de Tortosa ...> al Sr. Bisbe de Tortosa, qui nomená Batlles y Rectors. Per aquest fet, perdé el caracter típic el santuari mariá de la Foya, y queda reduida a una ermita portada per un majoral /vehi del poble/ que nomenava <la germandad> /l'antigua/ <la que> cofradia <...>[282].

---

278 Idees definitivament recollides als §46 i 43.

279 Una idea similar s'expressa al final del §45, però atribuint les victòries de Joan d'Àustria a la Verge de la Foia.

280 Nota preparatòria del §50.

281 §34 (exili de Miquel Leixa a Flix) i §28 (dissolució i tancament del castell).

282 Sens dubte, inspiració del §31, encara que amb conceptes molt diferents.

§28 En el any 1612 es reconstrui part de la capella y /es feu un sopluix/ </.../>, y es sustituiren les imajes de San Pera y de San Pau per les de San Marc y la de la Santa Bárbara[283].

§29 Cada 5 anys, quant el Sr. Bisbe de Tortosa feia la visita pastoral, es feya una <peregrinació> /profesó/ á la Foya, i era costum al arribar a la vista de la ermita, <d'> a l'altura de la de San Roch, l'aturarse á cantar <un> Libera me Domine[284].

283 Construcció de l'ermita de la Foia el 1612, que al §40 data el 1624.
284 Esbós del §49, que no conté cap menció a les visites pastorals.

Versió II
Manuscrit
Dos folis A3 plegats, apaïsats, numerats com a 1 (1r) 2 (1v), 4(2r), 3(2v) i 5 (3r). 3v sense numerar.

§1 (1r) Al 13 de Abril de l'any 585 á Tarragona fou mort i decapitat el Rey de Sevilla <San> /en/ Hermengol. Recaret, germá seu, recollí les despulles i les traslladá al seu palau <de la Recopolis, Mun-san> /del Mons-Sacer o Bisbal del Mun-San/ que Leovigild habia fet construir <en la Celtiberia> </en el Mun-san/> entre <Il-lusio> el poblat de Fonts i l'estatge de Il-lusio, Patriarca de las tribus celtiberas <i Bisbe de Girona> /Il-lucio/ /y regul de les legions Lusiana de Al-lusio y Marciana, aquesta de En Marcio/. L'any 589, En Recaret, Artemi, arquebisbe de Tarragona <Fra Juan> el portugues Fra /agusti En/ Joan de Wiclar, al objecta de guardar les reliquies i combatre als heretjes, conveniren la fundació de un Monestir <que fou emplaçat entre el castell de Il-lusio i la Recopolis> de la Orde de /Frares de/ San Benet <...> <reformada pel mateix Juan de Wiclar>, d'habit negre <com agustins i amb reglas fetes per Juan de Wiclar>, observant reglas imposades per /l'abat/ Juan de Wiclar, perque las de la Orde del Patriarca del Silenci encara no <existien> /habian aparegut en aquell temps/. Acabat el convent i l'iglesia l'any 591, el Pontifice Papa San Gregori el Magne, com a obsequi i a instancies de San Leandre, Bisbe de Sevilla, envia de Italia una presiosa imatge de Santa Maria, talla de fusta a tamany natural, tiesa i amb el Jususet al brás dret, que pasá a ocupar l'altar major de l'iglesia <que als seus peus> /que/ als seus peus es guardaven el cós, las reliquies y l'espasa del <San Armengol> <rey católic Armengol> católic Rey de Sevilla /En/ Armengol[285].

§2 L'imatge de la verje es veneraba amb el nom de Santa Maria de Wiclar, i feya la diada el 13 d'Abril, dia de Sant Armengol. <D'en> Sobre les ruines del castell de Al-lusio, del Monestir de Wiclar y de la Recopolis, avuy s'alça la Vila de Cabasses[286].

§3 Les primeres plegaries que es van fer a la Image de la Verge, al entronizarla, foren les de la seva interaccio perque s'acabes la plaga de la pesta, que azotaba el pais, la <conversió> /abdicació/ de l'heretjia arriana <i abdicació> començan per la del Rey Leovigildo[287].

§4 L'any 614, esent Pontifice San Deo-Dado, i Eusebi Bisbe de Tarragona, el Rey Sisebut va proscriure els Juheus, obligant-los en el terme de un any, a bateixarse ó a espatriarse, i l'acta de jurament fou fet en la plaza del Bautisteri de San Juan de la Canal, <baix la> a presencia de la imatge de Santa Maria de Wiclar i la del Arcangel San Miguel /antic lar y/ patró de la legió Lusiana (</els mots/> Lysio, Lusio i <vol dir Llopa> Lupus; i Lupiá <significa> /vol dir/ Llop, mot que es donaba als celtibers)[288].

§5 (IV) Dels que es beteixaren, mols d'ells <es q> formaran l'aljama o barriada juheva de San Miquel, derrera la capella de

285 A la versió definitiva, tot això se separa en els §1, 2 i 3.
286 Les mateixes idees s'expressen als §53 i 3.
287 El §4 inclou aquest relat.
288 Ídem nota anterior.

San Juan de la Canal, que avuy s'hen diu Montjuich i l'era dels Juheus, portal de San Miquel[289].

§6 L'any 713 arribaren els moros, i no pasaren de la creu vial /dels Peyrons/, hon pactaren i es retiraren á les <muntanyes dels Goraptes (corbs) creant un poblat> a les montañes del camí de Flix, i prop de allí </antes de pasar el riu s'obre l'ausetana Cis-Ibera/> <feren el petit poblat de Goraptes = (corbs)>, antes de pasar el riu y entre La Palma d'Ebre i els <camps> /plans de/ l'ausetania Sis Ibera, alçaren el poblat <de> anomenat Goraptes = (corbs), sobre un tosal de cants rodats[290].

§7 L'any 882 </es pot/> <ya qui pensa que fan traició a l'iglesia de l'aljama, que s'uniren ab> El rey juheu Hafrun, conegut aquí per l'Achitanat (l'endemoniat), amb el seu ejercit /incontrolat/ de Francs <descontens> i juheus </descontens/> als que shi uniren els de l'aljama, destruiren, quemaren i robaren el que els hi convingué. /Fou un acta per sorpresa de vandalisme i taició, propia <de gents inconscients> /del temperamen chitano que/ en deixá memoria </al pais/> /Mun-san/ per l'esdevenidor, perque en aquests saqueix desaparegueren els manuscrits del historiador del Gots[291].

§8 Els monges del monestir, /uns acompañats del abad/ s'internaren <uns als> /a la serra dels/ Montals /que domina una entrada del Munsan per les Vilelles/, i altres <a la extremitat> /en l'altura, dominant l'altre pas, /muntañes ruinoses del riu

289 Ídem nota 287. Variació respecte la denominació del "Call-Juïc" del §4 de la versió publicada (vegeu §5, ver. 4 i nota 193).

290 Esbós del famosíssim §5 de la versió publicada.

291 Una versió reduïda d'aquest relat apareix al §8.

Oli/, de la Lena, <en sobre> /per la part/ d'Ulldemolins (molins d'aigua). Els primers s'emportaren <les desp> la Image de Santa Maria de Wiclar, els restes y les reliquies de San Armengol <a excepció de la espasa, que la guardá el Sr. del castell de Lusiá>, y les <amagaren a la primera> /guardaren/[292].

§9 <L'abat del monestir, que es deya Homo-Deu, y el Sr. de Lusiá ... altura del Montal, al peu de la montaña nomenada <la punta> /de Santa Maria/ del Armengol, <terra> /en el recó/ del Çagaró, que avuy per aféresis s'hen diu Cagarro. L'espasa de San Armengol se la queda En Miquel /de Lusiá/, Sr. del castell /i ric-home d'arago/, <qui junt amb l'ultim abad Homo-deo, anaren a juntarse> /qui per salvarse de les embestides dels Francs i dels <jueus> chitanos i ajudar á la reconquista estaba organizan en aquestes montañes i les dels suecetans, Kabes per la defensa, entre el personal que s'hi habia refugiat /perseguit pels reis cristians/, tan mahometans capsieris (cautius), com cristians apostolics, que aliats per la mutua protecció <es deyen> /formaren el grup dels/ Unicapsieris.[293]

§10 Dels guerrers s'en deya Kabassir ó Kabassés: lloc que ocupaba Kaba-loca o Avin Kabassir, y el primer poblat que formaren en el Mont-Sello fou el de Montal. Per senyera portaben a San Miquel, **(2v)** per axó s'en deye Miquels <o Micalets> (Al-Mo-Kaba) = (de la Kaba), i veneraban <a> /l'image del Arcangel/ Santa Maria de Wiclara[294].

---

292 Aquí s'hi veu el §9 i la menció a l'espasa de sant Hermenegild del §11.

293 Tot aquest paràgraf es desglossa en els §10, 11 i 13 de la versió publicada.

294 Apareixen els jocs amb les varietats del topònim Avicabescer de la documentació de la Conquesta dels §11 i 13.

§11 <En 1071 se dio principio al oficio Romano en el convento de San Juan de la Peña, por imposicion de Dª Felicia, segunda esposa de Don Sancho Ramírez el Piadoso, madre de Don>[295]

§12 A l'any 1113 <en Miquel de Lusiá> comená <Don Alfons I el batallador> Don Alfonso I Sanchez el Batallador, el setge de Saragoza, que estaba en poder del Rey Miramamolin = (Princep dels creyents de Mahoma), y en 1114 crida a la seva ajuda a ultima hora a Miquel de Lucia, que assisti amb el seus Al-Mo-Kabes del Montal y els <...> /alius de la plata d'osca/ <que portaba Lop de Lusia> /portant/ <amb> la senyera de San Miguel i <l'espasa victoriosa de San Armengol>, i solament a la vista d'ells, els alabs capitularen el 18 de Desembre 1118. Es continuá la reconquista Ebre avall, i en al any 1123 ja es retirá a la torre grosa de Marca-galef /(frontera d'esguart)/, als Alins del lloch del ferro (avin Ferri) de Lleida[296].

§13 /El 1120, siendo sumo pontífice el Papa Calixto II i Obispo de Saragosa Don Pere de Lébrana <foren demanades per guardar a> /i reinando Alfonso I el batallador/, es demaná el trasllat /a la capital aragonesa/ de l'Imatje de la Mare de Deu de Wiclar y de les reliquies del Sant Ermengol, pero hi hague oposició degut a que al any 1071, per imposició de la mare del Rey Doña Felicia, filla dels condes de Robey, francesa, es va doná principi al ofici Romá en el convent de San Juan de la Penya, i el cambi <s'estava> es temia que prosperés./[297]

295 Versió descartada del §10.
296 Aquí s'hi veu la segona part del §11 i apareixen els conceptes del §14.
297 Bàsicament, el §12 amb els detalls canviats.

§14 El 1134 anaren els Al-mo-kabas al /castell de/ Aictosa = (tocant el aigua), que els Alabs en deyen Maquinenza, fen alució als <graners> gra que amagatzemaben, feren mols pases, mauregats, que provenien de Astorga, i per despedis d'ells els enviaren riu avall per unirlos amb els /Aquilaris/ de Giamets, que també eren arriers, i com que no els volgueren, a les hores fundaren el poblat de Capsanes <i els feyen la competencia amb el transport del gra de Larcea = (Garcia)> /i es dedicaren/ a robar el grá que baixava per l'Ebre i es paraba a Larcea = (<Garcia> /avui Garcia/), i transportarlo pel camí de <Geta Lupia> /Gueta Phenos o Geta Lupia/ (Gratallops) a Fontes <a Suesis = (Siurana)> i al Molins d'aigua = (Ull de molins), i la farina a Suesis = (Siurana). En aquesta gent els deyen els Gralla = (Robador de gra) i la /gent/ mora els <deyen> /anomenava/ Furrac[298].

§15 Els al-mo-kabes combatien al crit de Santa Maria!, y de Despertaferre! = (Alerta guerrer), i es deya que les victories den Miquel de Lusiá eran degudes á la miraculosa espasa de Sant <que ell portava> Armengol, que ell portava[299].

§16 (2r) Al any 1149, després de la rendició de Lleida, el conde de Barcelona, Don Ramon Berenguer IV, al posicionarse de la montaña de Gardeny, enterat que en el lloc ocupat pels Kabases hi habia existit un monestir <que era un dels cruzat, encarrega al abad Esteve, que l'acompanyaba, i era un dels creuats franchs,> [300]

298 El §7 acaba reflectint part d'aquestes idees, havent suprimit totes les referències toponímiques excepte per a Gratallops.

299 Primera part del §11.

300 Parcialment, el §13.

<Guardá el monenc maurol (negre)>

Serva el monenc maurol = (negre)

Del Monestir de Wiclara

A la Verge Lusiana (Lusiania era la provincia creada per Augusto en el Mons-Sacer de Al-Lusio)

i al fidel San Ermengol[301]

§17 Encarregá al Abad Esteva <que l'acompanyava> /creuat francés que l'acompanyaba/ la <fabrica del> restauració del monestir de Wiclara, que es te de trobar en el lloch que ocupen els Kabasses, i que fos servit amb frares de la Orde Premonstratense, y al dia 25 de Abril del 1144 el conde fa donacio al Beat Juan de Organyá de las terres de Vall-clara, perque es creya que allí hi habia el convent[302].

§18 El comte de Barcelona, sortin de Lleida, <volgue> pensaba expulsar els <...> /heretges/ que creya que hi habia a <Corbins> (Prades) i a Siurana, y a les hores els Kabasses <i mols altres crist> /i demes pobladors/ <abandonaren> /dejaren/ el Marca galef de Lleida /y <...>/ es retiraren les fronteres dintre les muntañes mes ruinoses <del riu Oli> /montañes de la Bisbal del Oli/, <emplazanse> en el Margalef de Tarragona /les que seguirla els Espasas y les vaques d'Albarca/ <... Siurana no hi habia mahometans, estaba ple de gent que s'apartaba de les

---

301 Versió de la falsa corranda popular que acompanya la felicitació de Nadal de 1967 (fig. 25). Suprimits de la versió definitiva. Similar a §3, ver. 2, §9, ver. 4; §9, ver. 8; §5, ver. 10; §7, ver. 13 i ver. 18e.

302 Altra part del §13, adulterant la data de donació d'Avicabescer a l'orde de Prémontré.

lluites. Y els Espases (ramades) de Aubarca s'escaparen amb les vacas fins a la Bisba-al. A Prades no trobaren mes que gents, no Siurana, estaba com buit. Corbins estaba casi deshabitat, y Siurana no s'habia poblat mes despres de haber surtit de allí cap a Lleida la gent que hi tenia amagada Dª Ana de Granyena>[303]

§19 El Compte, al veure allo despoblat i abandonat, al mateix any <feu donacio al abad ...> /demaná a San Bernardo, abad de/ Claraval, que fundés un monestir de l'orde ciscercense <...>, i al efecte, en 1151, feu donació al abad Xanxo <perque> del oratori de San Salvadó i hort del Pabulator (Pastor) de la Lardeta, del poble de Ullés, que els monjos de Font-Freda ocuparen l'any 1153[304].

§20 Altre donació feu el comte al creuat presbitero, Don Pere d'Escala-Dei, provinent del monestir Ciscercense del Comtat de Bigorra, en la Gascuñya, qui escollí la part vertent a migdia de la montaña de Montal, que tucaba <al Mons-Sacer o Bisbaal del riu Oli> les terres **(3r)** de Miquel de Lusia y el lloc del Pabulatio = (Pastura) del riu Suera = <(Siurana, de Suesis, captial dels suesetans porquers)> (Siurana), hon es reunien els pastors y els ramats del Corn d'ovelles = (<Cornudella> corral d'ovelles, Cornudella) al temps de les cries. Hi fundá una iglesia dedicada a san Pere apostol, amb l'intenció de reunir tots els ermitans d'aquells contorns per despues vida monacal, es posa en coneixeça amb Juan de Organya, en Fra Guerau, Fra de Almazora i <...> <el teniente general de los ejercitos de Aragon

303 Part del §17, amb parts descartades a la versió definitiva.
304 En línies generals, el §16.

Don Guillermo de Sirca, croat aragones> /que acompañats de Don Guillermo de Sirca, altiu guerrer del rei Alfonso el Casto, la fundacio del Monestir de la Cartoixa d'Escala-Dei, i donaren á la montaña el nom de Mont-Sant, en memoria <als eremitans que la poblaven> a la santetad dels eremitans./[305]

§21 L'any 1158 Juan de Orgañá, antes de acabarla, dejá la fundació de Vall-Clare, fent donació d'ella a la Catedral de Tortosa, regida per canonges regulars <de San Rufo> francesos[306].

§22 L'any 1163 <estigué a Fontes Doña Sanxa ...> Dª Sanxa, esposa del rey Alfons I el cast, visita Fontes, <hon s'entrevista amb el Miquel> /i per/ Fra Guerau, eremita de San Bartomeu, i <la posá al corrent de lo que> s'enterá de <la existencia de l'imatje de la Mara de Deu de Wiclar i de les reliquies de San Ermengol. Com que> /i den Pere de Escala-dei/ de que es conservaban en el mas de Dal dels Kabasses <les capelles de> l'image de la Mare de Deu de Wiclar i les despulles de San Ermengol al seu peu perque fosin traslladades al monestir de la Cartoixa d'Escala-Dei. Enterat el bisbe de Tortosa, protesta, dient que li corresponien a la seva Diocesis, perque Juan de Wiclar els hi habia fet donació. L'asunto l'arregla Dª Sanxa: feu enviar les despulles de San Ermengol a Zaragoza, quedanse ella la part del cap, per el monestir de Xixena, del que era fundadora, i traslladant l'imatje de la Mare de Deu a un santuari de Fontes[307].

---

305 Aquesta història acaba configurant el §17.

306 Amb detalls diferents, però coincideix amb el §15.

307 Les idees generals coincideixen amb el §18; tanmateix, els detalls són molt diferents.

§23 Fontes, / = (avui Kabasses), era el poblat que es formá el sigle VII antes de J. Cr. dintre del Mun-san, degut a les tres Fonts que mai s'habien estroncat, i que gracies a elles se salvaren un grup de celtibers al temps de la gran sequia, que durá varis anys i dejá la peniņsula deserta. Es conservá el poblat hasta finals del sigle IV de la nostra era, <que els vehins> que l'absorbé la villa de Cabasses i la Bisbal de Falset. Aquestes tres Fonts ara s'anomenen Font de las Foyes, /que es la de la de la Canal que arriba a San Juan/; Font de Cabaloca, que fertilitza les Aforancas (enfiteusis) dels Cabasses/; i Font de la Pegona, perque regaba las pegueres, i ara el monestir d'Escala-Dei. Tenen totes la mateixa **(2v)** <l'aigua de> composició <calcaria> cargada de calci, que tenien fama de medicinals i miraculoses[308].

§24 Al peu de la Font de las Foyes (Foyes = aiguamolls) s'alça el Santuari en el recó de <una gran> de l'esplenada, junt a la <cami de cap a Fons roma> via romana que unia Iepus (Flix) amb la Riba[309].

308 Els conceptes concentrats en aquest paràgraf es veuen repartits, a la versió definitiva, entre els §18 (menció a Fontes), §22 (menció a Cavaloca, tot i que com a territori i no com a font) i §19 (font Pegona).

309 Part inicial del §20.

Versió 12
Manuscrit
Un foli apaïsat, numerat amb el número 9

§1 (1r) Escala-Dei construiren <frenta aquell lloch> en front de la vella, /la nova/ l'Ermita de San Bartomeu <en memoria del Miquel, Fra Guerau, de aquell san home de la santitat.
En el 1602, sent Bisbe de Tortosa Don Fra Pedro Manrique, /que després fou virrey de Catalunya/, es comença la fabrica de la nova iglesia, /dedicada al Naixement de la Mare de Deu/ <de Cabacés, que durá 17 anys> que durá 17 anys i s'acaba sen bisbe /de Tortosa/ Don Luis de Tena, <esent> rector <tot el temps> Mosen Pere Masip, natural de Cabaces, <que fou qui asistí a la consagració>.
Don Luis Tena <...> en sucesio al Rd Pare Masip, imposá per rector a Dn Geronimo Broquetes, i de vicari a Don Pere Vidal, <perque> que probaren de cambiar les <ceremonies> /costums/ <els costums i ceremonies de l'iglesia, i armaren> /dogmes o ritos de la religio cristiana que aqui es practicaba/ religioses, i adaptarles de l'iglesia romana, y a mal grat poble posaren modes noves, sustituint les imatges dels sants que el poble tenia devoció de les capelles sufraganeas de la parroquial de Cabasses. Així veyem cambiat el San Juan bautista per San Juan evangelista, Sants Lucio i Marcio de la Bisbaal per Santa Llucia, y San Marco <el apostol San Pau> /La mara de deu de la mola/, per San Pau hermitá /y san antoni abad/. La Mare de Deu de la Pinyera, que fou tornada á l'ermita de Masroig, per un cuadro de la Mare de Deu del Loreto, que regalá en Miquel Lexa de Flix[310].

310 Mescla del que seran els §17 (fra Guerau), §39 (construcció de l'església i nomenaments de rector i vicari) i §32 (canvis d'advocació de diverses ermites).

Versió 13
Mecanografiat en versaleta, amb anotacions i correccions manuscrites.
4 folis.
Hi ha còpia en paper de calca dels tres primers folis.

Títol (1r) Breu ressenya historica, Orijen de l'imatje, Fundació del Santuari de Fontes, Perqué se l'anomena Mare de Deu de la Foya.

§1 En el any 578, el rey dels Gots Leovigildo, vulgué fundá un palau en el lloch, mes aprpoiat, perque el seu fill Recaret es poses en contacte amb els Celtibers a fi de associar-lo al seu regnat, i al efecte esculli, el Mons Scacer ó <Bisbal> del paratje del Mun-San = <(Munt de montanyes)>, tocant á Il·lysia <= (Castell del Llop)> hon residia el Patriarca dels Celtibers, Al·lusio = (El Llop), que distava un cuart d'hora del poblat antiquisim de Fonts = <(Fontes)>. <Aquest Mons-Sacer, dit després Mun-Bis-Baal, situat en el Mun-San ó Ruinae Montis, que ocupaba el puesto més frestec i resguardat, regat pel riu Oliastre = (Mont-Sant) i tapat per la Serra de la Lena, la montanya de la Figa i las de Montals, prominencies que separen dos vertens, era el guardadó de las sisses, en les sitges i tabernes, del grá sobrant dels ausetans i ceretans de Cis-Ibera, i els vetlledós per les tradicions dels indigenes i la religió apostólica de Nostre Senyor J. Cr.>[311]

---

311 D'aquí sortiran els §1 i 6, amb variants de les pseudoetimologies de la Bisbal i el Montsant (massís i riu). També hi ha mencions a les serres de la Llena i Montalts del §9

§2 Al 13 de Abril del 585, i á la metrópoli de Tarragona, fou decapitat Sant Ermengol = (Hermenegildo), que preferí del seu pare, la corona del martiri á la corona reyal. Recaret, germá <d'Ermengol> /seu/, recollí las despulles i les traslladá al seu palau ó Recópolis, que encare no estaba acabada la fábrica[312].

§3 L'any 589, convineren en Recaret, ab l'ajut del Arquebisbe de Tarragona Artemi, la fundació de un monestir, que guardés <las> /aquelles/ reliquies de San Ermengol, essent l'Abat en Joan de Wiclar, que es trobava refugiat clandestinament en el convent de Padres Agustins. L'emplaçament va ser, entre el castell de Il·lisio y la Recopolis, del que s'hen troben senyals. Per instancies de San Leandre, Bisbe de Sevilla, al any 591, que s'acabaren les obres del Monestir, el Papa San Gregori el Magne, enviá d'Italia i com á obsequi, una presiosa talla de fusta, de tamany natural, Imaje de Santa Maria amb el Jesuset al brás dret, com la del dibuix que porte els Gotjs. I se la veneraba amb el nom de Santa Maria de Wiclar ó de la Verge dels Lusians, o la Mare de Deu dels Miquelets, perquè el Lar gandul o bon esperit del castell de Lusia, era l'Arcangel Sant Miquel. I aquest nom es daven tots els de la legió, a més del seu nom propi[313].

§4 L'any 614, esent Pontifice San Deo-dado i Eusebi Bisbe de Tarragona, el rey Sisebut va proscriure els juheus, obligantlos en el terme de un any á bateixarse ó á espatriarse, y el acta de jurament fou fet **(IV)** en la Plaza del Bautisteri de Sant Juan de

312 Versió preliminar del §1 en una forma molt similar a la definitiva.

313 Origen del §3, amb mencions a l'arcàngel sant Miquel i els Lusià que apareixen al §11 de la versió publicada.

<Recopolis> /la Canal/, baix la advocació de la Image de la Verge Lusiana y del Lar o patró Arcangel San Miquel. /Dels/ Mols dels juheus bateijats s'instalaren en la barriada de <Sant Miquel del altre costat> /detras/ del bautisteri[314].

§5 En l'any 711 diuen que entraren els serrahins á la peninsula, pero fins al 713 no arribaren al Monestir, entrant en un pacte de respecte mutuo, com á lloc sagrat que encara era <el Munsan> La Bis-baal /o/ del <Munt-San> /riu Falset o oli/[315].

§6 L'any 882, els juheus es revelaren, y s'uniren y fent causa común amb el rey Juheu Hafrun del Rotalyehud, que aqui s'el coneixia per l'Achitán (dimoni), que arribá amb el seu ejercit d'altres juheus i de Franchs, al objecte de destruir y robar lo que els hi convingué, essent á les hores Abat del Monestir Homo-deo[316].

§7 En aquest saqueix, desaparegueren els manuscrits de San Juan de Wiclar. Els monencs, es veu que pogueren salvar les reliquies de Sant Ermengol y l'imatge de la Verje, que amagaren en la montaña /propera/ que avuy encare <s'en diu del Armengol> conserva el nom[317].

Serva el monenc maurol = (negre)

del Monestir de Wiclara

---

314 Part del §4, amb mencions a sant Miquel que no apareixen fins el §11 a la versió dels goigs.

315 Forma molt poc evolucionada del que serà un dels passatges més famosos i citats de l'obra de Vidal, el §5.

316 Història que apareix al §8, però amb menció a l'abat Homo-Deo, que no apareix fins el §11 als goigs.

317 Esbós de les idees principals dels §8 i 9.

a la Verje Lusiana

i al fidel San Armengol[318]

§8 Els monjus, s'internaren escampats uns per la part del Montals i altres, la majoria, per la Serra la Lena, cercant balmes amb aigua y ben orientades per continuar la vida eremítica. Segurament, la més poblada, fou la del coll dels monecs á la serra de frenta Ulldemolins = (Molins d'aigua). En Al·lusio, sr del castell, i Homo-deo, ultim abat del Monestir, foren á juntarse amb els reunits á San Juan de la Peña, y de volta començaren /a mouras, amplian la/ reconquista del pais /organizan los Kabas dels cristians, y uninse amb els arabs. Capsés (contans) enviaren unes altres forces que ere els Unicapiceris/ dels Sucetans = (Tosinaires) <Porquers>, que els alabs no l'ocuparen, pero es veya invadit de cristians fujitius dels moros y dels francs, <el castell de Siurana estaba plé de refugiats de Agremunt y de Granyena /que tenien com a enemics i heretges/ i s'internaren pel bais Urgell y per la Provincia de Hosca>. Al·lusio es nomenat Ric-home d'Aragó amb el nom de Miquel de Lusiá, que pasa de pares á fill durant tota la reconquista /y que l'hi deyen el Miquel Al-mo-Kabas = (El de las Cavas)/[319].

---

318 Versió de la falsa corranda popular que acompanya la felicitació de Nadal de 1967 (fig. 25). Versos suprimits de la versió definitiva. Similar a §3, ver. 2, §9, ver. 4; §9, ver. 8; §5, ver. 10; §16, ver. 11 i ver. 18e.

319 Mescla del que acabaran essent els §9, 10, i 11, amb variants importants a la definició dels "Unicapcieris" que també apareixen al §11, i menció a "Al·lusio" com a patriarca del castell, junt amb l'abat "Homo-Deo", que al §10 té ambdues funcions, tant la d'abat del monestir com la de patriarca del castell d'Al·lusio.

§9 <Al any 1160, Doña Sancha, esposa del rey Alfonso I, va ser assabentada per l'eremita Fa Guerau Miquel, de lo succedit al Beato Juan d'Organya, el mal rebement que li feren els Kabassirs y de la seua renuncia de la iglesia inacabada /de Val-Clara/ á favor del bisbat de Tortosa, qui els Kabasses tampoc vulgueren reconeixer, per eser de cumunitats previngudas dels cristianisims.>[320]

§10 (2r) Després de la conquista de Lleida, Assabentat el compte Don Ramón Berenguer IV de la fi del Monestir de Santa Maria de Wiclar, i desitjan que fose reconstruit, estant en el puesto de Gardey, va fer donació al Beato Juan de Organyá de les terres de Avinkabecir = (poblades per kabasses), que ere les de Miquel de Lusiá, i també es coneixien pel nom de Kaba-locas (Llochs de las Kabas), perque amb la seua ajuda, el restaurés ó el fés de nou, i del Orde Premonstratense[321].

§11 Els Kabassieri y els Unicapssieri, que es veyen empenyuts pels Franchs á abandonar la Marca galef (frontera de la torre forta) reduiren las caba-locas, fent frontera al altre Margalef del riu Oli = (Riu Mont-Sant), i no aseptaren l'obra de Juan de Organyá ni l'iglésia de Val-Clara, qui fastiguejat, antes de acabarla i portari els Premostratenses, la regalá á l'iglesia de Tortosa, que vá tingué que abandonarla per la matexa rahó[322].

---

320 Principi del §18, amb la data canviada (1163 a la versió publicada, i 1160 en aquesta versió. El text dels goigs tampoc no diu res de cap mala rebuda a Joan d'Organyà.

321 Bàsicament, §13.

322 Aquí s'hi veuen els §14 i 15, amb mencions als gentilicis del §11.

§12 Al any 1160, Donya Sancha, esposa del Rey Alfons el Cast, s'enterá per l'ermitá Miquel Fra Guerau, fundadó de l'ermita de San Bertomeú, de l'existencia de les reliquies de San Armengol i de la Image de Santa Maria de Wiclar, aixi com tot lo pasat ál Beato Juan de Organyá al volguer <recons> construir de nou el Monestir á Val-Clara[323].

§13 Doña Sancha, obtingué den Miquel dels Kabasses (Miquel de Lusiá) el trasllat de les reliquies de Sant Armengol á Saragoza, menos la espasa, que deyen que era la <que servia> /victoriosa que / usá l'Al-Mo-Kaba, l'any 1118, cuant foren á la conquista de Saragoza. La part escapsada, que fou traslladada á la Reyal casa de Xixena de la Orde de Sant Juan de la que ella era fundadora[324].

§14 L'Image /miraculosa/ de la Mare de Deu de Wiclar fou dejada á Fons = (Fontes) i á les el poblat prengué el nom de Fontes Clares. Fins al any 1185 que el Bisbe Ponç de Munells, de la diocesis de Tortosa, fent valer la donació del Beat Juan d'Organyá, volia que totes les terres de Lusiá /i l'Image/ pasesin á la seva diocesis, y al dia 9 de maig otorgaba carta puebla als de Kabaloca i á la sua posteridad, concedinlis "Illum nostru locum quod <diciber Kabasses ad> /dibur Kabasses ad fachitatem/, cum omnibus termini". Que /ni/ els kabacés /ni els unicapsieris/ no admitiren, ni volgueren aceptar, perque la comunitat de Tortosa era procedent de una Orde previnguda

323 Repetició i reescriptura del §9 d'aquesta mateixa versió. De nou, principi del §18 de la versió publicada, amb canvi a la data.

324 Apareixen els conceptes que acabaran desenvolupant el §18 i la segona part del §11.

dels cristianisims Francs, que al ensems qel juheus, consideraben com més enemichs més molestos[325].

§15 Doncs, sobre el poblat de Fontes Clares = (Las cobasses) á una altura de 600 metros, hon brolla la font nomenada de las Foyas, es construi **(2v)** aquell mateix any un petit santuari ó capella, casi cuadrat, de uns 5 metres d'ample i de llargh, orientada la porta vers occident, per venerari l'Image de la Verje, colocada al centre del altar. Al costat tenia les de Sans Apostols Pera i Pau. Del costat del Santuari sortia la font, i á la part de redera, era cementiri hon s'enterraben els que morien en gracia de Deu: els que morien achitanats (endemoniats) eren llençats al avenc /prop d'alli/, nomenat Boca del Infern, perque al arribar al fons fosen recollits pel barqué Pera Botero, que el conduia á les calderes del Infern. A la plaza del Santuari s'alçaba un aixopluc, que tant servia d'alberg als peregrins, com per cubrijar als jurats dels difuns antes de enterrarlos. La Plaza era bastan gran, i partida per l'acequia que conduia l'aigua, dejant á una part el cementiri dels bons, i á l'altre l'atans, l'abeuradó i el cornal = (corral) pel bestiar de pás /de Cap á Fonts/ pel camí que la bordejave[326].

§16 El poblat de Fonts, Fontes i Fontes Clares, i després Las Cobasses /al estar derruit/ /abandonat/ <es d'antes del sigle> es anteriror al sigle VII antes de J. Cr., y prengué el nom de tres caudaloses fons que mai s'han vist estroncades. La primera té el

---

325 Part del §21 (carta de població, tot i que aquí diu que atorgada "als de Kabaloca") amb influència sobre els §20, 25 i 27, sobretot pel que fa al pseudotopònim Fontes-Clares. Fins i tot, ideari del §8, amb les referències a francs i jueus.

326 Clarament, el §20 dels goigs.

nom de font de las Foyes, perque foyes es deya á lo que avuy s'en diu escurriall ó aiguamolls, i <aquesta fo> <de la céquia> d'exa font ni surten mols, que <reguen> aumitejen els voltans de l'acequia que condueix l'aigua fins el bautisteri dels Juheus, en la antigua Recópolis. I n'hi surt també un aubelló = (veta profunda) que donaba aiguia al poblat. La segona es la font de Caba-loca, que regaba per filtració les terres que en aforanca menaben els Cabasses, de la que surten 3 aubellons; la Aforanca, la Solcida i la font de l'ermita de Sant Miquel. La última es la Font de la Pegona, que regue las Pinedes <de las> pegueres /perque fasin mes rehina/ i baixa al Monestir d'Escala dei <á notri el barranch>[327].

§17 L'aigua de aquestes 3 fons, semble que totes tenen l'origen de un veta subperranea que prové del /desglás del/ Pirineo oriental, I son de casi igual composició, cargades de <carbonat de> calci acimilable, per lo que s'els hi ha donat una importancia curativa, que unida á la flaire del bosch i á la devoció al Sants que les guardaven, la Santa Maria de la Foya, San Isidro de Caba-loca, y la Verge de la Pietat, eren en els bons tems manantials de salud, /repós/ i santetat[328].

§18 Es de notar la importancia miraculose que es daba á la mare de Deu de la Foya. Es conta que <el primer miracle> la primera gracia que s'alcança d'ella, va ser l'acabament de la pesta que infectaba el pais als dies de la seva erribada al Monestir de Wiclar. Després, el de la **(3r)** extinció de la heregia

327 Els §18, 4 i 19 desenvolupen el concepte d'aquest.

328 Aquest paràgraf no té paral·lel en cap altre de la versió publicada. Similar al §23 de la ver. 11 i, sobretot, al §17 ver. 13.

<de> Arriana i la de la conversió dels Juheus. <La misa> El rés de la misa, les cansons i de rito musarab, i la tradició devota á la Verge de la Foya, es traspasá als voltans de Valencia als dies /de la seva reconquista/, que hi anaren els Al-Mo-Cabas del Mont-sant, i desrpes les doncelles sortides del Montal, de Prades i de Ulldemolins, l'any 1238[329].

§19 En el 1317, fou traslladada á Fontes, en peregrinació, la Infanta Doña Blanca /de Aragó, filla de Don Jaume II, i germane de Don Juan, Abad de Montearagon/, acompañada de Doña Teresa Jimenes de Urrea, priora del monestir de Xixena, á implorar de la Verge <i del aigua> de La Foya el restabliment de la seva malaurada salud, que feya molt tems habia perdut. Permanesque á la Foya casi tot un ivert, i s'entorná curada. Altre volta, á l'any 1310, essent bisbe de Tortosa Don Pere de Betteto, i valense del mateix motiu de la donació feta de l'iglesia de Vall-Clara, la diosesis de Tortosa reclama el /señoriu/ territori de Caba-loca, i expedeix les costums y usatjes, que l'iglesia consedeix als vehins Cabasses, que tempoc foren aseptats pels vehins de la Villa que als voltans dels castell i sobre les ruines de Recopolis y del Monestir de Wiclar s'estaba <formant> creant[330].

§20 Al istiu de l'any 1348 la pesta asolá tot el pais, i á la diocesis de Tarragona no hi quedaben sacerdots. L'Arcabisbe, Don Frany Sancho Lopez de Ayerbe, encabezá una peregrinació al

329 Conceptes reorganitzats presents després als §4 (extinció de la pesta, de l'arrianisme, i conversió dels jueus) i 22 (repoblament de València i ritus mossàrab).

330 Influència sobre els §25 (visita de Blanca d'Aragó), 24 (usances de la Baronia) i 3 (ubicació de Cabassers sobre les restes de diversos edificis).

Santuari de la Foya, i es feren rogativas lugobres, presidint ell la creu coberta amb un vel negre, i seguint en profesó els peregrins acompañats de tots els vehins de la Universitas agronorum de Cabassés. Entre les peticións que es demanaren á la Verge, fou la de que proveis á Cabasses d'un cura-d'animes (sacerdot) a sustituir al que de la granola habia mort, i es doná el cás miraculús de que al acabarse la plegaria, es vejé arribar al santuari un frare que cargat amb una image de la Verge de la Pinera (del Puig-roig (Mas roig)/ venia á postrarse als peus de la Mara de Deu de la Foya, á darli gracies per haber pogut <salvarse de la e> l'image i ell dels estragos de l'epidémia. Aquest Frare sacerdot, es quedá á viure á la cove dels Dolmens, prop de la Foya, i fou el <primé> fundadó de la Ermita de San Roch, que cuant ha convingut, ha servit de lazaret ó de cementiri d'infecciosos[331].

§21 En el añ 1398, i per motius de domini civil i eclesiastic, que tan el Bisbe de Tortosa com el prio de Escala-dei reclamave, visitá Cabasses Na Maria, comptesa de Luna, Duquesa de Montblach, esposa del Rey Martí, qui era reconeguda com á reyna, per l'asencia del seu marit. En profesó, fou portada al Castell, l'Image de La Mare de Deu de la Foya, i se **(3v)** l'hi feren plegaries, perque ens servis de testimoni de la religiositat dels Cabasses, cristiana, católica i apostólica, guardadós per tradició /de les ceremonies i/ dels ritos mussarabs, i de la adversió que el poble sentia a les ordes religioses vingudes de France, degut l'egoisme /ó l'orgull/ i á l'enveje que demostraben amb el seu modo de procedí, que les feia comparables als

331 Versíó molt similar a la del §26.

sentimens dels achitans <que volien tan>, /fosin/ jiptans <com> /o/ juheus, /pels/ que la Villa i /Cort/ de Cabasses tenia barrat el pás i les portes tancades[332].

§22 De aquesta visita i de aquestes súpliques á la Mare de Deu, es planeyxá la construcció de la primitiva iglesia parroquial, hon es posá per rera-taula, encomenat á en Lluis Borrassa, que en part encara es conserve en una <altar> capella de l'Iglesia parroquial de Cabasses[333].

§23 /Fins/ en aquesta época, la diada de la Verge de la Foya es celebrava el dia 13 de Abril, que coincidia amb el dia de Sant Hermenegildo, i la festa del poble es feya el dia de Sant Miquel[334].

§24 En el sigle XV la cosa cambiá. degut á la situació compromesa en que deixá als Cabasses les guerres ó baralles del Bisbe Cardona de Urgell amb Huch Roger de Pallars, emparentat amb en Miquel Lexa = (legat del castell) i senyor de la Cavallera, i esent <ell> /en Roger/ com á poderdant de la seua sogre, Sr de les terres. Tots els bens den Roger de Pallars y els dels seus parens varen ser confiscats. El Bisbe d'Urgell demanaba que la Baronia de Cabacés pases ál Comtat de Prades. En aquest plet i intervingué el Prior Mercadé de Escala-dei, que al mateix temps era Bisbe de Tortosa, i ho arreglá /valense de la donació de Val-clara/, fen pasar la Baronia al Sr. Bisbe de Tortosa, i la propietat dels terreins á dos nebots del

---

332 Lleus similituds de context amb el §27, tot i que amb els detalls concrets completament canviats.

333 Part final del mateix §27 de la versió definitiva, amb detalls diferents.

334 Part inicial del §53.

Roger de Pallars: Miquel Roger é Isidro Roger. El Castell i la Cavallera pasá al Sr. Bisbe, i en Miquel Lexa, dit Lusiá, <pasá a la casa de> /es retirá á/ Flix[335].

§25 Are yá es el Sr. Bisbe de Tortosa <que té el> qui <mana als Cabasses i a tot el seu territori> /Impera tant en lo civil com en lo eclesiástic/, ben á desgana <del> tota l'Universitat. El Santuari de la Mare de Deu de la Foya pasa á ser Ermita, encare que may hage tingut ermitá, i en el any 1612 es treuen o treuen les imagens de San Pera i de San Pau, i s'hi posen les de Sant Marc i Santa <Barbera> /Lucia/, que se <sustitueix> /cambia mes/ tart per la de Santa Bárbera en sustitució de un cuadro que <es veneraba> /hi habia de/ á San Lucio i San Marcio, martirs dels Romans, nascuts i enterrats á la Bis-baal, i venerats <sempre> de molt antic <en> /per/ tot el territori[336].

§26 La <diada> festa ó diada es traslIada al dia 8 de Septembre, que era el dia de la festa majó de la Iglesia nova, que la Image de la Foya es baixava ab profesó al poble i no es tornaba á l'ermita fins l'endemá, /la festratró/ de Sant Miquel[337].

§27 (4r – aparentment, manca part del text, que es correspondria als § 43 a 50 de la versió publicada) Al arribar á l'altura de San Roch, de resar un Responso, pels enterrats en aquell cementiri[338].

§28 Al any 1840, acabada la guerra dels 7 anys, per evacuar les tropes de Catalunya Don Carlos Maria Isidro de Borbón

335 Origen dels §28 i 34.
336 Similar en els detalls principals al §32.
337 Lleugerament similar al §53
338 Part final del §49.

escollí, també con Dn Juan de Austria, l'antic camí que atravesant el Mont-Sant venia desde la Bisbal del Panadés, pasant l'Ebre á Flix. L'avacuació durá tres dies i tres nits, i Don Carles V visitá l'Imatge de la Verge, del qui era mol devot, i després feu donació de una important quantitat al Rector Mº Josep Cid, que l'acompanyaba, i al Sr. Homdedeu, en quina casa s'hostatjá, perque s'apliqués en millorament del Santuari[339].

§29 Al any 1844 es començaren les obres, tirant á terra el sopluix i ampliant el cós de edifici á 6 metros d'ampla per 12 de llarch, tenin que interrompre-les per haber començat la guerra civil, per reanudarles al any 1865, que es construí l'altar. Durant aquet periodo l'imatge es guardaba á l'Iglesia, al costat de l'evengeli, i també es retirá á la Iglesia per orde del Sr. Bisbe el cuadro de la Verge de Loreto, per evitar els excesos de les turbas irreverens[340].

§30 Al 1873 vengué espresament á visitar á la Mare de Deu de la Foya Na Maria de les Neus, esposa de Don Alfonso de Borbón, germá de Don Carles VII, i s'aprofitá per fer la festa de la coronació de la Verge i tornar-la al seu Santuari. Doña Maria de las Nieves, al veura la Imatge, quedá sorpresa i digué que aquella Imatge éra la de la seva Patrona, la de la Mare de Deu de las Nieves, del Coll d'Esquino, i en Honor á dita Senyora l'hi cambiaren el nom per el de Virgen de las Nieves[341].

§31 Santa Maria de Wiclar celebraba la festa al dia 13 d'abril, diada de Sant Hermenegildo; després de la reconquista es

---

339 Clarament el §50 dels goigs.
340 El §49, gairebé idèntic.
341 Molt similar, excepte algun detall menor, al §52 de la versió publicada.

traslladá la diada al 8 de Septembre, i ara es fá al dia 24 del mateix més, pero ja nó en el fervor ni la devoció d'abans[342].

§32 Al any 1936, un histéric, fill del poble, acompanyat dé la chusma, destruiren les ermites del terme, els altars de la Iglesia i de las Capellas, i quemaren l'Imatge milenaria i miraculosa, precursora del fervor Mariá i dels eremites del Mun-san[343].

§33 Avuy, els vells sentim nostalgia quant aném al lloch del Santuari, perque no hi trobem la Mare de Deu de la Foya, protectora del Cabassés, i si pujem mes amunt, veyem la Boca del Infert tapada, en senyal de que en Pere Botero ja té <l'Ifernt ple de desagreits> l'Ifernt plé d'ingrats i desagreits[344].

---

342 És el §53 en la primera part. La segona, que parla de la minva del fervor, desapareix a la versió publicada.

343 És el §54. Al §54 de l'original lliurat a impremta (ver. 17) s'hi pot llegir "un histéric de la chusma malvada", suprimit finalment a l'original. Recorda aquest "histéric, fill del poble, acompanyat dé la chusma" d'aquí.

344 Segona part del §54.

Versió 14

Mecanografiat en versaleta i manuscrit.
Un foli apaïsat, escrit per r. Acompanyat de còpia en paper de calca. Fragment.

§1 (1r) de Wiclar l'any 614, esen Pontifice el Papa San Deo-Dado i Eusebi Bisbe de Tarragona, el Rey Sisebut proscriu als Juheus, obligant-los en el termini de un any á bateixar-se ó á expatriar-se. L'acta de jurament i el bautisme es feren á la esplanada del Bautisteri de San Juan de la canal, amb l'aigua de la Font de les Foyes, i en el Monestir de Santa Maria de Wiclar[345].

§2 Hi arribaren mols juheus á bateijar-se, i s'hen entornaren pocs, la majoria es quedaren á viure á una barriada <separada>, /call juhich/, i amurallada amb dos portes: la de entrada la guardaba el glorios Arcangel Sant Miquel, que de sempre havia sigut el Lar ó Patró del Castell del Llop, i la de sortida donaba al espay que ara diuen Montjuich <i del seus habitadors Ayjemans.>[346]

§3 De aquest exit, els monencs n'estaben joyosos, peró vingé San Isidor i els avisá que no es fiesin de juheus bateijats, que son més dimonis que els altres, que el temperament juheu nos pot cambiar ni s'el pot convencer, son mal esperits que corren el mont, codiciant el domini de la materia. Si adoren al Arcangel San Miquel es perque l'hi tenen por i procuren enganyarlo. Els monencs, inspirats en el sentit de la caritat, que es el de l'amor al próxim, no s'ho creien, i per fujir de dubtes ho

345 Part fragmentària del §4.

346 Part final del §4, amb concrecions geogràfiques de la ubicació del barri dels jueus absents a la versió publicada.

preguntaren á la Imatge, que els respongué que no s'en fiasin, fen un moviment de cap de esquerra á dreta i quedant-li inclinat /a la dreta/, <i amb la vista baixa, senyelaba á San Ermengol>[347].

§4 Quant començaren á arribar Moros era ya bastant entrat el sigle VIII; la tradició diu que, al arribar á la creu vial dels cuatre camins dels Peyróns, varen dir "acabat és", i es va acabá la guerra. Els Moros no pasaren de la creu del Payró, perque tractaren amb l'Abat del Monestir, que ho era en Servus-deo, succesó de Miró, que morí l'any 711 sent /l'ultim/ bisbe de Girona, i es respectá el lloc de Bisbaal com cosa sagrada <i seguit la costum que habien fet tots els invesors de la peninsula>, pero en el tracta de amistad advertiren el perill que corrien de guardar <confianza als de l'aljama> /al call/, perque es gent traidora /i desagraida/ <i es ven al qui més el paga ó del qui més profit en poden treure>[348].

§5 S'arribá al any 882, <i aquella Aljama cercada i sense posibilitat de "fer negoci"> /l'Achitan/ se sublevá i <es vengué> /amb l'ajud del Rey Juheu Afrun <dit pels moros> L'ACHITAN = (el dimoni) <que arribá> amb el seu ejercit de Francs i Juheus <incontrolats>, á saquejar, robar i quemar el Monestir i la Recopolis[349].

347 Part final del §4 amb abundància d'afirmacions antisemites, no presents a la versió publicada.

348 El famosíssim §5 però amb grans alteracions. La principal és la incorporació d'aquest "acabat és", que treu de Delfí Navàs: *En lo cambi de Fuentes Clares per Cabacés, hi ha dos tradicions. Una diu que en Fuentes Clares se va acabá una gran guerra, y al firmar la pau se exclamá: Acabat es"* (Navàs, 1918: 3).

349 És el §8.

§6 L'acció del<s de l'Aljama> /l'aicham/, ajudada per los Achitans, fou inesperada i rápida, pot ser que tinguesin por que els moros de Gorraptes vinguesin á /la/ defensa<r als> /dels/ monencs, que s'habien tancat al castell[350].

350 Aquest paràgraf no té correspondència a la versió publicada. Tanmateix, la menció als Gorraptes (Gorabs als goigs) sí que apareix al §6.

Versió 15

Mecanografiat en versaleta i manuscrit.
Un foli A3 apaïsat i plegat, amb còpia per calca a 2r. Numerat a mà "8". Fragment.

§1 (1r) primera de la Villa de Cabasses. encargá al pintor Luis Borrassá de Barcelona el retaula, dedicat á la Mara de Deu, del que s'hen conserven fracmens. <la bendició la feu el Prior de Tortosa Don /Fray/ Juan Ciurana l'any 1403>[351]

§2 <A la nove capella de la Font de las Foyes es posá l'Imatge de Santa Maria, sustituint les de San Pera i San Pau, per les de San

351 Part final del §27, d'on se suprimeix la referència a la benedicció feta pel prior Siurana. Atenent al fet que algunes de les informacions que proporciona Vidal són verídiques en part o en tot, i encara més a la sospita que la desaparició del Primer Llibre de Corts del 1401 al 1450 sigui obra seva, com hem fet constar al capítol 4, s'obre el dubte de si aquesta part cancel·lada del text, i rebutjada per a la versió definitiva, conté informació veraç o no, potser extreta d'aquell llibre de corts ara desaparegut. Per una part, el canonge major de Tortosa Joan Siurana és un personatge històric, que fou elegit bisbe el 1399, però la seva elecció quedà sense confirmació per demanda del rei, cosa que provocà que Benet XIII nomenés administrador del bisbat el seu nebot Pero el mateix any (Miravall, 2016: 193). Però per altra banda, el mateix Siurana apareix mencionat a una de les obres que Vidal hauria pogut utilitzar per a escriure el seu relat, on es tracta la guerra de Joan II. En concret, el passatge on apareix Siurana és molt similar al §28 (Feliu de la Peña, 1709: 384). La circumstància que entre els documents que Vidal espolià de l'arxiu parroquial hi hagi l'àpoca feta pel pintor de Flix Francisco Castillo, a la vila de Cabassers, pel pagament de 300 lliures per haver pintat les teles del retaule major barroc de l'església (vegeu el document número 68 de l'apèndix 3), encara reforça més la sospita que la referència que fa al retaule gòtic i a la benedicció feta per Siurana pugui ser certa. Si més no, un document amb aquest contingut li hauria fet tan goig com l'àpoca del pintor Castillo.

Marco Evangelista i Santa Bárbera, i la diada principal, que antes es feya el 13 d'abril, es traslladá al 8 de Septembre, perque coincidisen en les festes majós de Cabasses, que començaben aquest dia i finien després del de Sant Miquel> /El 1412, á la Vilella d'Avall, i /varen/ arribaren families de juheus refugiats <i Cabasses els hi tancá les portes, i els frares d'Escala-Dei tambe s'he apartaren> /contra la voluntat dels Cabaces, que els hi tancaren les portes, i de lo que tambe en protestaren los de Escala-dei/[352].

§3 En el temps del reinat de Juan II, eren Seniors del <territori ó> /la/ universitat de Cabasses /i/ <del castell> en Miquel Lexa, dit Lusiá, i de la propietat Hug, Roger de Pallars /en representacio de la seva sogra, e Dn. Albert e Dª Violant Albert, y esposa Dª Catarina, sucesores dels feus de la Baronia d'Erill/. Aquest últim, acerrim enemic de Don Juan II, tingue guerras <particulars> /en defensa dels seus drets/ amb el Bisbe <Cardona> de Urgell /Don Pere de Cardona/, i batut amb retirada, buscá amparo al /Miquel Lexa/, castell de Cabasses /en qui estaba emparentat/, hon es resistí/ren/ mentres puqué, tenint que escaparse /el Miquel/ á Flix /y en Hug a Mora/. Tots els bens de Hug Roger /y dels seus familiars, a excepcio dels de Juan Ramon Folch/ foren confiscats, i reclamaben els seus senyorius <la casa de> /el bisbe/ Cardona, <el comtat de Prades>, /el comptat de Cardona y de Prades (parents del compte de Pallars y de Miquel Lexa)/, el Monestir d'Escala-Dei, i <el Sr. Bisbe> /la Diocesi/ de Tortosa <s'el discutien>[353].

---

352 Les idees d'aquest paràgraf es desenvolupen als §32 i 53. La història dels jueus refugiats no apareix enlloc a la versió definitiva.

353 D'aquí surt el §28.

§4 En aquest plet hi intervigué el Bisbe de Tortosa /Fra Luis/ Mercadé, que /en 1515/ ere Prior d'Escala-dei, qui aconsellá al Rey Don Fernando II, dient que el Sr. Bisbe de Tortosa era de dret el senyor ó Baró de la universitat dels Cabassés /apoyanse el documen de donacio del lloc de Vall-clara d'Abincabacer a la iglesia de Tortosa, al any 1158/, passant á exercir <el domini civil i eclesiásti, esent el> /nomenanse/ primer Baró <el Molt Ilustrisim i Reverendisim Senior Dr. Fra Juan Ciurana> /Don Gaspar Punter, que en 1592 nombra rector de Cabaces al Mº Pere Masip/[354].

§5 I a l'any 1551 prent posesió de la rectoria de Cabacés /i sufraganeas/, Margalef, Bisbal i Figuera el Rdº Mº Bertomeu Voltes. El Mas del Ioán /Pinyol/ (Lloá) /encara no era poblat/, i la Vilella d'abaix <encara no tenien capella> /ocupada per sabatés, no celebraven el diumenge/[355].

§6 En el mes de Mayo de 1559 toma poseción de Rector el seu germá Bernat Voltes, ambdós de la Diocesis de Tortosa: es de notar que en aquest tems no es troben escrits que mensionin la Mare de Deu de la Foya, ni siquiera /en/ els testamens /dels Cabasses/. <En aquestos anys s'han pasat calamitats, i en lloch de fer pregaries á la Mara de Deus, com era de costum, es fan pregaries al Sr. Bisbe de Tortosa, perquè el merit de piedad

354 Aquestes idees apareixen als §34 (intervenció de Lluís Mercader), §21 (referència a la donació feta per Joan d'Organyà com a argument per a imposar, el bisbe de Tortosa, els seus drets) i §38 (nomenament del rector Pere Masip). Reapareix el canonge major Siurana (vegeu la nota 351), dient Vidal que és el primer baró de Cabassers que troba nomenat, tot i que cancel·la el text i substitueix el seu nom pel de Gaspar Punter, que és el mateix que apareix al §38 de la versió definitiva.

355 En part, §51, d'on desapareixen les mencions al Lloar i a la Vilella Baixa.

remedie els mals i la miseria que hi habia, que hi dejaben les guerres, les lluites politiques, el confucionisme, la falta de cultura i el descuriment d'America. El cas es que la imatge de la Mare de Deu de La Foya desaparegué del santuari i estigué amagada, i els Cabacés l'amagaren, i es creu que els Cabasses la tingueren amagada fins que les disputes fosin acabades>[356].

§7 <Don remey als mals que ens ha portat> En el Santuari de la Foya hi faltaba l'imatge, i en els llochs de San Pere y de San Pau hi habia les imatjes de San Marco evangelista i la de Santa Bárbera, que procedien de l'ermita del Fra Guerau d'Ulldemolins, quant després de /la seva/ mort <aquest> els frares de[357]

[Notes al marge:]

§8 1530, la vera creu i la reliquia la van regalá los monjos d'Escala-dei al Rnd. Geronimo Veyá, fill de Cabacés[358].

§9 1508 = siendo obispo de Tortosa Don Alfonso de Aragon, e lo de San Blay[359].

356 El §38 menciona el nomenament de Bernat Voltes, però no tota la resta del paràgraf. La menció als testaments, on aquí diu que no mencionen la Mare de Déu de la Foia com a beneficiària de deixes, reapareix al §47 afirmant tot el contrari, que no se'n troba ni un que no deixi res per al santuari.

357 Els canvis d'advocació es mencionen al §32. El text acaba aquí bruscament.

358 Nota preparatòria del §37.

359 Nota preparatòria del §33.

Versió 16

Mecanografiat en versaleta i manuscrit.

Nou folis apaïsats i grapats formant un quadern, escrits només pel r, a excepció de l'últim, escrit també al v, amb notes en format quartilla intercalades al quadern. Folis numerats de l'1 al 9 (i numerador 10 al v del fol. 9).

Títol (1r) Breu historia de l'Imatge.

Subtítol El seu origen.

§1 A 13 d'abril de l'any 585 fou castigat á mort i escapsat a Tarragona el Rey de Sevilla, Ermengol[360].

§2 Recaret, germá seu, recollí les despulles i les traslledá al seu palau, en el Mons-Sacer del Mun-san, que el Rey Leovigil li habia fet construir per associar-lo al seu regnat, en la regió del Celtibers. Del palau s'hen <digué RECÓPOLIS> i s'emplaça entre el poblat de FONTS i al casal de IL-LYSIO, Patriarca de aquella tribu i Regul de las lexions Lusiana i Marciana[361].

§3 L'any 589, el rey Recaret, Ilisio, Bisbe de Girona, i el portugués Pare Agustí de Tarragona Juan de Wiclar, amb l'ajud necesari del Bisbe de Tarragona Artemi, alçaren un Monestir, que emplaçaren entre el Castell <del Lop => (Il-Lisio) i Recópolis, al objecte de proseguí la lluita contra la heregia del arrianisme i <i asil als> /dels/ juheus <provocadors de la guerra en contra Sant Ermengol>[362].

---

360 §1.

361 §1, amb menció al poblat de Fonts descartada a la versió definitiva, i que apareix per primer cop al §18 allí.

362 §2.

§4 La fábrica del Monestir s'acabá l'any 591. El primer Abat fou Juan de Wiclar. Els monacat era de la Orde de Sant Benet, d'habit negre, i guardaba les regles de Juan de Wiclar, perque les del Patriarca del Silenci encare no habien aparegut. A la Iglesia s'hi veneraba San Felix, de qui era devot Recaret, i els primers martirs romans del temps de Maximí, l'ausetá Cis Ibera, San Marciá i el celtiber de la LUSIANA, San Lusiá, que foren sepultats á la balma grant ó santa cova del Mons-Sacer = (Bisbaal). Per l'altar major, el Pontifice Papa San Gregori el Magne, á instáncies de San Leandre, /ex/ Bisbe de Sevilla /que es trobava a Roma/, enviá una presiosa Image de Santa Maria, talla á la fusta, a tamany natural <tiesa>, que porta el Jususet al brás dret. Als peus de la Verge es guardaben les reliquies de San Ermengol. Es veneraba amb els noms de Verje del Ermengol ó de Santa Maria de Wiclara, i es feya la diada el dia 13 d'Abril[363].

§5 Sobre les ruines del Monestir, del seu Bautisteri, de Recópolis i del Castell de Al-Lusio, s'alça avuy el poblat dels Cabasses[364].

§6 <Poder sobrenatural de la <devoció> Fé>[365]

§7 A l'arribada de l'Image, la granola invadia el pais. Els devots, al dia de la consagració, demanaren trés gracies: La de finir la Pesta; la <de la abdicació> /extinció/ del arrianisme y la <conversió> /eixida/ dels juheus /del regne/. La primera fou instantánea, la segona la veyem á la mort de Leovigild i la

363 §3. La menció al dia de la festa del 13 d'abril passa al §53 a la versió definitiva.

364 Part final del §3.

365 Títol.

abdicació pública de Recaret, i l'ultima en vida del Abad i Bisbe de Girona Juan **(IV, vacat) (2r)** de Wiclar, l'any 614, sent Papa San Deo-dado i Eusebi Bisbe de Tarragona, el Rey Sisebut proscriu als Juheus, obligant en el termini de un any, bateijarse ó expatriarse, actes que se celebraren en el Bautisteri de San Juan de la Canal del Monestir de Santa Maria de Wiclar, amb l'aigua de la Font de Las Foyes, <pasant> /fundant/ el/s/ cristianats al Call-Juhic, guardat per l'Arcangel Sant Miquel, Lar de les terres de la Bisbal i del Castell. San Isidor no hi estigué prou conforme i advertí <á San Juan de Wiclar> á San Nonito del perill que creia que corria el Monestir, fundanse en que el temperament judaic era carent per naturaleza de las virtuts sobrenaturals, i mes inclinat á les pasions desordenades. El dimoni es creat per Deu, /i goza dels dons del Esperit-Sant i dels fruits esperitats del MAN, es dejat á la terra perque hi aije de tot i l'anima puga escullir[366].

§8 <El periode dels Alabs>[367]

§9 Quant començaren á arribar Moros, era yá bastant entrat el sigle VIII: La tradició diu que pasaren l'Ebre per Avin-Ibera d'Ascó = (esquerra), i seguint el camí de la Aumadina = (barcases) arribaren á la Creu Vial dels cuatre camins dels Peyrons, hon trobaren esperant-los l'Abat del Monestir, en Servus-deo, i en Miquel de Lusiá, senyor del castell, <que> /i/ pasificament s'entengueren i es respectaben, perque La Bisbal del riu Olí era el lloc sagrat e inviolable dels Celtibers. Antes de que els Moros es despedisin i emprenguesin camí vers La

366 Bàsicament, el §4. Les referències al dimoni se suprimeixen.
367 Títol.

Palma d'Ebre, <no dejaren d'advertí el dany que podia ferlos l'estada del Call hebreu>[368].

§10 Era al any 882 que l'aicham de Juheus, traidorament i d'acord amb el </seu/> Rey Afrun <L'Achitan = (el dimoni) i amb el seu ejercit de> /els/ francs i Juheus, sequejaren, robaren i quemaren á correcuita el Monestir i la Recópolis, pot ser temerosos de que arribesin moros de Gorabtes al ausili dels atacats. L'Imatge de la Verje, les reliquies de San Ermengol i els monencs es salvaren tancats en el castell; lo més llastimós que es perdé foren els manuscrits de <Idaci> i de Juan de Wiclar, /dels que després han aparegut copies viciades/[369].

§11 El Monestir queda abandonat, els monjus es perteixen en dos grups. El primer pasa á la montaña de Montal, i estableix un refuji al plá del Çagarro <(avuy, Cagarro)>, que está al peu de la Punta de Santa Maria ó Punta del Ermengol; Aquesta residencia, mes tart, es el Mas de Dal dels Cabasses, perque está enclavada en la partida de CABA-LOCA = (lloc de les caves). En la capella s'hi guardáren l'Imatge de Santa Maria, les reliquies de Sant Ermengol i un cuadro á la fusta pintat de l'epoca romana, que representaba Sant Miquel, el Lar de la LUSIANA = (provincia creada per Augusto en el Mons-Sacer del Oleum Flumen)[370]. **(2v vacat) (3r)**

368 §5 i 6, amb algunes lleugeres variacions.

369 §8.

370 §9 amb importants variacions que no apareixen a la versió publicada. Destaca la visió que té Vidal de casa seva, el Mas de Dalt, que és com es coneix a Cabassers el Mas Roger (Biete, 1979: 59), del qual diu que és el mateix monestir de Wiclar.

§12 L'altre grup de monjus es traslladá al final de la serra de La Lena, casi frente als Molis d'aigua = (ULL-DE-MOLINS) <i el abeuradó de las vacas => (Au-Barca), perque desde alli es dominaba bé l'entrada per llevant á la fortaleza natural del Mun-san. Al altar, dintre de la bauma, a més de Santa Maria veneraben á Santa Barbara, á /San/ Llorens i San Bertomeu Apostol /patró dels pellaires de Albarca/[371].

§13 Homo-deo, último abad del Monestir de Wiclar, acompañá á Miquel de Lusiá á la reunió que hi hagué á San Juan de la Penya á últims anys de reinat de Dn Garcia Iñiguez </fill de Inigo Arista/> /hijo de Garcia Jimenez/, hon es juntaren tots el 15 ricos-hombres de Sobarbe <per ajuntarse> /per/ ajudarse á la reconquista del pais i oposarse á la ocupació del territori pels Francs, á qui acompañyaben els Juheus, amb les seves correries á la peninsula[372].

§14 Les coves del Mun-san, els plans i les montañyes de Prades, Siurana i el reste de territori Suecetá, es trovaba invadit de refugiats cristians i moros barrejats, que s'escapaben de la tirania dels comtats de la Marca Hispánica. L'aburriment á tot lo que vé i vinga de France <es> /era/ general. /Els Francs es disfresaren amb el nom de Catalans, i de l'extensió que conquistaben en deyen Catalunya/[373].

---

371 Una altra versió del §9, més similar al text aparegut als goigs.

372 §10 amb importants variacions, principalment la menció a Miquel de Lusià

373 Part del §11 pel que fa a la presència de refugiats moros i cristians, i mostres antifranques i antifranceses suprimides de la versió publicada.

§15 A la tornada, reuniren el personal escampat i formaren els campamens i les Cabas; hi hagué queixes, perque es demaná que fosin separats els Capsieri = (moros cautius) i es resolgué pregunta-ho á l'Imatge de la Mara de Deu, y aquesta, fen anar el cap de dreta á esquerra, digué que no /convenian, quedanli el cap/ <i el cap l'hi quedá> inclinat á la dereta. La majoria de cautius eren crusats de moro i cristiá /(moaladurs)/, i pertanyian á l'esjerit del moro Amur, que es trobá tancat entre els moros i els frans i pasá á refugiarse l'any 810, i els deyen los Amorós /o Amirkabassirs/. Amb aquestos feren un acort de ajuda mútua i son els que els deyen Unicapsieris; als cristians de les cavas es coneixien per Kabassirs ó Kabasses, i també el de Al-Mo-Kaba = (El-de las-Kabas), i com que per estandart en les batalles portaben á San Miquel, á tots s'els coneixia per Miquels ó Miquelets[374].

§16 Al any 1118, els Al-Mo-Kabes <de Miquel de Lusiá> foren demanats pel Rey Don Alfonso Sanches perquè l'ajudesin al aseitx de Saragoza. Bastá solament la presencia dels Miquels perquè el Rey Moro es rendís. El fet pareixé un miragle, perquè la plaza estave sitiada desde l'any 1113 i contaba encara amb forses per aguantá més temps. S'atribuí la victoria, com totes les de Miquel de Lusiá, perque es deia que en els seus combats portaba l'espasa de Sant Ermengol[375].

§17 Pocs anys deprés, en temps del Papa Calixto II i sent Bisbe de Zaragoza Don Pera de Librana, es demaná el trasllat de

---

374 Similar a la primera part del §11, on no hi ha referències a la negativa de la Mare de Déu.

375 Pràcticament idèntic a la segona part del §11.

l'Imatge de la Verge de Wiclar i de les despulles de San Ermengol á Saragoza; ignoro la causa perque no es vá fer[376]. **(3v vacat) (4r)**

§18 Al any 1149, després de la rendició de Lleida, Don Ramón Berenguer IV, al pendre posesió de la montanya de Gardeny, entre la gent que l'acompanyaba hi habien els abads Esteva del Orde Premostratense, l'Abad San Bernat del Orde del Cister, i el creuat presbitero Don Pera <d'Escala-dei> Pinos, del monestir /d'Escala-Dei/ del Cister del Comtat de Bigorra, en la Gascunya; als trés els encarregá que busquesin pun á proposit per reunir els Ermitans i fundar tres monestirs que comprenguesin als Suecetans i els Avin-Kabasir = (poblades per Kabasses) per crisianisim inisarlos, perque de cristians ja ho eren[377].

§19 L'Abat Esteva pasá l'encarrec /al abad Federic, y aquest/ al Beato Juan de Organyá, al que el Comte, el dia 25 d'Abril de 1154, l'hi fa donació de les terres de Avin-Kabesir, en el lloc de Vall-Clata /creient que era el de Wiclar<ense>/[378].

§20 L'Abad Bernat del Cister traspasá, al any 1151, al Abad Xanxo, l'oratori de San Salvadó de la Lardeta i la sorteta del pabulator = (Pastor), hon els monjes del Cister de Font-Freda vestiren el Monestir de POBLET[379].

§21 El religios creuad Don Pera d'Escala-Dei recurregué buscán lloc els plans de Aubarca <el poblat de> /y montaña d'/Albarca,

---

376 Pràcticament idèntic al §12.

377 Coincident amb el §13 en els conceptes principals.

378 Ídem nota anterior.

379 Pràcticament idèntic al §16.

i <el> de Cobins = (Prades), Suessis = (Siurana), i seguin el riu Suera, arribá <al> /a/ Corn d'ovélla <= (corral de ovéllas)> = CORNUDELLA, i de allí riu avall fins arribá al lloc del Pabulatio, hon fundá l'iglesia dedicada á San Pera apostol, amb el proposit de ajuntar tots els ermtans de les montañes /que ell, junt amb Juan d'Organyá y Frá Guerau/, que ell <els> doná el nom de Mont-Sant, enhonor als Sants angels que les ocuparen. I reuninse al seu entorn, els pastors i les ovélles <poblaren el lloc de> Pabularis = (Poboleda). <Ajudá á la fundació de les noves ermites del Mont-sant i, per fi, fou <prio> /seu/ i dels fundadors del Monestir de Cartoxans de Santa Maria d'Escala-Dei[380].

§22 En el any 1149, les terres de Avin-Kabassir sobrepasaben de la Marca-galef de la Torregrosa i Sant Miquel /de la provincia de Lleida/, peró al saber /que/ Don Ramón Berenguer IV, el any 1153, volia pasar á las montanyes de Prades i al castell de Siurana, els Kabases es retiraren en dins al riu Falzayith = (Olí), prop de La Bisbal, i establiren la nova frontera ó Marca-Galef /de Tarragona/[381].

§23 La fundació del Beato Juan de Organya á Vall-Clara va ser equivocada; primer, per que no era en el Avin-Kabessir, i después perque estava masa aprop de Poblet. <L'error consistí en trobar el nom de Val-clara, quant ell sabia i buscaba Vi-clara, perque deia la cançó:> "Cervé el monenc maurol. Del Monestir de Wiclara. A la Verje Lusiana. I el fidel San Ermengol". Ademés, els Kabasses, que eren i se sentien

380 Similar al §17.
381 Similar al §14.

cristians. católics i apostólics, no volien tractes amb els cristianisims ni amb els dimonis bateijats que els acompanyaven, perque en aquell temps de cristianizar mahometans lo que més mal i estorb feya era el cambi de devocions, ritos i cerimonies que imposave. Per xó, al any 1158, sens (4v vacat) (5r) que s'hagués acabat la fábrica de Monestir Premostratense de Vall-clara, el Beato Juan de Organyá en feu donació á la Catedral de Tortosa, regida per canonjes regulars de una comunitat vinguda de France. Ell, de moment, se uní á la obre de Don Pera d'Escala-dei, guiat per el Miquel, que feya de galef = (vigilant) en el congost mes ruinós i estret del riu, avantporta de Margalef /de Tarragona/, qui era el continuadó en aquel lloc dels eremites de Wiclar, de sobre de Ull-de-molins, i guardador en el seu estatje de les imatjes /de la Verge/, dels Apostols <San Pera, San Pau>, San Bartomeu i San Marc evangelista. Es tracta del Beato Frá Guerau, que tingué fama de santitat, y fundador de Santa Maria de Montal, de Santa Maria de Ciurana de Bon-repos/[382].

§24 A l'any 1163, Dª Sanxa, muller de Rey Don Alfons I el cast, acompanyada de Fra Guerau, estigueren Á Fonts, poblat de Avin-kabassir. Portaren per el Rico-hombre de Aragón, Miquel

382 §15 i 17. Respecte al §15, aclareix els motius pels quals Joan d'Organyà, al seu fantàstic relat, renuncià a la fundació de Vallclara. Incorpora una versió gairebé definitiva de la falsa corranda popular que apareixeria a la felicitació de Nadal del 1967 (fig. 25): "Cervé el monenc maurol. Del Monestir de Wiclara. A la Verje Lusiana. I el fidel San Ermengol". Aquest paràgraf mostra el joc que fa Vidal amb altres formes del nom del monestir de Biclaro: Biclara i Viclara, amb la versió que ell crea, Wiclar, i la Vallclara que la documentació de la Conquesta cita el 1149. Altres versions de la falsa corranda a §3, ver. 2, §9, ver. 4; §9, ver. 8; §5, ver. 10; §16, ver. 11; §7, ver. 13 i ver. 18e.

de Lusiá, el nombrament de alferez del estandart reyal de la Corona d'Aragó i Catalunya. Á Frá Guerau li feu donación de les terres de l'ermita, i per los Kabasirs, la fundació del Santuari, á la plaza del peu de la Font de las Foyes, que es trobava enrtre els poblats de Fons i el de Montal i el castell de Lusiá. Demaná i obtingué el trasllat de les despulles de San Ermengol á Saragoza, menys el cap, que el prengué com á reliquia per l'Iglesia del Monestir de Xixena del que ella era fundadora[383].

§25 En aquest mateix temps, arribaren els primers Padres de la Cartoixa, acompañats de Dn Guillerm de Sirca, que junt amb els ermitans Don Pera de Pobuleta i Fra Guerau de San Bartomeu /i Juan d'Organya de Bonrepos/ escolliren el lloc para la fábrica i casa convent de la Cartuxa d'Escala-Dei, en terres de Lusiá, devall del poblat de Montal, i en frons de la Villela damunt, en el començament del barranch de las pinedas pegueras, que pren <l'> aigua de la font PEGONA[384].

§26 */Per construir el Santuari de la Mare de Deu de Wiclar, en el mes de Septembre de 1164, Albert de Castellvell, senyor de Siurana, va otorgar a Ramon de Vallbona i al sacerdot Pere d'Escaladei, a Juan de Organyá i a Fra Guerau el planell <del Mont-sant> /de montanya/ hon després es va fer l'ermita de Santa Maria de Mont-sant <que pasá al convent de Escala-dei>, que al any 1210 Fra Guerau concedi á Pere Ball i a Guillermina,

383 §18.
384 Pràcticament idèntic al §19.

junt ab la seva ermita de San Bartomeu, que pasaren al monestir de Bon-rep-os, i de allí als cartuxos d'Escala-dei[385].*

[*Nota intercalada en quartilla al fol 5]

§27 El Santuari /de la Mare de Deu/ es fundá a un quart d'ore de Fonts, primitiu poblat del Mun-san, que prengué el nom per les tres fonts de caudal inagotable que no se sap que mai s'hagin estroncat: la de las FOYES, la de CABA-LOCA = (<lloc de les cavas>), i la PEGONA. L'aigua de aquestes fonts tenia fama de saludable i miraculosa, en especial la primera, que portaba el suc per una aséquia al Bautisteri de San Juan de la Canal, fen mols escurrialls ó aiguamolls pel camí, que s'hen deyen FOYAS. S'amplazá á una ampla planuria, que servia de atans, abeuradó, al rematats de pas, i deprés d'esbarxó dels devots. En l'altar major estaba dedicat á la Imatge de Santa Maria de Wiclar, i als voltans les imatges dels apostols San Pera i San Pau <, tretes de l'ermita de Fra Guerau>. El poblat cambiá <de> /el/ nom pel de FONTES ó FONTES CLARES, i avuy, del puesto hon habia estat, /s'/hen diu Las Kaubasses. Volteixava la plaza el camí /militar de Antoninus Pius/ que venia de Flix i anava á la Riba /del Tulcis/ que <tenia> /portaba/ el nom de Camí de </hostal de ventall/> Cap-á-Fons. Detras del Santuari s'enterraben el cós de las persones que morien **(5v vacat) (6r)** en grácia de Deu. Els dels avaros, ussurers i chitanos, els tancaben en una caixa en forma de barca i els espenaven pel avench, que en deien La boca del Infert, creguts que en el fons els esperaba

385 Coincident amb la part final del §18.

el Pera Botero, /barqué/ que els conduia á las calderas de Lucifert[386].

§28 Al any 1185, esent Bisbe Pons de Munells de la Diosesis de Tortosa, es presentá una reclamació sobre la propietat del Santuari i de les terres de Lusiá, fent valer el Sr Bisbe l'acta de donació per Juan de Organy del territori de Vall-clara, obtenin del Rey Alfons I el domini eclesiastic del territori per la seva Diocesis, per lo que al dia 9 de Maig otorgá carta puebla als Avin-kabassirs i á la sua posteritat, concedintlis "Illum nostrum locum quod dibur Kabasses, ad fachitatem, cum omnibus termini", habent lograt per aquest fet que desde Flix incluit, hasta Margalef /de Lleida/, no <reconeguesen> /volgueren reconeixer/ la seua Diocesi. La investidura eclesiástica la donaba á titol de benefici el senyor del castell al sacerdot, escullint per aquest carrec en preferencia al que tenia més mérits per á ser-ho i coneixia las costums, amb el beneplacit del Papa é del Arcabisbe de Tarragona[387].

§29 Es de notar la vocació sobrenatural que els Kabacés tingueren á la Imatge de la Mara de Deu de la Font de las FOYAS, quant, després de la mort de Miquel de Lusiá á la batalla de Muret, la prengueren per senyera, traslladanla á la capella del castell, al veures injustament acusats d'Albigenses pels frares d'Escala-dei i pel bisbat/s/ de Tortosa /i Tarragona/, que tots dos reclamaben i volian posecionarse de /la/ Caba-loca. Els frares d'Escala-dei lograren quedarse amb el poblat de

386 Aquí s'hi veu el que serà el §20, amb referències suprimides de la versió definitiva.

387 §21.

Montal i les terres del <Maseu> /Mansus-Deo = (comendador del Roselló)/ i de la seva esposa Sibilia de Lusiá, que les convertiren en ceretanes. Empleani l'esfors de la gent vella, aprofitant l'absencia dels joves que surtien d'Al-mo-kabas á la conquista de Valencia, destruiren el pobla i n'enviaren las 22 doncellas /junt amb altres/ que hi habia á /Ulldemolins/, á buscar als Kabasses per casarse i poblarla; las doncellas s'emportaren en el seu cor á la Mara de Deu de la Foya i á Sant Miguel, per refer-lo alli hon anaren. Era al any 1238, i de aqui vé que pels voltans de Valencia se trobin Miquelets, Santas Maries, Foyes i Mont-sant, amb cançons i ceremonies del rit mozarabe <ó de la iglesia apostólica> /com els dels Kabasses/[388].

§30 Molt migrat de personal quedá FONTES després de la conquistas de Mallorca i de Valencia, i el castell poc menys que abandonat, perquè el Miquel <dels Kabasses>, fill del que morí á Moret acompanyant á Don Pera I, que aproximadament tenia la mateixa edad que Don Jaume I, era el que amb els seus al-mo-kabas feyen la guardia i no s'apartaben del seu costat[389].

§31 El Rey redimí el castell del empeny que tenia, amb diners que els dejá el Juheu de Tortosa, i Dn Gil de Vidaura, **(6v vacat)** **(7r)** l'incorporá al realme de la corona d'Aragó, fundá una Cavallera amb els Kabasses que portaba i nombrá lexa = (legat), en representació de la realesa, á Miquel de Lusiá. Expedí una carta pobla escrita en limosí, fundan la Villa de Cabasses, i feu

388 §22.
389 §23.

traslladá ál Santuari de la Font de la Foya l'Imatge de Santa Maria[390].

§32 En el any 1310, essent Bisbe de Tortosa Don Pera de Batteto, s'expedeix les Costums i Usatges, que l'iglesia concedeix als vehins de Cabasses, poblat solament pels Cavallés /de la Caballera, situada a un quart d'hora del Castell/[391].

§33 A l'istiu de l'any 1348 la granola assolava el pais, i á les Diocesis de Tarragona i de Tortosa no hi quedaren sacerdots. L'Arquebisbe, Don Frany Sancho Lopez de Ayerbe, recordant els miracles que de la Mara de Deu de la Foya d'altres vegades obtinguts, encabezá una peregrinació al Santuari del peu del Mont-Sant, fent rogatives lugobres, presedint la creu coberta amb un vel negre. Al arribari no trobaren al sacerdot, perquè habia mort de la pesta, i els Cabasses pregarent á la Verge, ademés de la cesació de la plaga, que els trobés un bon cura-d'animes. I es doná el cás curios que, al acabarse la plegaria, aparegué un Frare escapat del Monestir del Puig-rogi = (Masroig), cargat amb l'image de la Verge de la Pinyera. Aquest frare, sacerdot, del que la gent s'apartaba per pó de que no estés infectat de la malaltia, es retirá á viura á la Cova del dolmen, entic cementiri de Fontes, i fou el fundadó de l'ermita de San Roch, propera al Santuari de la Foya[392].

§34 Creixia més que l'eura que la cobria la fama de la Mara de Deu. Devots, peregirns i romes de tots el lloc aparegien anan i

390 §24 però amb menció de personatges que no figuren a la versió definitiva.

391 Part final del §24.

392 §26.

venin pel camí de Cap-á-Fonts. Al any 1317 es recorda que vingué Doña Teresa Jimenes de Urrea, priora del Monestir de Xixena, qui acompañaba á Dª Blanca d'Aragó, filla de Don Jaume II, que es queixava de una malaltia de pulmons que tenien per incurable. Permanesqué a Fontes tot l'ivert, anan cada dia á la Foya á fer el traguet de l'aigua de la Mara de Deu, i s'entorná á Xixena completament curada d'aquell mal. /Del 1324 al 1328, Dª Blanca <vingué moltes> torná moltes vegades a Fontes per veure al seu germá Juan, que estaba en el monestir de la Cartoixa d'Escala-Dei/[393].

§35 Al any 1398 visita la Foya na Maria, esposa del Rey Marti, i trobá el poble de Fontes Clares desfet i derruit pels aiguats, i habitades les covasses per dos familias de Masips, i com que el santuari tampoc estaba en l'estat de conservació que requeria, es traslladá novament al Castell tot lo que de bó hi habia, á més de l'Imatge de la Verge, perque aprofitant una bóveda ben conservada del Monestir de Wiclar es fés l'Iglesia de la Vila de Cabasses, /dedicada a la <Asumpció> Verge/, demanat que fose incorporada i dirigida <per> /a/ la Diosesi<s> de Tortosa, que la regia Dn Hugo de Lupiá i Bages[394].

§36 En Miquel, legat del castell, maná construir <una capella mol reduida, al costat de la Font de las Foyes, i torná la Mara de deu al seu punt d'origen> i per l'altar major de l'iglesia **(7v vacat) (8r)** primera de la Villa de Cabacés, encarregá al pintor Lluis Borrassá de Barcelona el retaula, dedicat a la Mara de Deu (del que s'he conserven fragments) i <l'imatge> es retingué en el

---

393 §25.

394 §27.

Castell l'imatge de la Mara de Deu de La Foya, patrona dels Al-Mo-Kabas, perquè no fos victima dels heretges i de les ambiciosos[395].

§37 El 1412 /a desgrat dels Cabasses/, la Vilella d'Avall (Vilella Baija) començaren a poblarla algunes families de juheus <y a refugiarse> /a refugiarse/, que <portaben cedulas de conversos o refugiats, a refugiarse> /de conversos sols portaben la cedula/ <que> /y/ <els digueren> /dona el nom/ Sabatés, perque<...> celebraven /la/ festa del disapte, <o Mestres, perquè es dedicaven ... oficis, als que els frares d'Escala-Dei> vaillons als usurers i mestres <que tenien ofici de pelleté o de rejole, ofici> (rejolers). Es diu que foren els causans de la mort del Rector de Cabaces, en Jacobus Jornet, que fou el 1º enterrat a l'iglesia[396].

§38 En 1479 era senyor de la universitat de Cabasses en Miquel Lexa (dit Llusiá), com a legat /reyal/ de la confederació catalano-aragonesa <del> /al/ castell i <de la> caballera, <y la major part de la> qui presidia la cort, <... rural> / seus i provesions/. Figuraba En uch Roger, comte de Pallars, senescal de Catalunya, en nom de <la> seva <sogre> muller Dª Catarina, y de la seva sogre Na Violant Albert, herederes del <Mansu-Dei Erill> /de la casa o Baronia del/ Mansu-Dei Erill, casat amb Na Sibila de Lusiá[397].

§39 En Uch Roger, en defensa dels seus drets, ringué guerra contra els seus parents de la casa de Cardona, que eren el bisbe

395 S'hi veuen parts del §28 (encàrrec del retaule a Lluís Borrassà) i de la part final del §38.

396 Aquest paràgraf no té cap correspondència a la versió publicada.

397 Similar al §28.

d'Urgell Don Pere Cardona, En Juan Cardona, conestable de Aragó, i En Juan Ramon Folch, comte de Cardona i Compte de Prades, tots ells mol amics del rey sense Fé, en Juan II[398].

§40 En Uch Roger demana l'<apoyo> amparo i apoyo á en Miquel Lexa dels Cabasses, i habent sigut derrotats, es retiraren, l'Uch a Mora i en Miquel a Flix, emportanse amb ell á la Imatje miraculosa de la Mare de Deu de la Font de la Foya <que ere pati>[399].

§41 Antes ya de la mort de Uch Roger al castell de Xativa, foren confiscats tots el sbens d'ell y els dels seus familiars, salvo els del seu parent el Comte de Prades[400].

§42 La Baronia o senyoriu de Cabasses ere embejada i reclamada per Don Alfonso de Aragón, bisbe de Tortosa, apoyanse amb la donació fete per en Berenguer IV del lloc de Vall-clara, Abincabaser, a la iglesia de Tortosa l'any 1158; pel comte de Prades; pel bisbe d'Urgell i pel monestir de Escala-Dei, aportant cada un d'ells els seus merits i recomanacions[401].

§43 <En aquest plet hi intervingué en solucionarlo el bisbe de Tortosa, Fra lluís Mercadé, qu een 1515 ere al ensemps confesó del Rey Don Ferran, i Prior del Monestir de Cartuxos d'Escala-dei.> El bibse de Tortosa, Don Alfonso de Aragón, s'adelantá /al fallo i/ als aconteixemens, i sens cap consentiment <de ningú> es feu ell senyor de l'iglesia y territori <dels> avinkabases, qui, desconeixedor de les costumps i tradicions,

398 Ídem.
399 Ídem.
400 §29.
401 §30.

prengué per norma la imposició de la <voluntat> /deva autoritaria/ voluntad, fent perdre el fervor religios al poble mes crisita i mes devot que es pogues desitjar[402].

§44 (8v vacat) (9r) En el santuari de la Foya, /que/ hi faltaba la Mare de Deu, hi maná que fosen trets els San Pere y San Pau i s'hi posesin l'imatge de San Marco evangelista y Santa Barbara, <que facilitaren els de Escala-Dei> y que procedien de la cova de l'ermita del Miquel Fra Guerau, i que alli guardaven /desde/ quant es construi la ermita de San Bartomeu <despues de la ...> l'any 1228[403].

§45 De l'ermita de San Roch es tregue l'imatje de la Mare de Deu de la Pinyera per <tornarla> /portarla/ á l'ermita de Masroig <, que la reclamaben>[404].

§46 El Sant Lució i Marció de la Bisbal foren sustituits per un Sant Marc y /una/ Santa Llucia. A l'<ermita> /santuari de la <Figuera> era dedicada/ de la Mara de Deu de la Mola, hi feu posar un San Pau ermitá, patró dels criador d'espart[405].

§47 Al any 1505, obligava a tots els habitans del territori a que es presentesin el primers de febrer á Tortosa, per asistir a les festes religioses de San Blay, baix pena de no ferho. Com que això no ere posible /.../ ere en els dies de mes fret y nevades, ho perdoná amb la condició de que es construis una capella en honor á San Blay y es fes la festa religiosa /igual que a Tortosa/, segons el rito romá, espedin l'any 1508 un pergami que es

---

402 §31.

403 §32, amb lleus variacions.

404 §32.

405 §32.

guarda, concedint indulgencies. El Sant Miquel del Castell de La Figa (Figuera) es cambiá per un San Martí[406].

§48 Axió promogue una vertadera revolució de mal estar en el poble, que /feu/ no acepta/s/en als capellans que <envia> nomenaba el Sr. Bisbe, <i els apedregaven quan es presentaven> /i a pedrades els feren marxar/[407].

§49 Intervingué en aquest conflicte en el any 1515 el bisbe Fra Lluis Mercade, que al mateix temps era Prior d'Escala-dei, y confesor del Rey Ferran II, i es resolgué nomenant /senyor o/ Baró de Cabacés al Sr. Bisbe de Tortosa, pasant tot el territori a la seva juriscicció eclesiastica y civil, amb el mero i mixt imperi, deixant el criminalister, que no podia exerci el Sr. bisbe, per el Sr. Comte de Prades[408].

§50 Les posesions i feus del comte de Pallars pasaren en feu als germans Miquel Roger, <la part del nort, y a en > y Isidro Roger, i á un Miquel Lexa. /I als Erills/ se li respectaren /les cases de Flix/, las partides de las Commes i Commellasos, y les terrenys que ja posehia radera la muntañye de la Figa, als estanyols (terra ausetanas del Ebre, des del pas del Ase hasta la vall de La Palma), La Cavallera y el castell, i les partides d'Aumenechs, i se feu carrec el Sr. Bisbe[409].

406 Molt similar, excepte en la part final, al §33.

407 Aquest paràgraf no té paral·lel al text dels goigs, excepte per l'apedregament d'un capellà al §39.

408 §34, sense fer menció, però, al tancament del castell i la dissolució de la Cavallera, que sí mencionen el text definitiu.

409 §35, amb detalls que no apareixen a la versió publicada.

§51 *A falta del santuari de La Foya, el dia 25 del mes de març de 1528 /es posá una image dedicada a la Verja Maria/ es digue la 1ª misa en la ermita de la Tornera, en el terme de Margalef: dona i conferi la licencia lo magnific señor miser Pere Crespo, oficial del bisbat de Tortosa, per lo Rnd. Sr. Dn. Guillem Euchifort, cardenal i bisbe de Tortosa, en la qual ermita dedicada a San Salvadó </la Verge Maria/> /i a la Verge Maria/ fou posada la primera pedra per Mº Bernat Albaiges /de Caruja/ <prevere>, vicari /i notari/ de Cabacés, que diu la misa, estant /presents/ los Reverents Frares Fra Bta. Bonet i Fra Pere Rossell, los dos preverets de Falset[410].

[*Nota intecalada en quartilla al fol 5, indicada la inserció al text amb la marca "San Salvador X"]

§52 /Al any 1530, el Rdo. Mº Geronimo Vergés, fill de Cabacés, porta /com a regalo/ del monestir de Escala-Dei, la Vera-creu i las reliquies, per l'Iglesia de Cabacés/[411]

§53 Al any 1551, prent posesió de la rectoria de Cabasses i de les sufraganeas de Margalef, Bisbal i /La Figa/ (Figuera), el Rdº Mº Bertomeu Voltes /del Forje/ (el mas del Ioa Piñol = (Lloá) i la Villela d'Abaix no tenien capilla), <qui> /y/ al any 1559 la dejá al seu germá, Rdo. Mº Bernat Voltes /del Forge/, <ambdos vinguts de la Diocesi de Tortosa>, que foren poc estimats per la gent de Caba<c>/ss/és[412].

---

410 §36.

411 §37.

412 §38, aquí amb mencions al Lloar i la Vilella Baixa que no apareixen als goigs.

§54 El primer bisbe que trobem nomenat Baró de Cabacés es Don Gaspar Punter, que l'any 1592 nomena Rector a Mº Pere Masip <també fill> /natural/ **(9v)** <del poble> /de la vila/, qui bregá molt per poguer fer fornar al Santuari /de la Foya/ á l'imatge de la Mare de Deu, sens poguerho conseguir degut al mal estat de l'edifici i al temor dels mal-andandos <i chitanos> /francesos/ i <dels villans> chitanos <...> que corrien pel pahis[413].

§55 Aquest Sr. Rector, al any 1602, sen bisbe Don Fra Pedro Manrique, qui despres fou virrey de Catalunya, troba l'iglesia masa petita i <comença la fabrica de una Iglesia nova> /a continuacio de l'antigua/ comença l'ampliació de l'Iglesia nova, /dedicada al naixement de la Mare de Deu/, obre que durá 17 anys i s'acaba esent bisbe Don Luis de Tena, que al any 1620 enviá a pendre posesió de Rector á Mº Gerónimo Broquetes, i de vicari a Mº Pere Vidal, que cap dels dos eren <fills de> fills ni escullits <pel poble> /pels naturals/, qui per mandat del bisbat feren lo que pogueren per veure si cambiaba els cans y els dogmes <o ritos> de l'Iglesia musarabe que aqui es practicaben <per los ritos de l'Iglesia romana>. I ho feren tant bé, que hasta cambiaren la devocio del San Juan bautiste /de la Canal/ <per la capella de La Canal> per l'altre San Juan evangelista, traslladant la pila del bautisteri a l'Iglesia nova. Mº Pere Vidal tingué de sortir de Cabacés á pedrades, dejani la

---

413 Part final del §38, on, a la versió publicada, se substitueixen els "mal andandos, chitanos, francesos i villans" per "desaprensius".

familia, a qui per sobre nom <els digueren> /i recort quedá el nom/ de Ritos[414].

§56 Aquestos <desferen> acabaren de desfer l'obra del Santuari de Fontes clares de la Font de Las Foyes, i els ajudaren /les correries dels moros <Buscas i Cadells> espulsats per Felip III que venien de la part d'Ascó/, que s'amagaven a la Vilella baixa i feyen cause amb els juheus que ja hi habia[415].

§57 A principis de l'any 1624, el bisbe Don Agustin Espinola, aceptá/mos/ la costum antiga /i les nostres tradicions/, i permeté que fose rector Mº Miquel Homdedeu, /y Andreu Casals, prevere, com a sustitut/, qui pacta/ren/ amb el Miquel Lexa <de Flix> i amb en Isidro Roger, tots paisants i parents, i acordaren <...> que tornesen <la Verge a la Font de la> /l'imatge/ Foya, <per poguer fer plegaries> /per que els/ <per tres calamitats> lliurase de les calamitats, que eren moltes, degut a les reboltes /... politicas/, a la fam /per falta de blat/, el bandorelisme, <epidemies> /la guerra/ y a les plagues que dejaven el pais asolat[416].

§58 I aixi, al peu de la Font, tornaren a fer una petita capella <hon amb un> y un sopluig <al fron> i <hon> ab <gran devosió> profesó i gran devosió <portaren> foren pujat la montañya, dejant /de pas/ al <sementiri> /ermita/ de San Roch <el

---

414 §39. Menció a la pica baptismal que Vidal mateix acabà aconseguint i instal·lant al darrera de la seva ermita de Sant Miquel, al Mas Roger, on encara és (fig. 32).

415 Aquest paràgraf no apareix al text publicat.

416 La part inicial del paràgraf coincideix amb la part inicial del §40, continua mencionant al Miquel Lexa i l'Isidre Roger del §35, i acaba amb un passatge no incorporat a la versió publicada.

quadro> </l'oli/> </en substitució de la de la Pinyera/> <que el Lexa> de la Mara de Deu del Loreto </que encare es conserva/> </regala/> <portava en Miquel Lexa> en substitucio de la Verge de la Pinyera, i després de resá el responso acostumat en aquell lloch, prengueren cami de la Foya, a entronizarhi l'Image de la Mara de Deu <de Wiclar y les de San March evangelista y Santa Barbara, que tornaren de Flix> i les petites images de San Marco evangelista y /la/ de Santa Barbera /... de l'ermita de San Bertomeu/, que es guardaben < al poble> la Villa /y cort/ de Cabasses[417].

417 Incorpora part del §40 (construcció d'una capella a la Foia) i part del §32 (el retorn de la Verge de les Pinyeres al Masroig i els canvis d'advocació).

Versió 17
Mecanografiat en versaleta.
Tretze folis grapats i enquadernats amb dos folis en blanc, escrits només pel r. Folis sense numerar.
Calc de l'original enviat a impremta.

Títol (1) BREU HISTORIA DE L'IMATGE; CONTADA PER L'ERMITÁ DEL ORATORI DEDICAT AL ARCANGEL SANT MIQUEL; DEL MAS DE ROGER DE PALLARS, EN LA COMARCA DE LA ESTINGIDA BARONIA DE CABASSÉS.

§1 Al 13 de Abril de l'any 585, fou decapitat á Tarragona el rey de Sevilla Hermenegil ó Ermengol. El seu germá Recaret, recollí les despulles i les traslladá á la Recopólis del Mus-San, junt al castell de Al-Lusio, Patriarca dels Celtibers, enclavat tot en la provincia romana de Lusiania, hon antes existia el Mons-Sacer[418] ó Bisbaal[419].

§2 Al any 589, el Rey Recaret, Il-Lisio bisbe de Girona, Artemi bisbe de Tarragona i el portugués, frare Agustí del convent de Tarragona Juan de Wiclar començaren la construcció de un monestir, que unia el castell amb la Recópolis, per guardar les reliquies de Sant Hermenegil, i proseguir la lluita contra el arrianisme y demés heretges.

§3 La fábrica del monestir s'acabá a l'any 591, essent el primer Abat En Juan de Wiclar. El monacat era de la orde de San Benet, d'habit negre i guardaba les regles de Juan de Wiclar, perquè las del Patriarca del Silenci, encara no habien aparegut. A la iglesia s'hi veneraba San Felix de qui era devot Recaret, i

418 "Mon-Sacer" als goigs.
419 "Bisbal" als goigs.

els primers martirs romans del temps de Maximi, l'ausetá cis-Ibera, San Marciá i el celtiber de la Lusiania, San Lusiá, que eren sepultats á la balma gran á cova de la Bisbal que ara hen diuen de Santa Llucia. L'altar major de la Iglesia, estaba dedicat á Santa Maria, per lo que, el Pontifice Papa Sant Gregori el Magne, ha instáncies de San Leandre, enviá la presiada Imatge, talla á la fusta, á tamany natural que porta el Jesuset al brás dret. Sobre les ruines del Monestir, del seu Bautisteri, de la Recópolis i del castel de Al-Lusio, s'alca avuy la villa dels Cabassés.

§4 L'imatge fou miraculosa. Al dia de la consegració, els celtibers i els imperials devots l'hi demanaren trés grácies: L'acabament del flagell de la pesta estesa per tot el pais. La extinció del arrianisme i la abdicació ó expulsió dels Juheus.
Las tres gracies foren alcanzades: La primera comença al primer dia, la segona, la veyem á la mort de Leovigild i abdicació pública de Recaret i l'última en vida del Abat i Bisbe de Girona Juan de Wiclar, al any 614, esent Papa San Deo-dado i Eusebi bisbe de Tarragona, el Rey Sisebut proscriu als Juheus, obligant en el termini de un any, bateijarse ó expatriarse, acte que se celebrá en el Bautisteri de San Juan de la Canal amb l'aigua de la Font de las Foyes i á presencia de l'Imatge de Santa (2) Maria de Wiclar. Els Juheus que després del jurament foren bateijats fundaren á 100 metros del Monestir un Call-Juhic, al que després San Isidor no hi estigué prou conforme i advertí á San Nonito, segon Abat i bisbe de Girona, del perill que podia corre el Monestir, fundanse que el jurament habia sigut forçat i el temperament judaic era inclinat á les pasións desordenades.

§5 Els moros, arribaren á mitat del sigle VIII, i la tradició diu que pasaren l'Ebre pel pas de Ascó =(esquerra), que avuy s'hen diu el Pas del Asse, que estaba en frons de la ciutat de Ibera, seguiren el camí de les Aumadines i arribaren á la creu vial dels cuatre camins dels Peyrons, hon trobaren l'abat del Monestir Sevus-Deo[420], al Patriarca Lisio[421] =(Llop) que els rebien ab profesó, portant l'Imatge de Santa Maria.

§6 Els moros, respectaren el lloch del Mons Sacer, com lloch sagrat i es conformaren en ocupar les montanyes que volteijen[422] las terres ausetas de sobre el riu, productores de grá, per lo que els nomenaren Gorabs =(Corps).

§7 Altre grup de moros, seguint el camí de la dereta, ocuparen Gueta-Lupus[423] (l'antiga Gueta-Phenos, avuy Gratallops). L'amistat amb els alabs fou duradera.

§8 A finals del sigle IX, l'aixam del Call-Juich, s'albototá i d'acort amb el Rey Chitano Afrún, asaltaren, robaren i quemaren á correcuita el Monestir i s'emportaren els manuscrits dels hitoriadors dels Gots, Idaci y Juan de Wiclar que allí es guardaven.

§9 L'Image de Santa Maria i les reliquies de San Hermenegil pogueren ser rescatades i amagades pels monjos que es retiraren al Çagaró del Montal =(avuy Cagaro). Altre grup de monjos es traslladá al final de la serra de la Lena, casi frenta als molins d'aigua de Aubarca (avuy, Ulldemolins), perquè des de allí es dominava bé l'entrada per llevant del Mun-San. =(mun de montanyes).

420 "Senus-Deo" als goigs.

421 "Lysio" als goigs.

422 "Lacetana, de sobre el riu" suprimit al mecanografiat.

423 "Gueta-Lupia" als goigs.

§10 Després d'aquest descalabre, el Patriarca del castell i Homodeo, ultim abat del Monestir, anaren á la reunió que hi hagué á San Juan de la Penya á ultims anys del reynat de Don Garcia Iniguez, hon es juntaren els 15 Ricos-hombres de Sabrarbe, per ajudarse á la ocupasió del territori pels Francs, á qui acompanyaben els chitanos ó Juheus.

§11 De volta de la reunió, les coves del Mun-san, els plans i les muntanyes i el territori dels Suecetans, es trobaven invadits de refugiats cristians i moros barrejats, que s'escapaven de la tirania dels comtes de la Marca Hispánica. En Miquel de Lusiá els ajuntá i formá les caves =(etjercits) **(3)** que al individuos s'els deya Kabassirs ó Al-mo-kabas = (El de las kabas)[424]. També s'els coneixia per Miquels ó Miquelets, perque l'estendart era el Llar del castell ó sia l'Arcangel Sant Miquel. Els Al-mo-kabes d'en Miquel de Lusiá, guerrejaven al crit de SANTA MARIA! i de DESPERTA FERRE! = (Alerta guerrer).
Al any 118, els Al-mo-kabes, foren demanats pel rey Don Alfonso Sanchez, pera que l'ajudesin al aseix de Saragoza. Bastá la presencia del Miquelets al crit de ¡Santa Maria! perque el rey moro es rendís. El fet paregué un miragle, perque[425] la plaza estava sitiada des del any 1113 i contaba encara amb forses per aguantar mes temps. S'atribuí la victoria com moltes de las de Miquel de Lusiá, perque es deya que en els seus combats portaba l'ajuda de la Mare de Deu y l'espasa de Sant Hermenegildo.

§12 Pocs anys després de aquesta victoria, en temps del Papa Calixto II i sent bisbe de Zaragoza, Don Pera de Librana, es demaná el trasllat de la Imatge de Santa Maria de Wiclar i de

424 "(El de las kabas)" suprimit als goigs.
425 "totes les plaza" suprimit al mecanografiat.

les reliquies de Sant Ermengol á Saragoza: ignoro la causa perque no es va fer.

§13 Al any 1149, després de la rendició de Lleida, Don Ramón Berenguer IV, al pendre posesió de la muntanya de Gardeny, entre la gent que l'acompanyava hi habien, els Abats Esteva del Orde Premostratense, i Sant Bernat del Orde del Citer, junt amb el creuat presbiter Don Pera Pinós del monestir de Escala-Dei del Cister del comtat de Bigorra en la Gascunya. Els trés recordaren a Don Ramón, la necesitat que hi habia de reconstruir l'antic Monestir de Wiclar, que debia estar en les terres poblades per kabasses (a les que daben el nom de Avin-Kabessir), units amb el UNIKAPSSIERIS = (unió amb els moros cautius = (Kapssieris)), encarrec que es feu al Abat Esteva, qui el traspasá al Abat Federic i aquest el trematé al Beat Juan de Organyá, á qui el Comte al dia 25 de Abril de 1154, l'hi fá donació de les terres de Lusiá en el lloch de Val-clara.

§14 Per donar pás á les forces de En Berenguer IV, els Kabessirs recularen de la frontera del seu comtat =(Margalef), de Torregrosa, i es tancaren en el nou Marca-galef de la provincia de Tarragona.

§15 A les hores, fou quant Juan de Organyá, comença la fábrica del nou Monestir de Vall-Clara, que tingué que abandonar antes de acabarlo i regalar-lo[426] á la Catedral de Tortosa, al any 1158.

§16 L'Abat Barnat del Orde del Cister, trapasá al any 1151, al Abad Xanxo **(4)** l'oratori de San Salvadó de La Lardeta i la sorteta del paubolet ó pabulatoe[427] =(pastor), hon els monjes del

426 Als goigs, es va canviar "regalar-lo" per "ofrenar-lo".

427 "Pabulator" als goigs.

Cister de Font-freda, vestiren el monestir del PAUBULET =(Poblet).

§17 El religios creuat, don Pera d'Escala-dei, recurregué buscant lloch, els plans de Aubarca i la montanya de Albarca, las de Cobins[428] =(Prades), Suessis =(Siurana) i seguint el riu Suera, arribá a Cort d'Ovélla =(Cornudella) i de allí riu avall fins arribá al lloch del pabulatio =(Poboleda) hon fundá l'iglesia de San Pera Apostol (en quina pila de l'aigua beneita que encare es conserva, s'hi troba el sello ó escut de l'Escala-dey de Borgonya) amb el proposit de unir tots els ermitans de les montanyes á qui ell doná el nom de Mont-Sant, en honor als sans angels que les ocupaven, entre ells el Beato Frá Guerau, un Miquel qui dintre del congost mes ruinós i estret del riu Falzayith =(dit també Oleum Flumen, Riu Oli, Riu Mun-San i avuy Riu Mont-Sant) avantporta de Margalef i guardador en el seu estatje de las imatges del Apostol San Bertomeu, patró dels pellaires i la de Sant March Evangelista, qui tingué fama de sant. El Beato Juan de Organyá, el Beato Frá Guerau y Don Pera d'Escala-dei, foren els fundadors de Santa Maria de Montal, Santa Maria de Siurana, Santa Maria de Mont-sant, Monestir de Bonrepòs i el de Cartuxos d'Escala-Dei.

§18 Al 1163, Dª Sanxa, muller del Rey Don Alfonso I el Cast, acompanyada de Fra Guerau, estiguere á FONTS ó FONTES (antiquisim poblat Iberic del Mons-Sacer). Portaren, per el Rico-hombre de Aragón, el nombrament de Arferez del Estandarte Real de la Corona de Aragón i Catalunya; á Frá Guerau l'hi feu donació de les terras de l'ermita de San Bertomeu i demaná que no habense construit l'antic Monestir de Wiclar, es construis un Santuari hon fose venerada l'Imatge de Santa Maria, i que les reliquies de San Hermenegildo, fosen

428 "Corbins" als goigs.

traslladades á Saragoza, menys el cap, que el prengué com á reliquia per l'Iglesia del Monestir de Xixena del que ella era fundadora. Com que els Cabasses, volgueren que el Santuari de Santa Maria de Wiclar, fose dins la seua comarca, fou alçat de sobre el poblat de FONTES, al peu de la FONT DE LAS FOYES (la veu Foya, vol dir escurriall ó aiguamolls) i per fomentar la devosió Mariana, en el més de Septembre de 1164, Albert de Castellvell, senyor de Siurana, vá otorgar á Ramón de Vallbona i al sacerdot Don Pere d'Escala-dei, á Juan de Organyá i á Fra Guerau, el planell de muntanyes, hon després es va fer l'ermita (5) de Santa Maria de Mont-Sant, que al any 1210, Fra Guerau, concedí á Pere Balb i á Guillermina, junt ab la seva ermita de San Bartomeu, que pasaren al Monestir de Bon-repós (avuy Mas de San Blay) i de allí als Cartuxos d'Escala-dei.

§19 En aquest mateix temps, arribaren els primers Padres de la Cartoxa, acompanyats de Don Guillerm de Sirca, qui junts ab els ermitans Don Pere de Escaladei i de Pobuleta, Fra Guerau de San Bartomeu, Juan de Organá de Bonrepos i Miquel de Lusiá, que cedí les terres, esculliren el lloch per a la fábrica de la casa Monestir de la Cartuxa de Escala-dei, devall del poblat dels Cabasses de Montal i en frons del de la Villela damunt, en el començament del barranch de las pinedes pegueras, que pren l'aigua de la font PEGONA.

§20 El Santuari de Santa Maria de Wiclar, s'empláza á un amplanuria, que servie de atans i abeuradó als remats de pás. L'altar major l'ocupaba la Mare de Déu i als voltants estaben les imatges dels Apostols San Pere i San Pau. Voltejaba la esplanada, el camí militar de Antoninus Pius, que venia de Flix i anava á la Ripa del Tulcis, que portaba el nom de Camí de Capafons. Darrera el Santuari, s'enterraba el cós de las persones de Fontes que morien en gracia de Deu; als heretges, endemoniats i maniatics, séls espenaba pel forat de la Boca del Infert, hon els esperaba en Pere Botero, que ab la barca, els conduia á les calderes de Lucifer.

§21 Al any 1185, esent Bisbe Pons de Munells de la Diossesis de Tortosa, es sentá una reclamació, sobre la propietat del Santuari, fent valer el Sr. bisbe, l'acta de donació per Juan de Organyá del territori de Vall-clara, que el confonia ab el de FONTES i obtingueren del Rey Alfons I el domini eclesiastic per la seva Diosesis, per lo que al dia 9 de Maig, el dit Bisbe otorga carta puebla als Avin-Cabassirs i á la sua posteritat, concedintlos "Illum nostrum locum quot dibur Kabasses ad fachitatem, cum omnibus termini" pretenen lograr per aquest fet, que desde Flix incluit, hasta el Margalef de Lleida, fos incorporat á la seva Diocesis. La investidura eclesiástica la donaba á titol de benefici, el senyor del Castell, al sacerdot escullit per aquell carrec, en preferencia al que tenia més mérits per á ser-ho, amb el benaplacid del Arquebisbe de Tarragona.

§22 El de notar, la vocació sobrenatural que els Cabasses, tenien á la Imatge de la Mare de Deu de la Font de las Foyes, quant després de la mort den Miquel de Lusiá á la batalla de Muret, la prengueren per senyera, traslla**(6)**dant-la á la capella del castell, per por de que no fos robada, al veures injustament acusats d'Albigenses, pels frares d'Escaladei i pels bisbat de Tortosa, perque els dón pretenien la posesió de la CABA-LOCA =(Lloch dels Cabasses). Els Frares d'Escala-dei, lograren quedarse, ab les terres del MASDEU =(Comendador del Rosselló), marit de Sibila de Lusiá y del poblat de Montal que destuiren i enviaren als veins joves á la conquista i poblament de Valencia: las doncellas s'emportaren en el seu cor á la Mare de Deu de la Foya i els Miquelets á Sant Miquel. D'aqui vé que als voltans de Valencia es trobin Santes Maries, Foyas, Miquelets, Mont-Sants, i que en les iglesies s'hi conservin cançons i cerimonies del rit mozarabe, que els Cabasses[429] fins á mitad del present sigle han sabut[430] practicá.

§23 Molt migrat de personal queda Fontes, després de las conquistes de Mallorca i de Valencia i els castells i Villelas, poc menys que abandonats, perque en Miquel, fill del que morí á Moret, acompanyan á Don Pere I, qui aproximadament tenia la mateixa edad de Don Jaume I, era qui ab els seus Al-mo-cabas l'hi feyen la guardia i no se apartaben del seu costat.

§24 El Rey Dn Jaume I, redimí els castells de Lusiá del empeny que tenien i els incorporá al realme de la corona de Aragó, formá una Cavallera ab els Cabasses que quedeban i deixá nomenat Lexa ó Legat en representació de la realesa á l'últim Miquel de Lusiá; expedí una carta pobla escrita en limosí á puny i lletra seua, fundan la Vila dels Cabasses, en el lloch á hon és avuy, dejant per Lar á Sant Miquel i per patrona l'Imatge de Santa Maria de la Font de las Foyes, fent cás omís de les peticions de la Diocesis de Tortosa y de las costums i usatges que al any 1310 el Bisbe de Tortosa, Don Pere de Batteto, expedí als vehins de Cabasses i que l'iglesia de Tortosa concedeix.

§25 Creixia més que l'eura que la cobria, la fama de la Mare de Deu de la Font de la Foya de Fontes clares[431]; devots, peregrins i romers de tots els llochs, apareixien anán i venin pel camí de Cap á Fonts[432]. Al any 1317, es recorda que vingué Doña Teresa

429 "habem sabut" suprimit al mecanografiat.

430 "observá" suprimit al mecanografiat.

431 "Fontes-Clares" als goigs.

432 "Cap-a-Fonts" als goigs.

Jimenes de Urrea, priora del Monestir de Xixena, qui acompanyaba á Doña Blanca d'Aragó, filla de Don Jaume II, que es queixava de una malaltia de pulmons que es tenia per incurable; permanasqué a Fontes Clares[433] i á Cabasses durat tot l'ivernt, anán cada dia á la Font de las Foyes á fer el traguel d'aigua i la visita á la Mare de Deu. S'entornaren á Xixena, completament curada d'aquell mal. Als anys 1324 al 1328, Doña Blanca torná moltes vegades per donar gracies á la Verge i per a veure al seu jermá Juan, que estava en el Monestir de la Cartoxa d'Escaladei. **(7)**

§26 Al istiu del any 1348, la granola assolava el pais i á les diocesisis de Tarragona i Tortosa no hi quedaben sacerdots. L'Arquebisbe Don Fray Sancho Lopez de Ayerbe, recordant els miracles que de la Mare de Deu de la Foya, de altres vegades obtingut i tement el mateix temps que no fosi un castic de Deu degut á la destrucció pels frades d'Escala-dei del Santuari de la Mara de Deu del Montal, convertinlo en casa de labor i ermita de San Antoni, encabeçá una peregrinació al Santuari del peu del Montsant, fent rogatives lúgobres, presidint la creu coberta ab un vel negre. Al arribar no trobaren el sacerdot dels Cabasses, perque habia mort de la pesta i els feligresos pregaben á la Verge que á més de la cesació de la plaga, que els portés un bon cura d'animes i es doná el cás curiós de que al acabarse la plegaria, aparegué un Frare escapat del Monestir del Puig Roig =(Masroig), cargat ab l'imatge de la Verge de La Pinyera. Aquest frare sacerdot, de que la gent s'apartaba, per por de que no estés infectat de la malaltia, es retirá á fer vida eremitica á la Cova del Dolmen[434], entic cementiri de Fontes, i fou el fundador de l'ermita de San Roch propera al Santuari de la Foya. **(8)**

433 "Fontes-Clares" als goigs.

434 "Dolman" als goigs.

§27 Al any 1398, visita La Foya, Na Maria, esposa del Rey Marti, i trobá el poblat[435] de Fontes Clares[436] desfet i derroit per un aiguat i els habitans traslladats á Cabasses; i com que el Santuari tampoc estaba en estat de conservació que requeria, es traslladá l'Imatge novament al Castell, demaná que aprofitant una bóveda que quedaba del derruit Monestir de Wiclar, es fes l'Iglesia de la Villa de Cabacés dedicada á la Verge i fosa incorporada á la Diocesis de Tortosa, que la regia Don Hugo de Lupiá.
En Miquel dels Cabasses, lexa del castell i de la Cavallera, que rebé l'encarrec, encarregá al pintor Lluis Borrassá de Barcelona, el retaula dedicat á Santa Maria Mare de Deu del que encare s'hen conserven fracments.

§28 En 1479, es Uch, Roger de Pallars ex-senescal de Catalunya, figuraba com á propietari de terrenys de la comarca dels Cabasses, com á marit de Dª Catarina i administrador dels bens de la seva sogra Na Violant Albert, herederes de la casa i baronies del Mansu-dei Erill, casat ab Na Sibila de Lusiá. En Uch Roger, en defensa dels seus drets, tingué guerra, contra els seus parents de la casa de Cardona, que eren el Bisbe de Urgell Don Pera Cardona, En Juan Cardona, conestable de Aragón, i En Juan Ramón Folch compte de Cardona i Compte de Prades, tots ells mol amichs de Rey sense Fé, en Juan II. Durant aquesta guerra en Uch, solicitá l'apoy del seu amic Miquel Lexa dels Cabasses, i haben sigut derrotats es retiraren En Uch á Mora i en Miquel á Flix, emportanse ab ell la miraculosa Imatge de Santa Maria de la Foya.

435 "poblet" als goigs.
436 "Fontes-Clares" als goigs.

§29 De resultes d'aquest desastre, antes de la mort de Uch Roger al castell de Xativa, foren confiscats, tots els bens dell i del seus familiars, salvo els del Compte de Prades.

§30 La comarca dels Cabasses ja mol migrada, era envejada i reclamada á les hores, per Don Alfonso de Aragón, bisbe de Tortosa, pel Compte de Prades, pel Bisbe de Urgell i pel Monestir d'Escala-dei.

§31 El bisbe de Tortosa Don Alfoso de Aragón, s'adelantá al fallo dels aconteixements, i sens cap consentiment, es feu ell senyos de la Iglesia i territori del Avi-Kabassirs, qui desconeixador de las costums i tradicions dels Cabassés, prengué per norma la imposició de la seva autoritaria voluntat, fent perdre aquel fervor religios al poble mes cristiá i mes devot que es puga desitjar.

§32 En el Santuari de La Foya, á falta de la Mare de Deu, es tregueren les imatges de San Pere i San Pau, posantsi les de Sant Marco evangelista i la de Santa Barbera per quant troni. De l'ermita de Sant Roch es tregué (9) l'imatge de la Mare de Deu de la Pinyera, per retornar-la a l'ermita de Masroig. Els Sans Lusio i Marcio de La Bisbal, es cambiaren per Santa Lucia i Sant Marco. El Santuari Mariá de la Mare de Deu de La Mola de la Figa =(La Figuera), s'hi posá á Sant Pau, primer ermitá, patró dels esparters, i el Lar del castell del mateix poble que era l'Arcangel Sant Miquel, fou sustituit per un San Martin.

§33 Al any 1505, obligaba á tots els habitans de la comarca á que es presentesin al primer dia de Febrer á Tortosa, per asistir á les festes religioses de San Blay, baix pena de no fer-ho; com que això no era posible perque eren en els dies mes frets, ho perdoná amb la condició de que fose construida una capella en honor á San Blay i al seu dia, es fés la festa religiose al igual que á Tortosa i segons el rito Romá, expedint al any 1508, un pergamí que es guarda, concedint indulgencies. En aqueta diada es tenia que cantar aquell Gozos "Anima las almas San Blas, Animalas! Animalas!

§34 Intervingué en aquest conflicte á l'any 1515 el Sr. Bisbe de Tortosa Frá Lluis Mercader, que al mateix temps era Prior del Monestir d'Escala-Dei i confesor del Rey Ferran II, i es resolgué nomenant Senyor ó Baró de la comarca de Cabasses, al Sr. Bisbe de Tortosa, pasant tot el territori á la sua jurisdicció eclesiástica i la civil en el mero i mixt imperi, deixant el criminalister, que no podia ejercir el Sr. Bisbe per el Compte de Prades. El Castell fou tancat i la Cavallera disolta.

§35 Las posesions i feus del Compte de Pallars, pasaren en feu als germans Miquel i Isidro Roger i al Miquel Lexa i á la familia Erill, se l'hi respectaren les cases de Flix i las partides que posehien á l'una banda i al altre de la serra de La Figa =(Figuera).

§36 A falta del Santuari Mariá de La Foya, el dia 25 del més de Març de l'any 1528, es posá una Imatge dedicada á la Verge Maria, i es digué la primera misa de San Salvadó de La Tornera, en el terme de Margalef, doná i conferí la llisencia lo Magnific Senyor miser Don Pere Crespo, oficial del bisbat de Tortosa, per lo Reverendisim Sr Dn Guillem Euchifort, cardenal i Bisbe de Tortosa, en la qual ermita, dedicada á San Salvador i á la Verge Maria, fou posada la primera pedra per Mº Bnat Albaiges de Caruja, vicari i notari de Cabasses, qui diu la misa están presents los Reverens Pares Fra Batista Baset i Fra Pera Rosell, los dos preverets de Falset.

§37 Al any 1530, el Rdº Mº Gerónimo Veyá, fill de Cabasses, porta com regal del Monestir de Escala-dei, la Vera Creu i las Reliquies per l'Iglesia de Cabacés.**(10)**

§38 Al any 1551, pren posesió de la rectoria de Cabasses i de las sufraganeas de Margalef, Bisbal i La Figuera, el Rº Mº Bartomeu Voltes de Alforge, que al any 1559 la deija arrendada al seu germá Bernat Voltes. El primer Bisbe de Tortosa que trobo nomenat Baró de Cabasses, es Don Gaspar Punter, que al any 1592, nomena Rector á Mº Pere Masip, natural de la Villa, qui bregá mol per poguer fer tornar al Santuari de la Foya sens que ho poguesa conseguè, perque ho estorbaben el mal estat del edifici i el temor als malandandos.

§39 Aquest Sr Rector, al any 1602, sen Bisbe Don Fra Pedro Manrique, qui després fou Virrey de Catalunya, començá l'ampliació de l'Iglesia, dedicanla al Naixement de La Mare de Deu, i á San Blay. L'obra durá 17 anys i s'acabá esent Bisbe Don Lluis de Tena, que al any 1620, enviá a pendre posesió de Rectó á Mº Gerónimo Broquetes i de Vicari á Mº Pere Vidal, quis per mandat del bisbat, feren quant pogueren per adaptar les caremonies al rito Romá i cambiar les devocións de Sant Juan de Wiclar, de San Nonito, de Dant Juan Bautista, per le de San Juan Evangelista. De Mº Pere Vidal, sabem que tinguè de fugir á pedrades de la Villa, dejanhi[437] la casa dels seus pares, que avuy encare porta l'apelatiu de Can Rito.

§40 A, començamet de l'any 1624, el bisbe Don Agustin Espinola, junt ab el Rector Mº Miquel Homdedeu i Vicari Mº Andreu Casals, retornaren l'Iglesia de Cabasses á les costums antigas, i pactaren ab en Miquel Llexa, i amb en Isidro Roger, el retorn de l'imatge de la Mara de Deu de La Foya, per lo que

437 "els pares" suprimit al mecanografiat.

s'arreglá al peu de la font una petita capella i en frenta un sopluig, cedint En Isidro Roger els terreis, que formaben la plaza de las nogueres per ebarjó dels devots i el bosch colindant, pels forns de calç i les carboneres públicas, dejan-ho tot en propietat de l'Iglesia i de cuidant al Sr. Rector, Mº Miquel.

§41 Acabada la Fábrica, ab profesó solemne, es torná l'Imatge al seu lloch, fent parada á l'ermita de San Roch, hos es dejá el cuadro de la Mare de Deu del Loreto, que en Miquel Llexa, portaba per sustitució de la Verge de la Pinyera, es resá un restonso, dels que alli eren enterrats i es continuá la peregrinació, fins á dejar á Santa Maria en el seu lloch.

§42 Al any 1650, un terci de francesos, van venir i entrar á la Vila, com estaben empestats, tota la gent s'hen vá anar, menys 26 persones, entre homens i dones, i s'hen exiren 18, quedan la Villa abandonada, á mercés dels paisans i de la guarnició de Fix, que venien i es carregaben per moltes vegades de calderes, protadores, roba i lo que trobaven.

§43 (11) En el any 1651, á finales de agosto, llegó i ocupó el Castillo de Cabacés, el Principe Don Juan de Austria, acompañado de su Estado Mayor y soldados de su ejercit i els religiosos de Poblet Fra Francisco Serra, Fra Miquel Pascual, i Fra Bernat Pámies. El nom d'ells i els dels acompanyes, es troben inscrits en el Llibre de la Cofradia del San Rosari de Cabasses, agregada á la de Roma per particular concesió del Sumus Pontifice[438], que es guarda en el archiu de la Parroquia.

438 "agregada á la de Roma per particular concesió del Sumus Pontifice" suprimit als goigs.

§44 Don Juan de Austria, arribá convalecent, de coragre ó de pesta, i el primer que demená al arribar fou per la Mare de Deu de la Foya, de la que tenia referencia dels seus miracles i que per aquest motiu habia escullit La Villa de Cabasses, per quartel de descáns. En aquest Quartel es prepararen les sortidas á la conquesta de Prades, Espluga de Francolí, l'ajuda i guardia al Monestir de Poblet, i ab l'ajut dels naturals de la Villa, portats per en Lluis de Magriña de Tivisa, i dones de Cabacés, es lográ després de dos asalts, apoderarse del Castell de Siurana.

§45 Volgué Dn Juan, que la Mara de Deu de la Foya, fos portada al l'Iglesia i que cada dia á la tarda es resés el Sant Rosari, les letanies i es cantés la Salve tots els disabtes, fins haber lograt l'entrada á Barcelona. El Pare Don Geronimo Martin, Prior d'Escala-dei, amic de Do Juan, deia, que les seves victories á les oracions dels devots del Sant Rosari i de la Mare de Deu de la Foia.

§46 Una tabla votiva, quina inscripcío declara la gracia de haberlo lliurat de la peste, i de la ambició dels francesos per la posesió de Catalunya, es conservaba fins l'any 1936.

§47 Si repaseu, com jo he fet, en l'archiu de la Parroquia, els testamens del sigles XVI, XVII, i XVIII, dels pobladors de tota la Baronia, no s'hen troba ni un que al repartir les limosnes, s'olvidi del Santuari de la Mare de Deu de la Foya.

§48 Al any 1663, morí Fra. Juan Cové, últim ermitá en propietat del terreny i de la ermita, que en les seves últimes voluntats, lega tots els seus bens á l'Iglesia de Cabasses, perque, aquesta propietat, siga unida á la del Santuari de la Foya i administrada per el Sr. Rector que hi haije, i dedana eser enterrat al forat que hi há desota la capella.

§49 Durant tot aquest sigle i el venidé, les romeries, rogatives i profesons á la Foya, eren seguides, com també seguides les gracies que es rebien de la Verge Maria; als leprosos i pestosos s'els atenia á San Roch, i per les sequies, plagas de llegosta, febre amarilla, cólera i altres calamitats, se anaba á la Foya, tenin en compte sempre **(12)** al arribá á l'altura de San Roch, de resar un Responso pels enterrats en aquell cementiri.

§50 Al any 1840, acabada la guerra del 7 anys, al evacuar les tropes de Catalunya, Don Carles Maria Isidre de Borbón, escollí també com Don Juan de Austria, l'antic camí de Cap á Fonts[439], que anava desde la Bisbal del Panadés á Flix i Cabacés era á la 2ª jornada. L'evacuació durá 3 dies i 3 nits, i Don Carles els aprofitá per visitar á la Verge de la Foya del qui era molt devot. Al anarsen, feu donació de una respectable quantitat al Rector Mº Josep Cid, que l'acompañaba i al Sr Homdedeu en quina casa s'hostejava, perque s'apliques al millorament del Santuari.

§51 Al any 1844 es començaren les obres, tirant á terra el sopluix i amplian el cós del edifici á 6 m. ampla, per 12 de llarch, tenint que interrompreles, per haber començat la guerra civil, i es reanudaren al any 1865, que fó quant es construí l'altar. Durant aquest periodo l'Imatge es guardaba á l'Isglesia de la Villa i es resaba cada dia el Sant Rosari i les lletanies. Per orde del Sr Bisbe, també es retirá a l'Iglesia el cuadro al oli de la Mare de Deu del Loreto, per evitar els exesos de les turbes malvades e irreverens, que sempre apareixen en tems de revolta.

---

439 "Cap-a-Fonts" als goigs.

§52 Al any 1873, vingué á exprofés per visitar la Imatge, Na Maria de las Neus, esposa de Don Alfonso de Borbón, germá de Don Carles VII, i es feren les festes de la Coronació. Donya Maria de las Nieves, vá sorprendres al veura l'Imatge, i digué que era una imatge de la seva patrona, casi cópia de la de la Mare de Deu de las Neus, del Coll d'Esquino. Com que els de Cabassés s'ho van creure, i el poble era molt inclinat al Carlisisme, en honor á dita Senyora, cambiaren el nom á la Mare de Deu de la Foya i l'hi digueren Verge de las Neus.

§53 Quant era Santa Maria de Wiclar, feya la diada el 13 d'abril, després de la reconquesta, la feya el 8 de Septembre, que començaben les festes dels Cabasses i duravan fins á Sant Miquel, i ara es fá el dia 24 del mateix més, habense traslladat la festa major de l'Iglesia al dia de San Blay, al dia 3 d'endevina quin més és.

§54 Tot vé el moment que s'acaba, i axí fou al any 1936, que un histéric de la chusma malvada[440], va cremar l'Imatge milenaria i miraculosa, consol i senyera dels Cabasses, precursora del fervor Mariá i del eremites del Mun-San.
(13) Avuy els vells, sentim nostalgia quant pasem pel lloch del Santuari i veyem que en el puesto de la Mare de Deu de la Foya, está una Imaje de séria, de les que porten el cap buit; si anem mes amunt, trobem que la Boca del Infernt, s'ha tancat, es de preveure que En Pere Botero ha plegat l'ofici, perque en el Infernt n'está plé, d'ingrats i desagreits.

440 " un histéric de la chusma malvada" suprimit dels goigs.

Versió 18
Apunts de Miquel Vidal i Llecha amb notes per a diferents paràgrafs de la Breu història.
ASMV, Fons Miquel Vidal.

a *Fitxa. Manuscrit.*

Sant Hermenegil
Conta la tradició, que a Sant Hermenegild invocá protecció en Miquel de Lusiá y els Cabacés, y es deya que mataben tans moros y que eren el seu terror, perque portaven l'espasa de Sant Armengol, nom que donaben a les hores a San Hermenegildo y que alguns han confos amb San Ermengol.
En aquest dia 13 de abril es celebraben la festa de San Juan de Biclar y la de San Armengol a la capella de la Foya y era també la festa de tot el poblat de Las Fonts o Fontes clares.

b *Quartilla. Manuscrit.*

San Hermenegild
Al peresguir los moros y los judíos los cuerpos de los santos, fue trasladado al lugar retirado y seguro en el Montal, y lugar de Monte de l'Armengol, donde fueron descubiertos en el siglo *(Vacat)* para ser trasladados a Zaragoza.

c *Fragment. Manuscrit.*

Al 578, Leovigilt, comença l'obre de la Recopolis, en honra del seu fill Recaret, tocant al castell de Al-Lusia (El Llop), patriarca en Cis-Ibera, hon estabe el poblat de Fonts, que daba entrada a les tabernes de la Bisbal <dels ausetans Cis-Ibera. La Bisbal era l'antic Mont-Sacer, que l'atravesava el riu Oli>

d *Fragment. Manuscrit.*

585
Recaret, retira les restes del seu germa, decapitat de Tarragona, y els porta al seu palau encar ano acabat, hon en 586 Juan de Wiclar, amb l'ajud del arquebisbe de Tarragona Artemio findá el monestir de Santa Maria de Biclara, que porta l'habit de la Religio de San Agusti, si be l'orde monacal de San Benet ab unes regles fetes pel mateix Juan de Wiclar, perque en aqeulls temps el Patriarca del Silenci encare no existien.

e *Fragment. Manuscrit.*

La image de Santa Maria, fou regalo del Papa San Gregori, que l'enviá a instancies de San Leandro, per l'iglesia del monestir de Wiclar, hon es guardaben les reliquies de San hermenegildo.

"Guardá el monenc maurol
en el convent de Wiclara dins el casal
del locus Lusiana
al fidel Sant Ermengol"[441]

f *Mitja quartilla. Manuscrit.*

San Joan Biclarense, fa la festa el dia 6 de maig.
Al mateix dia de San Joan Evangelista, y per aquest motiu hi hagué la confusió a Cabacés.

441 Versió de la falsa corranda popular que acompanya la felicitació de Nadal de 1967 (fig. 25). Suprimits de la versió definitiva. Similar a §3, ver. 2, §9, ver. 4; §9, ver. 8; §5, ver. 10; §16, ver. 11 i §7, ver. 13.

g *Fitxa. Manuscrit. ASMV, Fons Miquel Vidal,*

500
En muchas partes del monasterio de Wiclar se alla la cruz de Santa Tecla, que es T, que recuerda que dominio, era del arzobispo de Tarragona.
La T va coronada con la margarita[442].

h *Fragment. Manuscrit.*

614. en temps de Sisebut, va proscriure els juheus, obligantlos en lo terme de un any a bateijarse o á expatriarse.
Foren mols els que es presentaren al monestir de Santa Maria de Wiclar per rebre les aigues en el bautisteri de San Juan y fer el jurament.

i *Fragment. Manuscrit.*

El 882, el monestir fou asaltat pel rey Juheu Hafsun ó Anfruns de Rotalychud, dit Achitán (dimoni) Hafsun, ab el seu ejercit de juheus y francs.

j *Fragment. Manuscrit.*

La partida ó balma de San Roch s'he deya antes "la cova del Caixé" (dolmens).
Pregunta a hon es el Grau del Caixé.

---

442 Es refereix a unes mènsules romàniques, procedents de l'oratori que manà construir Ramon Berenguer IV a la carta de donació d'Avicabescer a l'orde de Prémontré (Virgili, 1997: 59-60). Vegeu la fig. 21 (fotografia presa pel mateix Vidal) i les fig. 30 i 31 per a les peces en qüestió.

Societat formada per homens lliures, Cabasés, y unicapsieri = protegits.
Cada any se sortejaven les terres y posats los fruits en comú, se distribuien equitativament entre les families.
Artesans, en 5 anys rebuts en clientela, los esclaus que formaban part de la familia dels senyors y los libertos ó monjos.
Sots la dependencia del cacich, vivia la clase dels soldurios, que l'asistian a la guerra y se solian matar per no sobreviurel.
El castell tenia citges, aljubs excavats en les roques, muralles y valls.
Gobernaban les tribus, presidian l'asamblea general del poble, y administraba patriarcalment justicia, era el pontifex de la relligió y tenia com a lar a l'arcangel San Miquel que el comunicava ab la divinitat.
Se imposava la federació de les tribus per la defensa comuna com per rahons econòmiques.

12. Làmines

Fig. 1. Els goigs a la Mare de Déu de la Foia, del 1968, amb la *Breu història* al dors.
Fig. 2. Miquel Vidal (dreta) amb Josep Iglésies (esquerra), 1965.
Fig. 3. Imatge de la Mare de Déu de la Foia a la seva ermita, abans de la seva destrucció el 1936.
Fig. 4. L'escut que presideix la portalada principal del Mas Roger.
Fig. 5. Heràldica apòcrifa, a la façana del Mas Roger, amb les "armes de Llechió".
Fig. 6. L'escut de la inexistent Fuentes Clares, prenent com a base l'escut de Cabassers, a la façana del Mas Roger.
Fig. 7. Font Clara i sant Miquel, a la mina d'aigua de la font del Mas Roger.
Fig. 8. Inscripció sobre ceràmica, al peu que sosté l'antiga pica baptismal de Cabassers, traslladada al Mas Roger per Miquel Vidal.
Fig. 9. La Verge Maria amb el Nen Jesús, sostenint una pinya amb la mà dreta, a la capella de l'ermita de Sant Roc que Miquel Vidal adulterà col·locant-hi medallons que fan referència a les Pinyeres.
Fig. 10. Un dels dos medallons fets col·locar per Miquel Vidal a l'ermita de Sant Roc el 1962, representant una suposada al·legoria de les Pinyeres.
Fig. 11. La rajola que decora la porta de l'ermita de Sant Joan, comparada amb el segell tampó utilitzat per l'Ajuntament de Cabassers a principis del segle XIX, present a la documentació espoliada per Miquel Vidal de l'Arxiu Parroquial de Cabassers.
Fig. 12. La imitació de la portalada de l'ermita de Sant Joan que Miquel Vidal féu al Mas Roger.
Fig. 13. Graons de l'escala d'accés a l'ermita de Sant Joan de Cabassers.

Fig. 14. Context de la imitació de la portalada de Sant Joan al Mas Roger, a prop d'una petita bassa.
Fig. 15. L'ermita de Sant Joan i l'abeurador de la Canal, a Cabassers.
Fig. 16. Rajola amb inscripció "La nostra casa és el nostre món", situada just al costat de la porta del Mas Roger que imita la de l'ermita de Sant Joan de Cabassers.
Fig. 17. El fulletó promocional que editá Miquel Vidal el 1965.
Fig. 18. Segell tampó de Miquel Vidal, present a algunes carpetes que utilitzà per a reordenar l'Arxiu Parroquial de Cabassers.
Figs. 19 a 22. Fotografies preses per Miquel Vidal, que mostren relleus romànics que ell interpretà com a parts del monestir de Biclaro, i arcs apuntats que, al seu parer, formaven part de la Recòpolis.
Fig. 23. Logo de la Cooperativa Agrícola de la Bisbal de Falset, i marca comercial del seu oli, Montsacer.
Fig. 24. Marca comercial del vi Gueta-Lupia, del celler Bodegas B. G. de Gratallops.
Fig. 25. Felicitació enviada per Miquel Vidal el Nadal de 1967, amb una xilografia de la imatge de la Mare de Déu de la Foia, cremada el 1936, i la falsa corranda popular.
Fig. 26. Etiqueta de vi Cavaloca, produït al Mas Roger per Miquel Vidal.
Fig. 27. Targeta de visita de Miquel Vidal i Llecha, on afegeix "de Llusá y de Llaberia" als seus cognoms.
Fig. 28. Goigs a Sant Marc, març de 1968. Edició d'homenatge pòstum a la memòria de Miquel Vidal Llecha.
Fig. 29. La tomba de Miquel Vidal, on també hi ha les restes de la seva esposa i el seu pare, a l'interior de l'ermita de Sant Miquel del Mas Roger.

Figs. 30 i 31. Mènsules procedents de l'oratori romànic fet construir a Cabassers per Ramon Berenguer IV, segons consta a la carta de donació del lloc a l'orde de Prémontré, del 1149.
Fig. 32. La pica baptismal de Cabassers, espoliada per Miquel Vidal i traslladada al Mas Roger.

GOIGS A LA MARE DE DEU DE LA FOIA

QUE ES VENERA A
TERME DE CABASSERS
La seva festa:

LA SEVA ERMITA DEL
BISBAT DE TORTOSA
el 8 de setembre

Verge pura i immaculada,
a Vós venim reclamant.
De La Foia intitulada,
fundada al peu d'El Montsant.

Els pobles d'aquesta terra
i tots vostres naturals,
vist que per ells es desterra
el turment de tots els mals,
preguen a Vós Reina pia
el seu remei suplicant.
Verge pura...

De la terra en les entranyes
us tingué el Cel destinada
per ser Verge Immaculada
concebuda sens pecat,
doblegàreu la serpent
que temptà al primer Adam.
Verge pura...

Visitant la vostra ermita
amb molta gran devoció,
de qualsevol malaltia
alcansem la curació
xics i grans si ho demanen
vostres gràcies implorant.
Verge pura...

Ja és vista l'experiència,
Mare de Déu singular,
feu cessar la pestilència,
Verge per Vós reclamem
de vostra mà sacrosanta
nostra salut alcansant.
Verge pura...

Són tantes les meravelles
que useu amb els pecadors
que és més fàcil les estrelles
comptar, que els vostres favors,
i puix sempre esteu Senyora
amb gràcia patrocinant.
Verge pura...

Joiós lloc de Cabassers,
del gran bé que Déu t'envia
és l'aigua d'aquella font
que neix als peus de Maria,
la que corre per la vila
el contorn fertilitzant.
Verge pura...

Puix miracles cada dia
de Déu esteu alcansant.
Ajudeu-nos Reina pia,
fundada al peu d'El Montsant.

Xilografia de la imatge primitiva, per Enric Prats Auqué

Melodia recollida per Enric Pere Vidal

℣ *Pregueu per nosaltres, Santa Maria Mare de Déu.* ℟ *Per a que siguem dignes de les promeses de Jesucrist*

P R E G U E M

Us supliquem, Senyor Déu, que concediu als vostres servents de poder fruir sempre d'una bona salut espiritual i corporal; i per la intercessió de la benaurada sempre Verge Maria, prop vostre, al cel, allibereu-nos de les tribulacions de la vida present i feu-nos gaudir de la joia eterna. Per nostre Senyor Jesucrist. ℟ *Amén.*

Fig. 1. Els goigs a la Mare de Déu de la Foia, del 1968, amb la *Breu història* al dors.

BREU HISTORIA DE LA IMATGE DE LA MARE DE DEU DE LA FOIA

contada per l'ermità de l'Oratori dedicat a l'arcàngel sant Miquel, del Mas Roger de Pallars; en la Comarca de l'extingida Baronia de Cabassers

Al 13 d'abril de l'any 585, fou decapitat a Tarragona el rei de Sevilla Ermenegild o Ermengol. El seu germà Recared, recollí les despulles i les traslladà a la Recòpolis del Mun-San, junt al castell d'Allusio, patriarca dels celtíbers, enclavat tot en la província romana de Lusiania, on abans existia el Mon-Sacer o Bisbal.

A l'any 589, el rei Recared, Illisio, bisbe de Girona; Artemi, bisbe de Tarragona, i el portuguès frare agustí del Convent de Tarragona, Joan de Wiclar, començaren la construcció d'un monestir, que unia el castell amb la Recòpolis, per a guardar les relíquies de sant Ermenegild, i prosseguir la lluita contra l'arrianisme i demés heretges.

La fàbrica del monestir s'acabà l'any 591, essent el primer abat en Joan de Wiclar. El monacat era de l'orde de sant Benet, d'hàbit negre i guardava les regles de Joan de Wiclar, perquè les del patriarca del silenci encara no havien aparegut. A l'església s'hi venerava sant Fèlix, del qual era devot Recared, i els primers màrtirs romans del temps de Maximí, l'ausetà Cis-Ibera, sant Marcià i el celtíber de Lusiània, sant Lucià, que eren sepultats a la balma gran o cova de La Bisbal, que ara és dita de santa Llúcia. L'altar major de l'església estava dedicat a Santa Maria, perquè el Pontífex Papa Sant Gregori el Magne, a instàncies de sant Leandre, feia tramesa de l'apreciada imatge, talla de fusta de tamany natural que porta el nen Jesús al braç. Sobre les ruïnes del monestir, del seu baptisteri, de la Recòpolis i del Castell d'Allusio, on s'alça avui la vila dels Cabassers.

La imatge, fou miraculosa. Al dia de la consagració, els celtíbers i els imperials devots, l'hi demanaren tres gràcies: l'acabament del flagell de la pesta estesa per tot el país, l'extinció de l'arrianisme, i l'abdicació o expulsió dels jueus. Les tres gràcies fóren obtingudes. La primera comença al primer dia; la segona la veiem a la mort de Leovigild i l'abdicació pública de Recared, i l'última en vida de l'abat i bisbe de Girona, Joan de Wiclar, a l'any 614, essent Papa Sant Deo-Dado i Eusebi, bisbe de Tarragona; el rei Sisebud, proscriu als jueus, obligant-los en el termini d'un any a batejar-se o expatriar-se, acte que se celebrà en el baptisteri de Sant Joan de la Canal, amb l'aigua de la Font de Les Foies, i en presència de la imatge de Santa Maria de Wiclar. Els jueus que després del jurament foren batejats fundaren a 100 metres del monestir un Call-Juic, al que després sant Isidor no hi estigué conforme i advertí a sant Nonito, segon abat i bisbe de Girona, del perill que podia córrer el monestir, fundant-se que el jurament havia estat forçat i que el temperament judaic era inclinat a les passions desordenades.

Els moros arribaren a mitjans del segle VIII, i la tradició diu que passaren l'Ebre pel pas d'Ascó (= esquerra), que avui se'n diu el Pas de l'Ase, que estava enfront de la ciutat d'Ibera; seguiren el camí de les Aumadines i arribaren a la creu vial dels Quatre Camins dels Peirons, on trobaren l'Abat del monestir Senus-Deo, al Patriarca Lysio (= Llop), que els rebien amb processó, portant la imatge de Santa Maria.

Els moros respectaren el lloc del Mons-Sacer, com a lloc sagrat i s'acontentaren ocupant les muntanyes que voltegen les terres ausetes de sobre el riu, productores de gra, per el que s'anomenaven Gorabs (= Corbs).

Altre grup de moros, seguint el camí de la dreta, ocuparen Gueta-Lupia (l'antiga Gueta-Phenos, avui Gratallops). L'amistat amb els alarbs fou duradora.

A finals del segle IX, l'eixam del Call-Juic, va esvalotar-se i d'acord amb el Rei Chitano Afrún, assaltaren, robaren i cremaren a correcuita el monestir i s'endugueren els manuscrits dels historiadors dels gots, Idaci i Joan de Wiclar, que allí es guardaven.

La imatge de Santa Maria i les relíquies de sant Ermenegild pogueren ser recuperades i amagades pels monjos que es retiraren al Çagaró del Montalt (avui Cagarro). Altre grup de monjos es traslladà al final de la Serra de La Lena, quasi enfront als molins d'aigua d'Aubarca (avui Ulldemolins), perquè des d'allí es dominava bé l'entrada pel llevant del Mun-Sant (= Munt de Muntanyes).

Després d'aquest desgavell, el Patriarca del Castell i Homo-Deo, últim abat del monestir, anaren a la reunió que hi hagué a Sant Joan de la Penya a últims anys del regnat de García Iñíguez, on es juntaren els 15 Ricos Hombres de Sobrarbe, per ajuntar-se a l'ocupació del territori contra els francs, a qui acompanyaven els chitanos o jueus.

De volta de la reunió, les Coves del Mun-San, els plans i les muntanyes i el territori dels suecetans, es trobaven invadits de refugiats cristians i moros barrejats, que s'escapaven de la tirania dels Comtes de la Marca hispànica. En Miquel de Lusià els ajuntà i formà les Caves (= Exèrcits) que als individuus, se'ls deia Kabassirs o Al-mokabes. També se'ls conexia pels Miquels o Miquelets, perquè l'estendard era el Llar del Castell o sia l'arcàngel sant Miquel. Els Al-mokabes d'en Miquel de Lusià, guerrejaven al crit de Santa Maria! i de desperta ferre! (= alerta guerrer).

A l'any 1118, els Al-mo-kabes, foren demanats pel rei Alfons Sánchez, per a que l'ajudessin al setge de Saragossa. Bastà la presència dels Miquelets al crit de Santa Maria! perquè el rei moro es rendís. El fet, sembla un miracle, perquè la plaça estava assetjada des de l'any 1113 i comptava encara amb forces per a aguantar més temps. Fou atribuïda la victòria com moltes de Miquel de Lusià, perquè — es deia — que els combats portava l'ajuda de la Mare de Déu, i l'espasa de sant Ermenegild.

Pocs anys després d'aquesta victòria, en temps del Papa Calixte II i essent bisbe de Saragossa Pere de Librana, es demanava el trasllat de la imatge de Santa Maria de Wiclar i les relíquies de sant Ermengol a Saragossa. Ignorem les causes perquè no es realitzà!

A l'any 1149, després de la rendició de Lleida, Ramon Berenguer IV, al prendre possessió de la muntanya de Gardeny, entre la gent que l'acompanyaven, hi havien els abats Esteve, de l'Orde premonstratense, i sant Bernat, de l'Orde del Císter, junt amb el creuat presbíter Pere Pinós, del monestir d'Escala-Dei del Císter, del Comtat de Bigorra, en la Gascunya. Els tres recordaren a en Ramon, la necessitat que hi havia de reconstruir l'antic monestir de Wiclar, que devia estar en les terres poblades per Kabasses (a les que daven el nom de AVIN-KABESSIR), units amb els UNIKAPSSIERIS (= unió amb els moros captius = KAPSSIERIS), encàrrec que es féu a l'Abat Esteve, qui el traspassà a l'Abat Frederic i aquest el trameté al Beat Joan d'Organyà, a qui el Comte el dia 25 d'abril de 1154, l'hi fa donació de les terres de Lusià en el lloc de Val-Clara.

Per a donar pas a les forces d'en Berenguer IV, els Kabessirs recularen de la frontera del seu comtat (= Margalef de Torregrossa) i es tancaren en el nou Marca-Galef, de la província de Tarragona.

Aleshores, fou quan Joan d'Organyà comença la fàbrica del nou monestir de Vall-Clara, que tingué d'abandonar abans d'acabar-lo, ofrenant-lo a la Catedral de Tortosa, a l'any 1158.

L'abat Bernat, de l'Orde del Císter, traspassà l'any 1151, a l'abat Xanxo l'oratori de Sant Salvador de la Lardeta i la sorteta del Paubolet o Pabulator (= Pastor), on els monjos del Císter de Font-Freda bastiren el Monestir de PAUBULET (= POBLET).

El religiós creuat, Pere d'Escala-Dei, recorregué cercant lloc, els plans d'Aubarca i la Muntanya d'Albarca, les de Corbins (= Prades), Suessis (= Siurana) i, seguint el riu Suera, arribà a Cort d'Ovella (= Cornudella), i d'allí, riu avall, fins arribà al lloc de Pabulatio (= Poboleda), on fundà l'església de sant Pere Apòstol (en qual pila d'aigua beneïda, que encara es conserva, s'hi troba el segell o escut d'Escala-Dei de Borgonya), amb el propòsit d'unir tots els ermitans de les muntanyes, a qui els donà el nom de Mont-Sant, en honor als sants àngels que les ocupaven, entre els quals el beat fra Guerau, un Miquel qui dintre el Congost més ruïnós i estret del riu Falzayith (dit també Oleum Flumen, Riu Oli, Riu Mun-San, i avui riu Mont-Sant), avant-porta de Margalef i guardador en el seu estatge de les imatges de l'apòstol sant Bartomeu, patró dels pellaires, i la de sant Marc evangelista, el beat Joan d'Organyà, el beat fra Guerau, qui tingué fama de santedat, i Pere d'Escala-Dei, foren els fundadors de Santa Maria de Montal, Santa Maria de Siurana, Santa Maria de Mont-Sant, Monestir de Bonrepòs, i el de Cartoixos d'Escala-Dei.

A l'any 1163, Na Sanxa, muller del rei Alfons I el Cast, acompanyada de fra Guerau, estigueren a Fonts o Fontes (antiquíssim poblat ibèric del Mons Sacer). Portaren per al Rico-Hombre de Aragón, el nomenament d'Alférez del Estandarte Real de la Corona de Aragó i Catalunya; a fra Guerau l'hi féu donació de les terres de l'ermita de Sant Bartomeu i demanà que no havent-se construit l'antic monestir de Wiclar, s'hi construís un Santuari on s'hi venerés la imatge de Santa Maria, i que les relíquies de sant Ermenegild, fossin traslladades a Saragossa, menys el cap, que el prengué com a relíquia

Fig. 1

per a l'església del monestir de Xixena del qual n'era fundador. Com que els Cabassers volgueren que el santuari de Santa Maria de Wiclar fos dins la seva comarca, fou alçat sobre el poblat de FONTES, al peu de la FONT DE LES FOIES (la veu Foia, vol dir escorriall o aiguamoll) i per a fomentar la devoció marial, en el mes de setembre de 1164, Albert de Castellvell, senyor de Siurana, va atorgar a Ramon de Vallbona i al sacerdot Pere d'Escala-Dei, a Joan d'Organyà i a fra Guerau, el planell de muntanyes, on després es féu l'ermita de Santa Maria de Mont-Sant, que a l'any 1210, fra Guerau concedí a Pere Balb i Guillermina, junt amb la seva ermita de sant Bartomeu, que passaren al monestir de Bon-Repòs (avui Mas de sant Blai) i d'allí als cartoixos d'Escala-Dei.

En aquest mateix temps, arribaren els primers pares de la Cartoixa, acompanyats de Guillem de Sirca, qui junts amb els ermitans, Pere d'Escala-Dei de Pobuleta, fra Guerau de Sant Bartomeu, Joan d'Organyà de Bonrepòs i Miquel de Lusià, que cedí les terres, escolliren el lloc per a la fàbrica de la casa monestir de la cartoixa d'Escala-Dei, davall del poblat dels Cabassers de Montal i enfront del de la Villella d'Amunt, en el començament del Barranc de les Pinedes Pegueres, que pren l'aigua de la Font PEGONA.

El Santuari de Santa Maria de Wiclar, s'emplaça en una planúria, que servia d'atans i abeurador als ramats de pas. L'altar major l'ocupava la Mare de Déu i al redós hi havien les imatges dels apòstols sant Pere i sant Pau. Voltejava l'esplanada, el camí militar d'Antoninus Pius, que venia de Flix i anava a la Ripa de Tulcis, que portava el nom de Camí de Capafons; darrera del santuari s'hi enterraven els cossos de les persones de Fontes que morien en gràcia de Déu; als heretges i endemoniats i maniàtics, se'ls espenava pel Forat de la Boca de l'Infern, on els esperava en Pere Botero, que amb la barca, els conduïa a les calderes de Llucifer.

A l'any 1185, essent bisbe Pons de Munells de la Diòcesi de Tortosa, es presentà una reclamació sobre la propietat del santuari, fent valdre el senyor bisbe l'acta de donació per Joan d'Organyà del territori de Vall-Clara, que el confonia amb el de FONTES, i obtingueren del rei Alfons I el domini eclesiàstic per a la seva diòcesi, amb el qual el dia 9 de maig el dit bisbe atorga carta pobla als Avin-Cabassirs i a la seva posteritat, concedint-los "ILLUM NOSTRUM LOCUM QUOT DIBUR KABASSES AB FACHITATEM, CUM OMNIBUS TERMINI", pretenent obtindre per aquest fer que des de Flix inclòs, fins a El Margalef de Lleida, fos incorporat a la seva diòcesi. La investidura eclesiàstica la donava a títol de benefici, el senyor del Castell, al sacerdot escollit per aquell càrrec, en preferència al que tingués més mèrits per a ser-ho, amb el beneplàcit de l'arquebisbat de Tarragona.

És de notar la vocació sobrenatural que els Cabassers tenien a la imatge de la Mare de Déu de la Font de Les Foies, quan després de la mort d'en Miquel de Lusià a la batalla de Muret, la prengueren per senyera, traslladant-la a la Capella del Castell, per temença de que no fos robada, al veure's injustament acusats d'albigenses, pels frares d'Escala-Dei i pel Bisbat de Tortosa, perquè ambdós pretenien la possessió de CABA-LOCA (= lloc dels Cabasses). Els frares d'Escala-Dei, obtenien romandre amb les terres del MASDEU (= Comendador del Rosselló), marit de Sibila de Lusià del poblet de Montal, que destruiren i enviaven als veïns joves a la conquista i poblament de València; les donzelles s'endugueren al cor la Mare de Déu de la Foia, i els miquelets a Sant Miquel. D'ací ve que als voltants de València es trobin Santes Maries, Foies, Miquelets Mont-Sants, i que en les esglésies s'hi conservin cançons i cerimònies de rite mossàrab, que els Cabassers fins a meitat del present segle han conservat encara.

Molt migrat de personal quedà Fontes, després de les conquistes de Mallorca i València, i els castells i villelles, poc menys que abandonats, perquè en Miquel, fill del que morí a Muret, acompanyant a Pere I, qui aproximadament tenia la mateixa edat de Jaume I, era qui amb els seus Al-mo-ca-bas l'hi feien guàrdia i no s'apartaven del seu costat.

El rei Jaume I, redimí els castells de Lusià de l'empenyorament que tenien, i els incorporà al reialme de la Corona d'Aragó, formà una cavallera amb els Cabassers que restaven i deixà nomenat lexa o llegat en representació de la reialesa a l'últim Miquel de Lusià; expedí una carta pobla escrita en llemosí de puny i lletra seva, fundant la Vila de Cabassers en el lloc on és avui, deixant per Lar a sant Miquel, i per Patrona la imatge de Santa Maria de la Font de les Foies, fent cas omís de les peticions de la diòcesi de Tortosa i de les costums i usatges que a l'any 1310 el Bisbe de Tortosa, Pere de Batteto, expedí als veïns de Cabassers i que l'església els concedeix.

Creixia més que l'heura que la cobria la fama de la Mare de Déu de la Font de la Foia de Fontes-Clares; devots, peregrins i romeus de molts llocs apareixien anant i venint pel Camí de Cap-a-Fonts. A l'any 1317, es recorda que vingué Na Teresa Jimenes de Urrea, priora del monestir de Xixena, que acompanyava a Na Blanca d'Aragó, filla de Jaume II, que es queixava d'una dolença de pulmons, que la consideraven inguarible; permanesqué a Fontes-Clares i a Cabassers durant tot l'hivern, anant cada dia a la Font de les Foies, a tastar l'aigua i fer la visita a la imatge. Se'n tornà a Xixena completament guarida de la seva dolença. Als anys 1324 al 1328, tornà moltes vegades Na Blanca per a donar gràcies a la Verge i per visitar al seu germà Joan, que estava en el Monestir d'Escala-Dei.

A l'estiu del 1348 la granòla assolava el país i la diòcesi de Tarragona i Tortosa no hi quedaven sacerdots. L'arquebisbe fra Sancho López de Ayerbe, recordant els miracles de la Mare de Déu de la Foia i altres favors rebuts per la seva intercessió, i tement al mateix temps que els flagells no fossin un càstig de Déu, degut a la destrucció pels frares d'Escala-Dei del Santuari de Santa Maria de Montal, convertint-lo en casa de labor i ermita de sant Antoni, encapçalà una peregrinació al Santuari del peu d'El Montsant, fent rogatives lúgubres, presidint la creu coberta amb un vel negre. A l'arribada no trobaren el sacerdot dels Cabassers, perquè havia mort de la pesta, i els feligresos pregaven a la Verge que a més de la cessassió de la plaga, que els portessin un bon guardador d'ànimes, donant-se el cas curiós que en acabar-se la pregària, aparegué un frare escapat del Monestir del Puig-Roig (= Masroig) carregat amb la imatge de la Verge de la Pinyera. Aquest frare sacerdot, del qual la multitud s'apartava, per temença del contagi, es retirà a fer vida eremítica a la Cova del Dolman, antic cementiri de Fontes, i fou el fundador de l'ermita de sant Roc, propera al Santuari de la Foia.

A l'any 1398 visita La Foia, Na Maria, esposa del rei Martí, i trobà el poblet de Fontes-Clares desfet i destruït per un aiguat i els habitants traslladats a Cabassers; i com que el santuari tampoc estava en bon estat de conservació, es traslladà la imatge novament al castell, demanà que aprofitant una volta que quedava del derruït monestir de Wiclar es fés l'església de la vila de Cabassers, dedicada a la Verge, i fos incorporada a la diòcesi de Tortosa, que la regia Huc de Lupià. En Miquel dels Cabassers, lexa del castell i de la cavallera, qui rebé l'encàrrec, confià al pintor Lluís Borrassà, de Barcelona, el retaule dedicat a Santa Maria, del qual encara se'n conserven fragments.

En 1479, En Huc Roger, de Pallars, ex-senescal de Catalunya, figurava com a propietari de terrenys de la comarca dels Cabassers, com a marit de Na Catarina i administrador de béns de la seva sogra Na Violant Albert, hereves de la casa i baronies del Mansu-Dei Erill, casat amb Na Sibila de Lusià. En Huc Roger, en defensa dels seus drets, tingué guerra, contra els parents de la Casa de Cardona, que eren el Bisbe d'Urgell, Pere Cardona; en Joan Cardona, Conestable d'Aragó, i en Joan Ramon Folc, Comte de Barcelona i Comte de Prades, tots ells molt amics del Rei sense fe, Joan II. Durant aquesta guerra en Huc sol·licità l'apoi del seu amic Miquel Lexa, dels Cabassers, i havent estat derrotats, es retiraren En Huc a Mora i En Miquel a Flix, emportant-se amb ell la miraculosa imatge de Santa Maria de la Foia.

De resultes d'aquest malastre, abans de la mort d'Huc Roger al Castell de Xàtiva, foren confiscats tots els béns d'ell i dels seus familiars, menys els del Comte de Prades.

La comarca dels Cabassers, ja molt migrada, era envejada i reclamada aleshores per Alfonso de Aragón, bisbe de Tortosa, pel Comte de Prades, pel Bisbe d'Urgell i pel monestir d'Escala-Dei.

El bisbe de Tortosa, Alfonso de Aragón, s'avençà al fall dels aconteixements i, sense cap consentiment, es féu ell senyor de l'Església i territori del AVIN-KABASSIRS, qui, desconeixedor de les costums i tradicions dels Cabassers, prengué per norma la imposició de la seva autoritària voluntat, fent perdre aquell fervor religiós al poble més cristià i més devot que es pugui desitjar.

En el Santuari de la Foia, a manca de la Mare de Déu, es tragueren les imatges de sant Pere i sant Pau, posant-s'hi les de sant Marc evangelista, la de santa Bàrbara, per quan troni. De l'ermita de sant Roc, es tragué la imatge de la Mare de Déu de la Pinyera, per a retornar-la a l'ermita de Masroig. Els sants Lusio i Marsio de La Bisbal, es canviaren per santa Llúcia i sant Marc. El santuari de la Mare de Déu de La Mola de la Figa = (La Figuera), s'hi posà a sant Pau, primer ermità, patró dels esparters, i el Lar del Castell del mateix poble que era l'arcàngel sant Miquel, fou substituït per sant Martí.

A l'any 1505, obligava a tots els habitants de la comarca a que es presentessin al primer dia de febrer a Tortosa, per assistir a les festes religioses de sant Blai, sota pena de no fer-ho; com que això no era possible, tant per la distància com perquè eren els dies més freds, ho condonà amb la condició de que fos construïda una capella en honorança a sant Blai, i a l'ensems que es fes festa religiosa a l'igual que a Tortosa i segons el rite romà, expedint a l'any 1508, un pergamí que encara es conserva, concedint indulgències. En aquesta diada modernament es cantaven aquells "gozos" — Anima las almas, Blas... ¡anímalas!, ¡anímalas!

Intervingué en aquest conflicte, a l'any 1515, el senyor bisbe de Tortosa fra Lluís Mercader, que al mateix temps era prior del monestir d'Escala-Dei i confessor del rei Ferran II, i es resolgué nomenant senyor o baró de la comarca de Cabassers, al senyor bisbe de Tortosa, passant tot el territori a la seva jurisdicció eclesiàstica i la civil en el mer i mixt imperi, deixant la criminalista que no podia exercir el senyor bisbe, per al Comte de Prades. El castell fou tancat i la Cavallera disolta.

Les possessions i feus del Comte de Pallars passaren en feu als germans Miquel i Isidre Roger i a Miquel Llexa, i a la família Erill se li respectaren les cases de Flix i les partides que posseien a l'una banda i a l'altra de la Serra de La Figa (= La Figuera).

Fig. 1

A manca del santuari marià de La Foia, el dia 25 de març del 1528, es posà una imatge dedicada a la Verge Maria, i es digué la primera missa a Sant Salvador de la Tornera, en el terme de Margalef, donà i conferí la llicència el magnífic misser Pere Crespo, oficial del bisbat de Tortosa, pel reverendíssim senyor Guillem Euchifort, cardenal i bisbe de Tortosa, en la qual ermita dedicada al Salvador i a la Verge Maria, fou posada la primera pedra per mossèn Bernat Albaiges de Caruja, vicari i notari de Cabassers, qui digué la missa estant presents els reverends pares fra Baptista Baset i fra Pere Rosell, els dos preveres de Falset.

A l'any 1530, el reverend mossèn Jeroni Veyà, fill de Cabassers, porta com ofrena del monestir d'Escala-Dei, la Vera-Creu i les relíquies per a l'església de Cabassers.

A l'any 1551, pren possessió de la rectoria de Cabassers i de les sufragànies de Margalef, Bisbal i La Figuera, el reverend Bartomeu Voltes, d'Alforja, qui a l'any 1559 la deixa arrendada al seu germà Bernat Voltes. El primer bisbe que trobo nomenat Baró de Cabassers és Gaspar Punter, que l'any 1592 nomena rector a mossèn Pere Masip, natural de la vila, qui bregà molt per a poder fer tornar al santuari de La Foia la imatge, sense que ho pogués aconseguir, perquè ho impedia encara el mal estat de l'edifici i la temença dels desaprensius.

Aquest senyor rector, a l'any 1602, essent bisbe fra Pedro Manrique, qui més tard fou Virrei de Catalunya, començà l'ampliació de l'església, dedicant-la al Naixement de la Mare de Déu i a sant Blai. L'obra durà disset anys i s'acabà essent bisbe Lluis de Tena, que a l'any 1680 enviava a prendre possessió de rector a mossèn Jeroni Broquetes, i de vicari a mossèn Pere Vidal, qui per mandat del bisbat, feren quant pogueren per adaptar les cerimònies al rite romà i canviar les devocions de sant Joan de Wiclar de sant Nonito i de sant Joan Baptista, per les de sant Joan Evangelista. De mossèn Pere Vidal sabem que li calgué fugir a pedrades de la vila, deixant-hi la casa dels seus pares, que avui encara porta l'apellatiu de "Can Rito".

A començaments de l'any 1624, el bisbe Agustí Espinola, junt amb el rector mossèn Miquel Homdedeu i vicari mossèn Andreu Casals, retornaren l'església de Cabassers a les costums antigues, i pactaren amb Miquel Llexa, i amb Isidre Roger, el retorn de la imatge de la Mare de Déu de La Foia, amb qual motiu es bastí al peu de la font una petita capella, i enfront un sopluig, cedint N'Isidre Roger els terrenys, que formaven la plaça de Les Nogueres per esbarjo dels devots i el bosc limítrof, pels forns de calç i les carboneres públiques, deixant-ho en propietat de l'església, i a cura del rector mossèn Miquel.

Acabada la fàbrica, amb processó solemne, fou tornada la imatge al seu lloc, fent parada a l'ermita de sant Roc, on es deixà el quadro de la Mare de Déu de Loreto, que En Miquel Llexa portava, per substitució de la Verge de la Pinyera, resant-se un respons pels que allí estaven sebollits, i continuà la peregrinació fins a deixar la imatge.

A l'any 1650 un terç de francesos va venir i entraren a la vila, i com que estaven empestats, tota la gent se'n va anar, menys vint-i-sis persones, entre homes i dones, i n'eixiren divuit, quedant la vila abandonada a mercè dels paisans i de la guarnició de Flix, que venien i carregaven calderes, portadores, roba i tot el que trobaven.

En l'any 1651, a darreries d'agost, arribà i ocupà el castell de Cabassers el príncep Joan d'Àustria, acompanyat del seu estat major, soldats de l'exèrcit i els religiosos de Poblet fra Francisco Serra, fra Miquel Pasqual i fra Bernat Pàmies. El nom d'ells i llurs acompanyants es troben inscrits en el Llibre de la Confraria del sant Rosari, de Cabassers, que és guardat a l'Arxiu de la Parròquia.

Joan d'Àustria arribà convalescent de cor-agre i de pesta, i el primer que demanà fou per la Mare de Déu de La Foia, de la que venia informat dels seus miracles, i per aquest motiu havia escollit la vila per caserna de descans. En aquest sojorn es preparaven les sortides a la conquesta de Prades, L'Espluga de Francolí, l'ajuda i guàrdia al monestir de Poblet, i que amb l'ajut dels naturals de la vila, portats per Lluís de Magriñà, de Tivissa, i dones de Cabassers, s'obtenia, després de dos assalts, apoderar-se del castell de Siurana.

Volgué Joan que la Verge de La Foia fos portada a l'església, i cada dia a la tarda s'hi resés el sant Rosari i les lletanies, i el cant de la salve tots els dissabtes, fins haver obtingut l'entrada a Barcelona. El pare Jeroni Martin, prior d'Escala-Dei, amic de Joan d'Àustria, deia que les seves vistòries es devien a les oracions dels devots del sant Rosari, i a la Verge de La Foia.

Una taula votiva amb la inscripció declara la gràcia d'haver-lo lliurat de la pesta, i de l'ambició dels francesos per a la possessió de Catalunya. Aquesta taula es conservà fins l'any 1936.

Si repasseu, com hom ha fet, l'Arxiu de la Parròquia, els testaments dels segles XVI, XVII i XVIII, dels pobladors de la Baronia, no no se'n troba ni un que, al repartir les almoines, s'hagi oblidat del santuari de la Mare de Déu de La Foia.

A l'any 1663, morí fra Joan Cové, últim ermità en propietat dels terrenys i de l'ermita, i en les seves darreres voluntats llegà tots els seus béns a l'església de Cabassers, perquè aquesta propietat sigui unida a la del santuari i administrada pel senyor Rector que hi hagi, demanant ésser sebollit al forat que hi ha dessota la capella.

Durant tot aquest segle i el següent, les romeries, rogatives i processons de La Foia eren seguides, com també freqüents les gràcies que es rebien de la Verge; els leprosos i apestats eren atesos a sant Roc i per les sequies, plagues de la llagosta, febre groga, còlera i altres calamitats, s'anava a La Foia, tenint en compte que, en arribar a l'altura de l'ermitatge de sant Roc s'hi resava un respons pels enterrats en aquell cementiri.

A l'any 1840, acabada la guerra dels set anys, a l'evaquar les tropes de Catalunya, Carles Maria Isidre de Borbon escollí, també, com ho féu Joan d'Àustria, l'antic camí de Cap-a-Fonts, que anava des de La Bisbal del Penedès a Flix, i Cabassers era la segona jornada. L'evaquació durà tres dies i tres nits, i Carles les aprofità per a visitar la Verge de La Foia, de la qual era molt devot. A l'anar-se'n féu donació d'una respectable quantitat al rector, mossèn Josep Cid, que l'acompanyava, i al senyor Homdedeu, en quina casa s'estatjava, per a que la destinessin al santuari.

A l'any 1844 es començaren les obres, tirant a terra el sopluig i ampliant-se el cos de l'edifici a 6 metres d'ample per 12 de llarg. Hagué d'interrompre's perquè havia esclatat la guerra civil, i foren represes l'any 1865, que fou quan es construí l'altar. Durant aquest període la imatge es guardava a l'església, on cada dia s'hi resava el rosari i les lletanies. Per ordre del senyor bisbe, també fou retirat de l'església el quadre a l'oli de la Mare de Déu de Loreto, per a evitar els excessos de les turbes irreverents, que sempre apareixen en temps revoltats.

L'any 1873 vingué exprofés per a visitar la imatge, Na Maria de les Neus, muller d'Alfons de Borbó, germà de Carles VII, i es feren les festes de la Coronació. Donya Maria de les Neus va quedar sorpresa en veure la imatge, i digué que era, com la seva patrona, gairebé una còpia de la Mare de Déu de les Neus, del Coll d'Esquino. Com que els de Cabassers s'ho cregueren, i el poble era molt decantat al tradicionalisme, en honor de dita dama canviaren la denominació de la Mare de Déu de La Foia, i li'n digueren després Verge de les Neus.

* * *

Quan era Santa Maria de Wiclar, es feia la seva festa el 13 d'abril; després de la Reconquesta, la festa era el 8 de setembre, que començaven les festes dels Cabassers, i duraven fins a sant Miquel; i ara es fa la festa el 5 d'agost, havent-se traslladat la festa major de l'església al dia de sant Blai, al 3, endevina quin mes és.

Tot ve el moment que s'acaba, i així fou l'any 1936, que fou cremada la imatge milenària i miraculosa, consol i senyera dels Cabassers, precursors del fervor marial i dels eremites d'El Montsant. Avui els vells sentim nostàlgia quan passem pel lloc del santuari i veiem que al lloc de la Verge de La Foia hi ha una imatge vulgar, de les que duen el cap buit; i si anem més amunt, trobem que la Boca de l'Infern s'ha tancat. És de preveure que en "Pere Botero" ha plegat l'ofici, perquè l'infern n'està ple d'ingrats i desagraïts.

Fig. 1

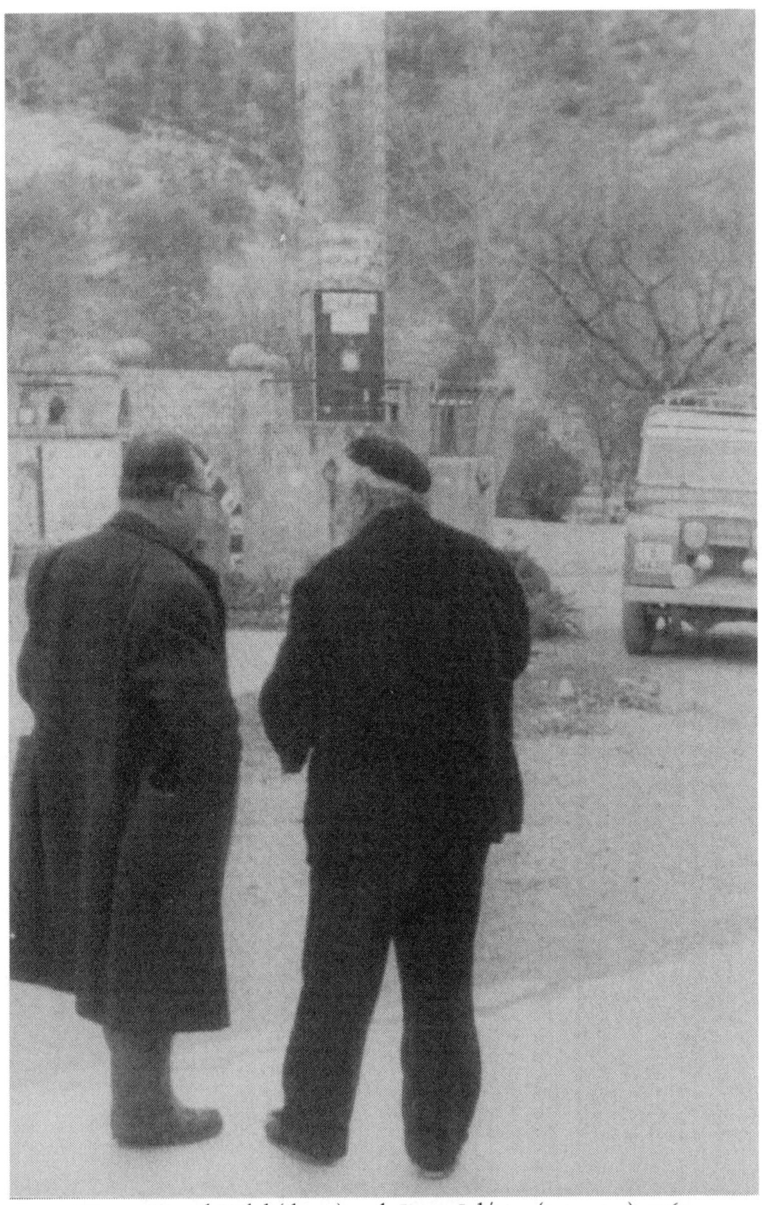

Fig. 2. Miquel Vidal (dreta) amb Josep Iglésies (esquerra), 1965.

Fig. 3. Imatge de la Mare de Déu de la Foia a la seva ermita, abans de la destrucció del 1936.

Fig. 4. L'escut que presideix la portalada principal del Mas Roger.

Fig. 5. Heràldica apòcrifa, a la façana del Mas Roger, amb les "armes de Llechió".

Fig. 6. L'escut de la inexistent Fuentes Clares, prenent com a base l'escut de Cabassers, a la façana del Mas Roger.

Fig. 7. Font Clara i sant Miquel, a la mina d'aigua de la font del Mas Roger.

Fig. 8. Inscripció sobre ceràmica, al peu que sosté l'antiga pica baptismal de Cabassers, traslladada al Mas Roger per Miquel Vidal.

Fig. 9. La Verge Maria amb el Nen Jesús, sostenint una pinya amb la mà dreta, a la capella de l'ermita de Sant Roc que Miquel Vidal adulterà col·locant-hi medallons que fan referència a les Pinyeres.

Fig. 10. Un dels dos medallons fets col·locar per Miquel Vidal a l'ermita de Sant Roc el 1962, representant una suposada al·legoria de les Pinyeres.

Fig. 11. La rajola que decora la porta de l'ermita de Sant Joan, comparada amb el segell tampó utilitzat per l'Ajuntament de Cabassers a principis del segle XIX, present a la documentació espoliada per Miquel Vidal de l'Arxiu Parroquial de Cabassers.

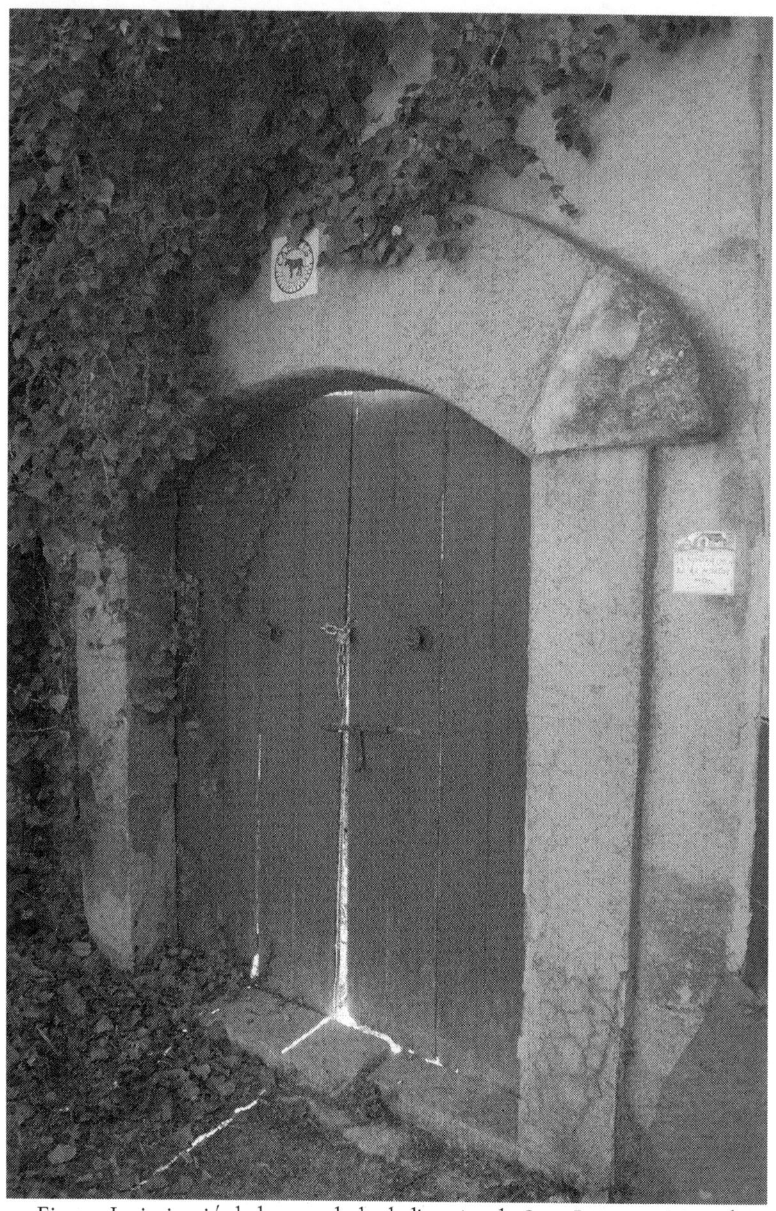

Fig. 12. La imitació de la portalada de l'ermita de Sant Joan que Miquel Vidal féu al Mas Roger.

Fig. 13. Graons de l'escala d'accés a l'ermita de Sant Joan de Cabassers.

Fig. 14. Context de la imitació de la portalada de Sant Joan al Mas Roger, a prop d'una petita bassa.

Fig. 15. L'ermita de Sant Joan i l'abeurador de la Canal, a Cabassers.

Fig. 16. Rajola amb inscripció "La nostra casa és el nostre món", situada just al costat de la porta del Mas Roger que imita la de l'ermita de Sant Joan de Cabassers.

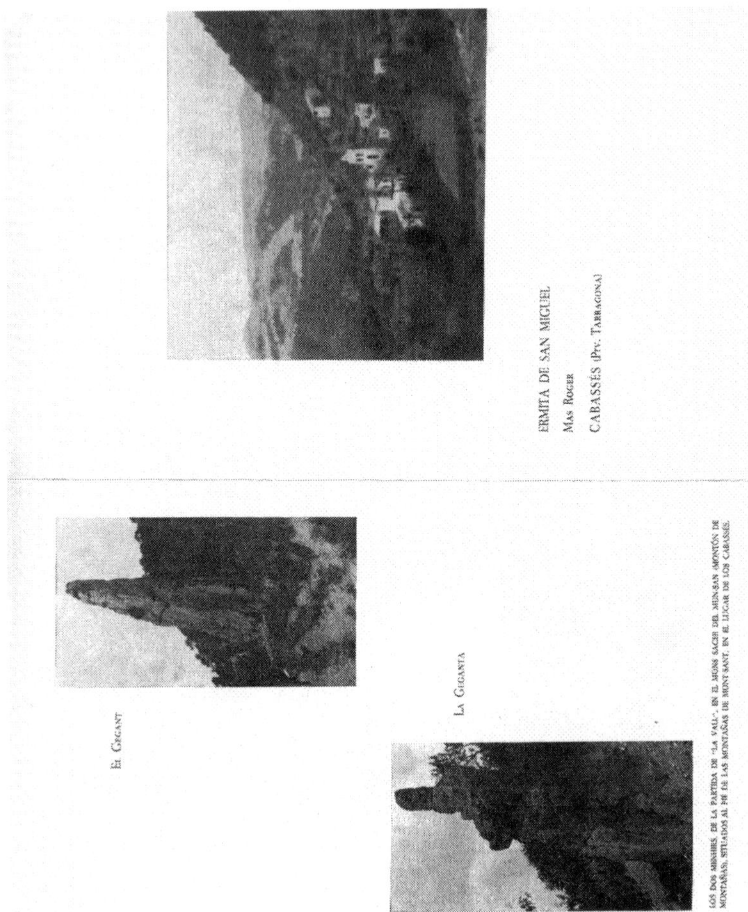

ERMITA DE SAN MIGUEL
MAS ROGER
CABASSÉS (PRV. TARRAGONA)
EL GEGANT
LA GEGANTA
LOS DOS MENHIRES DE LA PARTIDA DE "LA VALL", EN EL MONS SACER DEL MUNSAN (MONTÓN DE MONTAÑAS), SITUADOS AL PIE DE LAS MONTAÑAS DE MONTSANT, EN EL LUGAR DE LOS CABASSÉS.

Fig. 17. El fulletó promocional que edità Miquel Vidal el 1965.

PUENTE IBERO-ROMANO, SOBRE EL OLÍ, FL. (RIO MONT-SANT) FÁBRICA DEL SIGLO III ANTES DE J. CRS.

PUENTE SOBRE EL BARRANCO DE CABA-LOCA (LUGAR DE LAS CAVAS). FÁBRICA DEL AÑO 800.

Fig. 17

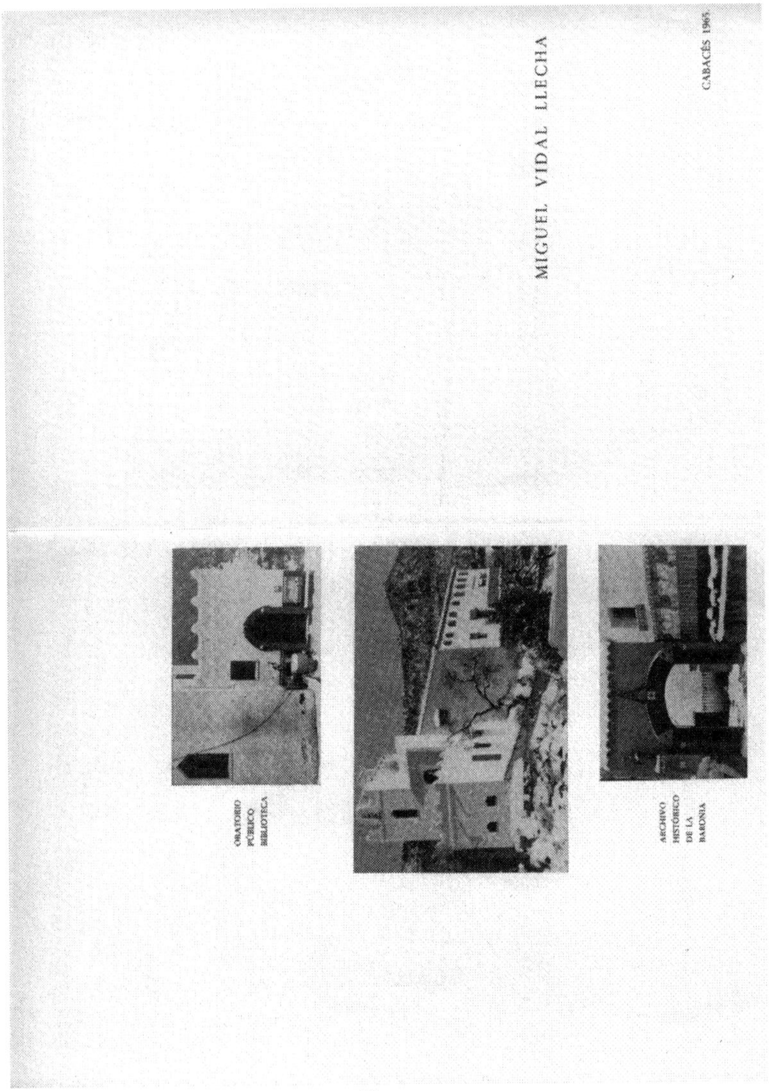

MIGUEL VIDAL LLECHA

CABACÉS 1965

ORATORIO
PÚBLICO
BIBLIOTECA

ARCHIVO
HISTÓRICO
DE LA
BARONIA

Fig. 17

ERMITA
DE
SAN MIGUEL (MAS ROGER)
CABACÉS (TARRAGONA)

ENTRADA A LA CABALOCA DE MONTAL Y AL RINCON DEL CARRAGO, REFUGIO Y APORANCA DE LOS "ALMO-CABAS" DE LOS MIGUEL DE LUCIA.

ESTANDARTE DE LA CORONA DE ARAGÓN Y CATALUÑA, HASTA FINAL DEL REINADO DE DON JAIME I EL CONQUISTADOR

Fig. 17

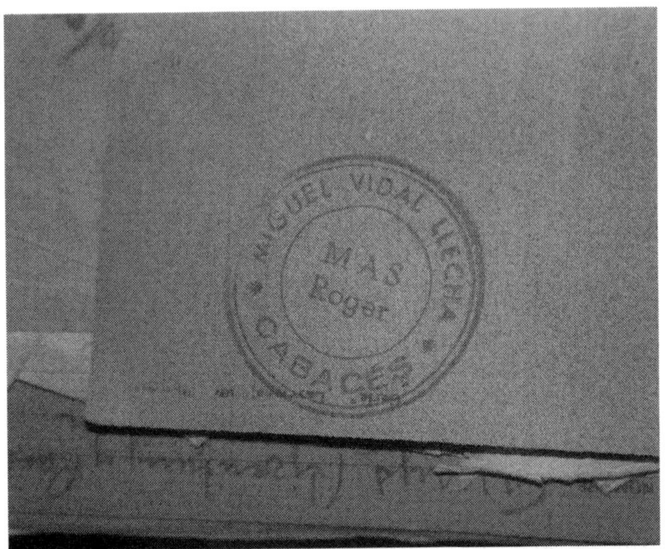

Fig. 18. Segell tampó de Miquel Vidal, present en algunes carpetes que utilitzà per a reordenar l'Arxiu Parroquial de Cabassers.

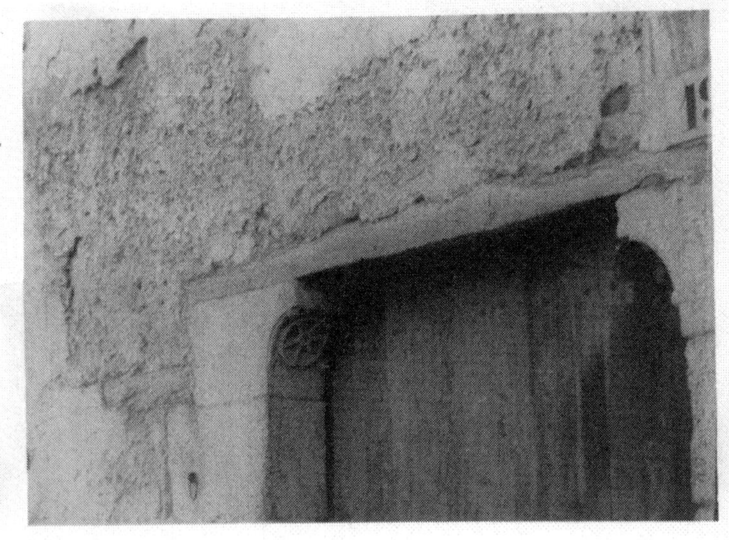

Fig. 19. Fotografies presa per Miquel Vidal, que mostra relleus romànics que ell interpretà com a parts del monestir de Biclaro.

Fig. 20. Fotografia presa per Miquel Vidal, que mostra relleus romànics que ell interpretà com a parts del monestir de Biclaro.

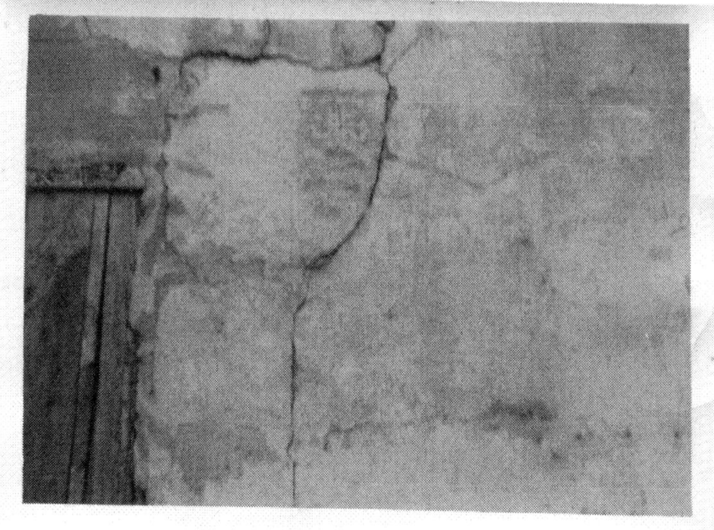

Fig. 21. Fotografia presa per Miquel Vidal, que mostra relleus romànics que ell interpretà com a parts del monestir de Biclaro.

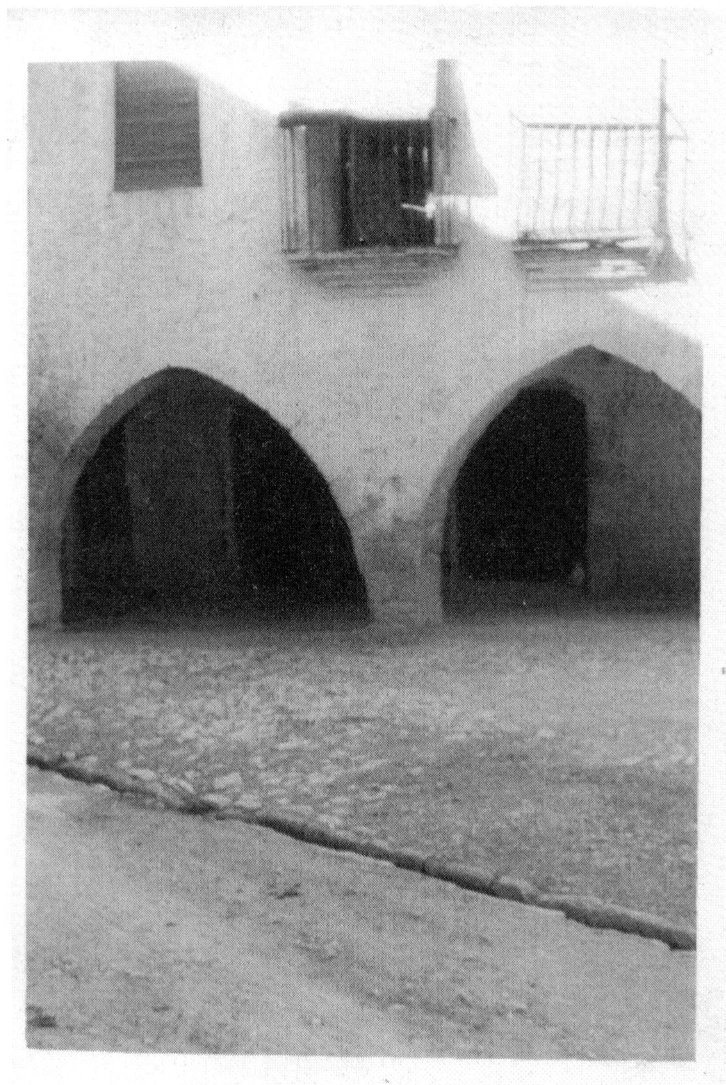

Fig. 22. Fotografia presa per Miquel Vidal, que mostra arcs apuntats que, al seu parer, formaven part de la Recòpolis.

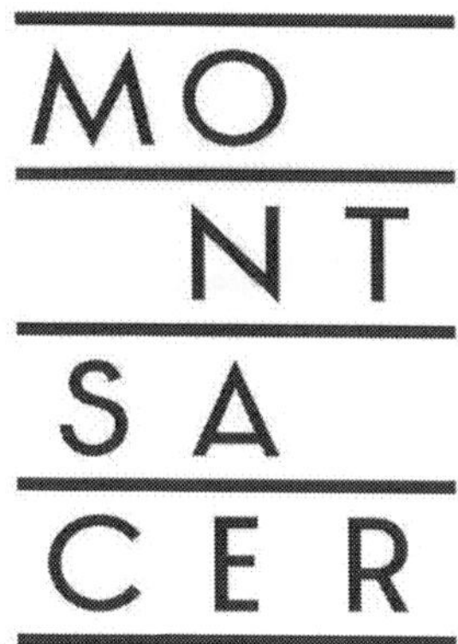

Fig. 23. Logo de la Cooperativa Agrícola de la Bisbal de Falset, i marca comercial del seu oli, Montsacer.

Fig. 24. Marca comercial del vi Gueta-Lupia, del celler Bodegas B. G. de Gratallops.

SANTA MARIA DE LA FOIA DE CABASSES

Serva el monenc maurol
del Monestir de Wiclara
a la Verge Lusiana
i al fidel sant Ermengol.

(Corranda popular)

Fig. 25. Felicitació enviada per Miquel Vidal el Nadal de 1967, amb una xilografia de la imatge de la Mare de Déu de la Foia, cremada el 1936, i la falsa corranda popular.

FELICIDADES EN NAVIDAD
Y AÑO NUEVO

BONES FESTES DE NADAL
I ANY NOU

MIQUEL VIDAL LLECHA
Ermita de Sant Miquel

Cabassés, 1967

Fig. 25.

Fig. 26. Etiqueta de vi Cavaloca, produït al Mas Roger per Miquel Vidal.

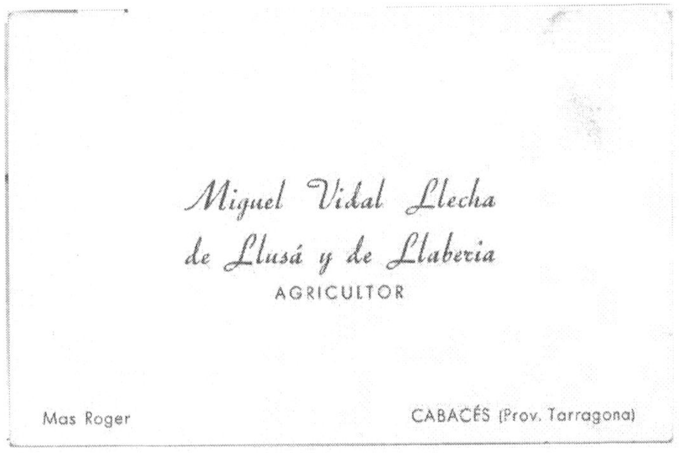

Fig. 27. Targeta de visita de Miquel Vidal i Llecha, on afegeix "de Llusá y de Llaberia" als seus cognoms. ACP, Fons Mas Roger.

GOIGS A LLOANÇA DE

SANT MARC EVANGELISTA

Venerat a l'ermita de Cabassers - El Priorat, Bisbat de Tortosa - La seva festa: 25 d'abril

Al devot que en Vós confia
guardeu-lo de tempestat.
Sant Marc benaventurat
socorreu-nos nit i dia.

Anàreu molt abraçat
per lo món amb gran constància
i amb molta perseverància
predicant la veritat,
deixant-se la falsedat
de la cega idolatria.
Sant Marc...

En Roma fou publicat
l'evangeli que escriguereu,
fou el punt que Vós prengueren
per sant Pere aprovat;
perquè Déu fos alabat
i confusa la heretgia.
Sant Marc...

El Pretor cruel, malvat,
vos manà severament
deixar a l'Omnipotent
i abraçar la falsedat
dels ídols de la ciutat
de la gran Alexandria.
Sant Marc...

Fou per Vós apreciat
d'adorar a Jesucrist;
i per ser de Déu ben vist
no quedàreu espantat;
despreciant sa crueltat
predicareu la fe viva.
Sant Marc...

Deixà al tirà pasmat
vostra santa vocació:
puix feu la resolució
de morir per Déu amat
al manar arrossegar
vostre cos amb gran porfia.
Sant Marc...

Amb el cos desconjuntat
morireu entre pagans,
i alçant al cel les mans
quedareu sacrificat
al que us havia criat
per a dar-vos millor vida.
Sant Marc...

Fou senyal molt declarat
que ereu poderós amb Déu
puix tan sols fent una creu
quedà Daniel curat
clos el dolorós forat
que en una mà tenia.
Sant Marc...

Puix sou tan apropiat
contra pedres llamps i trons,
guardeu-nos els encontorns
de pedres i tempestats
teníu sempre pietat
del devot que en Vós confia.
Sant Marc...

Al devot que en Vós confia
guardeu-lo de tempestat.
Sant Marc benaventurat
socorreu-nos nit i dia.

Melodia recollida per E. Peris Vidal

℣ Pregueu per nosaltres Sant Marc. ℟ Perquè siguem dignes de les promeses de Jesucrist.

PREGUEM:

O Déu, Vós heu honorat el vostre evangelista sant Marc amb la gràcia de proclamar el vostre evangeli. Feu que ens aprofitem de la seva doctrina i que la seva oració ens protegeixi. Per nostre Senyor Jesucrist. - ℟ Amén.

Edició d'homenatge pòstum a la memòria de Miquel Vidal Llecha

1.ª edició, 1886; 2.ª, 1941; 3.ª, 1.ª musicada, març 1968
Dipòsit Legal: B. [illegible]

Coll. Torrell de Reus (446)
Altés, s. l., Barcelona

Fig. 28. Goigs a Sant Marc, març de 1968. Edició d'homenatge pòstum a la memòria de Miquel Vidal Llecha.

Fig. 29. La tomba de Miquel Vidal, on també hi ha les restes de la seva esposa i el seu pare, a l'interior de l'ermita de Sant Miquel del Mas Roger.

Figs. 30 i 31. Mènsules procedents de l'oratori romànic fet construir a Cabassers per Ramon Berenguer IV, segons consta a la carta de donació del lloc a l'orde de Prémontré, del 1149.

Fig. 32. La pica baptismal de Cabassers, espoliada per Miquel Vidal i traslladada al Mas Roger.

13. Apèndixs

Apèndix 1

Apunts d'història presos per Miquel Vidal i Llecha. ASMV, Fons Miquel Vidal.

a *Foli A3 plegat. Manuscrit.*

San Juan Biclarense

-Nació cerca del año 540 - falleció el 621 = vivió 81 años.

-Familia godo

-Natural de Scalabis, sita al rio Tajo, antes de llegar á Lisboa, conocida hoy por Santa Irene, cuyo nombre ocasionó el que tiene la ciudad de Santaren.

-Pasó a estudiar á Constantinopla, a unos 18 años de edad, donde se mantuvo 17 años (del año 558 al 575), habiéndose ilustrado con la erudición griega y latina.

-Se restituyó a España en tiempo que el rey arriano Leovigildo perseguia á los católicos, cerca del año 575, á los 35 años de edad.

-La fama de su sabiduría, hizo que el rey procurase atraerle á su partido, empleando todos los medios á los cuales Juan menospreció.

-Sufrió un destierro que le destinó a Barcelona el año ... donde fue objeto de una persecución prolongada durante 10 años en que le ejercitaron los arrianos.

-Dejó su estancia en Barcelona y clandestinamente pasó a Tarragona, refugiándose en el convento de los padres agustinos.

-La persecución del Biclarense empezó el años 576.

-Deseando retirarse del mundo, fundó en 586, teniendo 46 años edad, con ayuda del arzobispo de Tarragona y beneplácito del rey Recaredo, que le cedió parte de su palacio que para descanso de verano, se costruía en la Celtiberia, junto al castillo de Lupiá, en el poblado de Las Fons, situado al pie de la sierra Sello, junto muralla del Mun-san, junto a la entrada izquierda por el río Oli[443].

-Por ese tiempo, agregosele algunos monges.

-Escribió una regla para los religiosos, para su monasterio.

-Mantuvose en el monasterio hasta fines del año 591 (muy cerca de 4 años) que fue elegido obispo de Gerona, como sucesor de Alicio.

-En 592 concurrió como obispo al concilio II de Zaragoza: a la edad de 51 años y año VII del Rey Recaredo, y junto al decreto sobre el fisco de Barcelona.

-Concurrió también al al sinodo Toledano sub Recaredo en 595.

-Concurrió en 599 al concilio Barcinonense, firmando "Joanes peccator de Gerunda".

-En el año 610 firmo el Biclarense el decreto de Gundemaro en Toledo, sobre que no hubiese en la Cartaginense, más metrópoli que Toledo.

-Concurrió al concilio Egarense, tenido el 13 de Enero del 614; esta es la última acción que tenemos de él como prelado.

-El monasterio se llamó Biclaro, sito en Cataluña y según Gerónimo Pujades, estuvo a dos leguas de Montblanch en las faldas de las montañas de Prades, donde hoy la villa de Vallclara dentro del arzobispado de Tarragona y a su noroeste, perteneciente a la abadia de Poblet. El maestro Diago lo sitúa junto a Guisona.

-Padeció por la fé en el prolongado espacio de 10 años y floreció en milagros (segun Domenech en los Santos de Cataluña, dia 6 de mayo).

-En el año 597 en el XII del Rey Recaredo, asistio en el concilio que se celebró en Toledo, que se redujo 1º renovar el decreto de castidad en los obispos, presbíteros y diáconos, y 2ª que el

443 Nota preparatòria del §2 de la *Breu història*.

edificador de alguna nueva iglesia, haya de tener un presbitero, o a un diacono, si no alcanza la renta para mantener un presbítero, y si fuera menos la renta, elija el obispo un ostiario que cuide de la limpieza del lugar sagrado y encienda las lámparas de las santas reliquias.
-Compuso el "Cronicón del Biclarense", empezando desde donde acabó Victor, obispo de Tunez; esto es, desde el año 566 hasta el 589. Los sucesos en que acaba los escribió en el año 590, y al siguiente empezó a ser obispo. Fué empezado desde el tiempo que vivió en Constantinopla, hasta que fué electo obispo.
-El libro Cronicón, Ms. estaba en el monasterio de Biclaro, del cual se tomó y publicó la copia, que San Isidoro pone en su libro de Crónicas, que era un conjunto de las de Eusebio Cesariense, San Gerónimo, Próspero, Sulpicio, Idacio, y Víctor Tunense á quien continuó el Biclarense.
-Estaba escribiendo otras obras, segun dice San Isidoro, del que no se tienen noticia.
-Parece que las copias del cronicón que se han encontrado y publicado están viciadas, a la vista de la poca decencia con que se expresan en aquel texto las cosas de San Hermenegidlo, y según se ensalzan las del rey Leovigildo, por no hacerse creible que el Santo Biclarensa hablase mal de San Hermenegildo y bien de su padre, sabiendo qu ela persecución fue por defender la Fe Católica tanto de él como del santo. El Biclarense llamaba rebelde y tirano al hijo que movió la guerra al padre.
-El cronicón se sacó del monasterio Biclarense y no se publicó como salió de las manos del autor. En cuanto á la entrada del siglo VII en que escribió aquella San Isidoro, no la habían adulterado los herejes pero pudo haber sido adulterada por los judios cuando se apoderaron del monasterio de Biclar[444].
-614 - en tiempo de Sisebuto, fué la prescripción de los judíos y

444 Nota preparatòria del §8 de la *Breu història*.

la entronización de San Miguel.

b *Quartilla. Manuscrit.*

Biclarense
Estuvo de abad en el monasterio 5 años y en este tiempo escribió el Cronicón.
Murió Alicio obispo de Gerona el año 590.
Aceptó Juan sin dejar el espíritu de su monacato.
E el 592 ya le tenemos en el concilio II de Zaragoza (tenía 17 años).
San Nonito predicaba mas con el ejemplo que con las palabras.
Una de las victimas mas celebres que Rufino sacrifico en Gerona fue el glorioso San Felix, martir, durante la persecución movida contra la iglesia por Diocleciano y Maximiano. Fué su cuerpo sepultado en Gerona, fué mirado como uno de los martires mas insignes, era teido en tiempo de los godos y lo prueba el singular afecto con que Recaredo le ofreció la corona de oro que adornaba sus sienes.

Obispos de Gerona
Hasta el 303 - San Pancio
304-307 - San Narciso
vacói
516-517 - Fontiniano
540 en adelante - Estefano
589 - Alicio
591-621 - Juan de Biclar
621-635 - Nonito
636-656 - Talo
673 - Amador
683 - Aaime
688 - Sabarico

693 - Miron I

Los moros tomaron por capitulación la cidad de Gerona en 717.

c *Quartilla. Manuscrit.*

Biclarense
San Isidoro, recopiló en dos libros quanto pudo, acerca de los mysterios catolicos, calificandolos con el Viejo Testamento, contra la perfidia judaica, y se los dedica a su hermana menor Santa Florentina, diciendo que era para edificacion de sus deseos, a fin de que pues eran iguales en sangre, fuesen tambien iguales merecedores al premio.
Santa Florentina estaba en Ecija donde su hermano Fulgencio estaba como obispo.

d *Foli plegat. Manuscrit.*

Por el año 589.
Reunidos en Toledo los obispos de España, y los de la Galia Narbonense por mandato del rey Recaredo, el 15 de mayo de dicho año; hicieron protestaciones en la fé: abjuraron la heregía del arrianismo los que la habian seguido. El obispo de Gerona, que entoces era Alucio, firmó en el lugar 58.
Este obispo de Gerona, á los dos años, tenia por sucesor al abad de Valclara.
Alucio, obispo de Gerona murió el año 590.

Juan de Viclar
No dejar de ver el tomo 43 de España Sagrada y el tomo 6 de España Sagrada.

e *Foli plegat. Manuscrit.*

Obispos Tarragona
259 año del martirio de S. Fructuoso.
Desde antes del 384 en adelante Himerio
Antes y después 465 Ascanio
Antes y después 516 Juan
Antes 535 hasta después 546 Sergio
Antes 560 Tranquilino
Antes 589 hasta después 592 Artemio
en cuyo tiempo Leovigildo quitó al vida a su hijo Hermenegildo
En 599 había Asiatio
610 a 632 - Eusebio
633 a 638 Audax
637-46 - Protasio
Antes 680 después de 688 Ciprian
Antes 693 en adelante Vera
En 711 a la entrada de los sarracenos y destruccion: la guerra contra los moros duró del 711 al 713.
La destruyó Tarif, hijo de Masair.

f *Quartilla. Manuscrit.*

Idacio Lemicense, prelado, escribió cerca del año 468, continuando el Cronicon de Eusebio y San Gerónimo hasta el año 465, extendiéndose hasta el 469.
Se determina la entrada de los Bárbaros, un martes y día 13 del año 409 (que suma 13) y en el mes de octubre, de aquí vino el ser de mal aguero el martes y 13.

g *Quartilla. Manuscrit.*

Idacio autor del siglo V, era obispo de Galicia.
El Biclarense, expresa la Cantabria sobre el año 574 en que dice que entró allá el rey Leovigildo y mató á los que talaban la provincia. Apoderose de Amaya y se hizo señor de la provincia. Esto favorece á la Cantabira legitima del nacimiento del Ebro.

h *Foli. Manuscrit.*

Leovigildo
La persecución á los catolicos empezo lo mas vivo de la persecución el año 580, tan pronto Toledo se hizo corte del Rey godo, XII de su reinado.
Siempre fué Leovigildo, tenaz en el error en que se habia criado, pero no consta que se declarase perseguidor de los católicos hasta que 569 se casó con la viuda del rey Atanagildo llamada Gonsvinta.

i *Fitxa. Manuscrit.*

578
Recopolis, que es el nom de la ciutat de la <Celtiberia> Tarraconense, de la que nos queda memoria en una medalla y que diu San Isidor, fou fundada per Leovigilt en honra de son fill Recaret.

La mort de Hermenegilt, de un cop de destral, que li tallá el cap, dada per Sisbert el 13 de abril de 585.

j *Foli A3 plegat. Manuscrit.*

San Hermenegildo, visigodo.

Hecho San Hermenegildo católico por medio de San Leandro y de su mujer Ungunde, empezaron a mirarle con singular amor, no solo las ciudades que su padre le había señalado para que las gobernase como rey, sino otras que no pertenecían a su reino. Estas no tuvierno mas titulo para negar la obediencia a Leovigildo que el ser hereje.
Con motivo de la igualdad de religion, persuadieron los católicos a Hermenegidlo, que levantase bandera contra su padre.
El Santo joven condecendió con los pueblos, y de hecho divididos los godos, unos con el hijo y otros con el padre, empezó la guerra civil, funesta en esta linea por los muertos y desgracias que ocasionan las guerras.
La corona de gloria que ganó San Hermenegildo, la mereció después, por haberle propuesto el padre que si abjuraba la Religión Católica y comunicaba con él en los errores, volvería a su gracia.
Firmísimo en la verdadera Fé, despreció el reino temporal, la libertad y la vida por no negar a Cristo: miró por esta causa y esta es la que le dio la corona del martirio.
Véase tomo 5, págs. 206 de España Sagrada.
Véase tomo 2, págs. 159 de España Sagrada.
El martirio fue en primavera del año 585, un año antes que la muerte de su padre.
El criminal fué Sisbertus, que acabó con una muerte pésima.
En el año 585, fue pascua el 25 de marzo, y la negación a la comunión fué el día antes de Pascua. El martirio fule el 13 de abril.
En el concilio de los arrianos en Toledo el año 580, los arrianos se llamaron católicos, aplicando á la verdadera religión el nombre de Romana, con intención de engañar: se decretó, que no sea bautizado el católico que se pase á los herejes, sino recibido por la imposición de las manos, por la comunión de

los herejes, y dando gloria al Padre por el Hijo en el Espíritu Santo; lo cual hizo apartar a muchos al quitar los herejes el batuzar á los catolicos.

Los que seguian el partido de Hermenegildo, era por motivo de religión.

Los que se pasaron a Leovigildo por aquel cambio, no fué mas que por ambición, por gozar de los honores y oro que el rey les ofrecía.

San Hermenegildo casó 579 con Ingunta, hija de Sigeberto, rey de Metz y Borgoña y de Bruneguilda, hija de Gonsvinta, en las primeras nupicas con Atanagildo, ó sea Igunta era nieta de Gonsvinta.

Gonsvinta era firmemente catlólica.

Gosnvinta se empeñó en pervertir a la nieta, empezando por el preverso intento de rebautizarla y propasándose á maltratarla indignamente, al ver que la primera estaba firme en la Fe y que no condescendía á la impiedad. Con esta oposición de voluntades reinaba una guerra continua en el palacio.

En el 573 Leovigildo hizo compañeros en el Reino a sus dos hijos Hermenegildo y Recaredo.

Viendo la discusión doméstica, entre abuela y nieta, determinó que se dividieran las familias, dando para esto a San Hermenegildo el reino de Sevilla, con todas sus dependencias; en Sevilla donde estableció su corte presidía San Leandro, el cual junto con la esposa, atrayeron á la Fé convirtiendose entonces Hermenegildo.

Declarado Hermenegildo católico y deseando los pueblos sacudir el yudo de los hereges arrianos, se aplicaron á su favor contra Leovigildo muchas ciudades, como Sevilla, Córdoba y Mérida y de este modo por principio de religión empezó una guerra civil, que aumentó la persecución de Leovigildo contra los católicos y contra el rey su hijo.

Gonvinta, es la que junto con los judíos, movió, provocó y

sostivo la persecución de los católicos, de Hermenegildo y de Igunta, y encendió á Leovigildo odio contra su hijo.
No fué el hijo que se declaró contra el padre, si no el pueblo católico contra el error herege y la maldad de Gonvinta, atrayendo á San Hermenegildo, como bandera.
Se procuró el auxilio de los imperiales, aunque estos no correspondieron al deseo.
Leovigildo no levantó prontamente, el ejercito contra su hijo, esperando a ver si podia, pervertir con arte, con amenazas o con terror del estrago que hacia en los catolicos; empezó á desterrar á las personas mas sobresalientes, confiscar las haciendas, llenar las carceles, dejarles morir de hambre y quitar á otros la vida con diversos tormentos, de suerte que toda España era teatro de una persecucion muy fuerte que ocasionó muchas muertes y estragos de catolicos e inocentes. En Toledo donde Leovigildo residia, y en casi toda España, había muchos confesores y martires, aunque no se conserva la memoria de sus nombres y particulares circunstancias.
Otra astucia para ver si podía desarmarlos, fué la convocatoria y la celebracion del concilio de obispos arrianos de Toledo.
Leovigildo, viendo que con los esfuerzos no lograba la persuasion de San Hermenegildo, en 582 juntó el ejercito y sitio Sevilla el 583, ayudado de Miró rey de los suevos. Duró el sitio hasta el año 584, en que Leovigildo se apoderó de la persona y dominios de su hijo y en el siguiente 585, conquistó la Gloria.
El Emperador Mauricio envió á España contra los godos arrianos al patricio Comiciolo, que levantó a Cartagena en el año 589, y fué ordenada la persecución de Leovigildo, aliándose estos romanos con San Hermenegildo, esta alianza no tuvo efecto.
Historia de San Hermenegidlo - España Sagrada tomo 9, pag. 318.

San Hermenegildo, se valió de San Leandro para que fuera á la corte del emperador del Oriente, como embajador de los visigodos, pasando a Constantinopla á solicitar la alianza con el emperador San Gregorio Magno, para establecer en España un imperio totalmente católico.
En 584, entró leovigildo por fuerza en Sevilla, apoderandose luego en Cordoba de la persona de su hijo, le privo de su reino y le desterró a Valencia; tambien desterró de Sevilla a San Leandro a Cartagena.
Manteníase su sagrado cuerpo en la iglesia de Santa Maria del convento de Biclaro[445].

k *Mitja quartilla. Manuscrit.*

La muerte de San Hermenegildo fue en el año 585, año 30 del Emperador Mauricio, año en que fué la Pascua el 25 de Marzo, desde este día al 13 de abril que se celebra el martirio, van 19 días, espacio suficiente para que el obispo arriano al Rey de la firmea de su hijo en la Fé Católica y enviase al ministro Sisberto para que le degollase como testifica el Biclarense.

l *Quartilla. Manuscrit.*

584
San Hermenegildo fué desterrado á Valencia en 584 privado del reino temporal. Desde valencia se hizo mudar a Tarragona sin que hubiera nueva guerra.
Los soldados imperiales en Valencia al principio favorecieron al Santo, aunque despues le faltaron.

445 Nota preparatòria del §2 de la *Breu història*.

m *Foli A3 plegat. Manuscrit.*

Recaredo
El año 586 fué el primero de su reinado, de Enero en adelante antes del 8 de mayo.
El año 573, Leovigildo asoció á sus dos hijos en el reino, pero en lo que mira a Recaredo, solo fué darle el Titule y que no contaron sus años como rey. El Biclarense, empieza a contar los años de Recaredo, por la muerte de rey padre, 13 despues de aquel en que fue declarado sucesor, ó sea en el año 586. I del reinado de Recaredo.
En el año 578, fundo Leovigildo la ciudad que por el nomre de su hijo Recaredo, se llamó Recópolis, que estaba en la Celtiberia.
Al morir Leovigildo, Recaredo se unió con la madrastra Gorvinta mirándola como madre; duró esta unión muy poco, porque convertido el rey y obstinada la reina, no solo no concoraron en los dogmas, ni en lo politico, propasandose la infiel e ingrata viuda, a conspirar contra la vida de Recaredo.
La conversión publica de Recaredo, recomendada por su padre y encargada á San Leandro, se efectuo á fines de diciembre de 586.
Reducido á la Fé, junto todos los obispos arrianos, haciendoles una platica tan pia y eficaz, que no fue necesario recurrir al poder para que todos abrazaran los dogmas que ya el rey habia conesado.
A la reduccion de los obispos se siguió la de los próceres y del estado comun de los godos y de los suevos, que como todos militaban ya bajo un sobreano, debian vivir conformes en el punto principal de religion y logrose así sin violencia.
Realzó su piedad haciendo que se restituyese a las iglesias todo lo que los arrianos habian quitado y aplicase en fundar y dotar iglesas y conventos, y restituir a sus sillas todos los obispos que

habian sido deterrados.
Maniobras de la reina viuda = 587 conspiración contra el cetro de Recaredo siendo jefe el obispo de Mérida, llamado Sunna y un tal Segga; descubierta la maldad se remedió desterrando al mal prelado y cortando a Segga las manos.
Otro encendido en 588 por el obispo Uldila y la reyna Gosvinta que se apagó con el destierro del obispo y muriendo la reina Gosvinta.
Quemó los libros arrianos.
En el año 590, fué electo San Gregorio por vicario de Cristo, sucesor de San Pedro (sumo pontifice), que fue quien el Palio, en honor a San Leandro para condecorar, insignia eclesiastica, que llego despues de muerto el Santo.
Recaredo no quiso suprimir un decreto dado contra los judíos aunque le ofrecian gran suma porque le recogiese antes del 595.
Recaredo casó en 1ª nupcias con la hija de Chilperico, llamada Baddo. La 2ª mujer fue hermana de Childeberto, rey de los francos, y se llamaba Clodosinda.
El concilio III de Toledo fué el 595.

San Isidoro
Obispo de Sevilla del 599 hasta 636.
Natural de Cartagena, se crió y vivió y murió en Sevilla, debido al destierro.
Hermano de San Leandro, San Fulgencio y Santa Florentina, era el mas pequeño.

San Leandro, obispo de Sevilla antes del 579 al 599.
Hijo de Severiano, ibero catlolico de la provincia Cartaginense (la ciudad de Cartagena).
Tuvo por hermanos a San Fulgencio, a San isidoro y a Santa Florentina.
Esta santa familia, fue desterrada de su patria, por no asentir al

error arriano, y fueron a residir en Sevilla.
Ya obispo en Sevilla, fue perseguido por Leovigildo.
Su hermano San Isidoro, le sucedió 599 en la silla de Sevilla, cerca de 40 años, pues murió en el 634, que duró 2 años en vida de Recaredo y los 6 reyes siguientes.
Fue a Oriente, a Constantinopla, aprovechando el destierro a suplicar al Emperador la proteccion en favor de los que militaban por la Fé el año 580 y el regreso fué antes del 584, al cual se siguió el destierro en Cartagena, que duró hasta el 586 en que murió Leovigildo, que estando para morir, mandó levantar el destierro de los obispos.

n *Fitxa. Manuscrit.*

El 585, Recaret, retirá els restes del seu germá Hermenegild al palau que encara no estaba acabat de Reccopolis, y es fundá el convent de Santa Maria de Biclar l'any 588, per Joan de Viclar, que porta l'habit de la Religió de Sant Agustí, si sé l'ordre que guardá aquest monestir, fou la de Sant Benet, reformada pel mateix Joan de Viclar[446].

Ordres monacals.

La corona que Recaret va oferir al martir de Girona, San Felix, quines reliquies se guardaven en una esglesia de Narbona, hon se corona Paul, quant aquest temple com altres foren destruits pels sullevats a fi de apoderarse de les joyes y alages que contenien.

Els comes eren los quefes o encarregats de les ciutats subalternes.

---

446 Nota preparatòria del §2 de la *Breu història*.

Al arribar Wamba a Girona, li obriren les portes y sortint son bisbe Amator a rebre el Rey, l'hi presenta una carta que habia rebut de Paul.

o *Quartilla. Manuscrit. ASMV, Fons Miquel Vidal, 25.*

Recaredo, hijo y sucesor de Leovigildo empezó a reinar en el año 586 por enero en adelante antes del 8 de mayo y mejor empezo entre el 3 de abril al 8 de mayo.

p *Fitxa. Manuscrit.*

614
Sisebut, va proscriure els juheus obligantlos en lo terme de un any á bateijarse o á expatriarse.

q *Fitxa. Manuscrit.*

1163
Ramon de Vallbona, rep el territori de Poboleda, per edificar la cartoixa d'Escala-Dei.

r *Fragment. Manuscrit.*

1135 - Dª Blanca se trasladó á Tarragona con el expreso deseo de rezar ante la sepultura de su hermano Joan, y trasladolo a Sijena. Reynaba Alfonso IV o III.

Apèndix 2

Carta enviada per Miquel Vidal i Llecha a Modest Montlleó. 30 de desembre de 1964.
Quatre folis mecanografiats, escrits per recte i vers. El primer i el quart amb membret "MIGUEL VIDAL LLECHA / ERMITA DE SAN MIGUEL / MANSO ROGER / CABACES", i el segon i tercer "Miguel Vidal Llecha / LABRADOR / Ermita de San Miguel / CABACES". Signatura al foli 4v.
ACP, Fons Mas Roger.

(1r) 30 Diciembre 1964

Sr Dn.
Modesto Montlleó
Barcelona.

Distinguido Señor:

En mi poder su atta. carta del 18 de los corrientes, la que me causa alegria y satisfacción de conocer y ponernos en contacto las personas que nos interesamos por conocer y estudiar esta comarca ignorada y tan erroneamente discutida. Molta part, de lo que se escriu y es conte del Mont-sant son coses imaginaries i sens fonament, els noms dels llochs, de les montañes i de les terres, son casi bé modernisats en un sentit que ens borren casi bé el que de antich s'els daba. Es comprent perfectament, que fins hi hagut algún interes y que en part encara dura, de que la história siga desconeguda i no es divulgui. Aquesta anomalia fá que es deja de coneixer la veritat y que bastans espais blanchs es la historia de la corona de Aragó, no es pugan omplir, ó quedin dubtosos ó tarxiversats.

Jo soc masa vell y si be no vaix neixer a Cabacés, els avis Llecha eran de aquest lloch y conservo las seues cendres á la ermita i en el cervell tradicions familiars de mols segles enrera. De jove, conservaba un magnific archiu que van robar y quemar l'any 1936; he procurat reconstruirlo pero presento que no en sortiré.

De escriure ya pot compendre que no en sé, y per fer conferencies no serveixo, perque ja no tinc dens i no sé m'enten cuant parlo, si espliqués les coses tal com les veix i les sento, me pendrien per boig. Això de publicar un article que parli de Cabacés, es lo menys interesant perque es un poble del que vá fer la carta el Rey Jaume I, carta que (IV) es el document mes interesant escrit per ell en limosí i que está de guardar al arxiu de Tortosa, peró no el dejen veure ni treure cópia. Lo més interesant de Cabacés está desde la fundació del castell del Lysia (llops), 6 sigles antes de la era cristiana; lo del Patriarca Al-lucio; les legions romanes del Lucians y Marcians, que per les cópies de Tito-Livi es confonen els Lucians amb els Lucitans i semble que el mateix pasa mb Polibi; el Mont-sacer que cita Festo Avieno; La tan buscada Cartago Vetus y els Ausetans sobre el Ebre; la localizació de Cissa; la Torre Dela (avuy Granadella), Las Palmas de Ebro; El convent de Sant Juan de Viclar; la primera conversió de Jueus á la época de Sisebut; la mort y reliquies de Sant Hermenegildo; la venjansa dels Jueus i destrucció del Monestir i mutulació dels manuscrits de Biclar; La historia del Miquels de Luciá; qui eren los Kabassirs. Los almo-kabas i els Uni-kabasieri i Unicapsieris; Que eren los Alins de Lleida y de Hosca; Que eren els castells de Marca Galef; Que son los Mun-sans, el Mont syllo, el riu Oli, el barranch dels Pellis, Ciurana y el seu riu, Cornudella, Cornubobis, Poboleda, Poblet, Aubarca, etc.; El perque de la fundació del convent de Vall-clara encargada al Beato San Juan de Organá, després de la conquista de Lleida y després la Iglesia de Sant Pere de Poboleda pel creuat en Pere de Mont-sant, d'on surt el Monestir de Scala-Dei; Comp després de mols treballs,

Scala-Dei crea la Baronia dels Cabacés i s'en fá titular el Sr Bisbe de Tortosa; Rebaldia dels Cabacés en aceptá el rito romá, y moltes altres coses que seria interminable.

En cuant á arqueologia, resta poca cosa; en aquestos ultims 30 anys s'ha destrosat molt. Queden restes del Monestir de Wiclar, de la sala del rey Recaret, del Bautisteri (que jo he adecentat) un retaule que sembla den Borrasá, que ara el tinc á Reus per restaurarlo, Un pont Romá que en les pedres que té al peu es descubreixen lletres del alfabet celtiber. Unes pedres que jo conservo que eran de bocals de sitjes y que conserven caractes ocmótics, provablement **(2r)** del deposits del fenices, dos menhirs que no tenen catalagats, en el lloch que diuen La Vall. Del poblat que en deyen Montal, que feren desapareixer els frares de Scala-Dey, no queda més que l'ermita de San Antoni. Fins fa poc, quedaben restes de un monument funebre semblant á la torre dels Scipions de Tarragona, que bé podia eser la sepultura de Mandoni, el van destruí del tot y varen trobar els restes, monedes de Al-lucio, puntes de llanza y una anell que s'ha llensat ó venut al drapaire. Existia també un palomá romá que l'ha destrosat; fá dos anys que encara es conservaba bé, la casa del ferré amb la basa d'aigue el devant y frenta al baubtisteri y la galeria del palacio gótic, que era per fer els jurament y las probes del foch y del aigua, vá serer destrozat per los de "la vivienda", jo en guardo un trós de pedra que porta esculpida la ballesta, lo demés no varen volguer-ho conservar ni vendremo. En algunas portadas romanes es veu el l'aboro dels dos peixos capicuats. La Ermita de San Roch vá ser feta per un frare provinent de la Pinyera del Mas Roig, als comensament del sigle XVI, está entre dos baumes y al front existien dos dolmens, avuy escorreguts, pero me fá l'efecta de que al costat u mes avall tapat de terra s'hen trobaria un altre que podria haber servit per enterrar l'ermitá primer: guardo documentació e inventari de la mort de l'ermitá. L'ermita de

San Roch vá servir de Lazareto y Hospital i cementiri de Leprosos y Pestosos. Vareix fer restaurar un cuadro que vay poguer amagar al temps de la guerra, que es del sigle XVI. Porta les ensenyes dels Luciá ó del Lexa, hi ha la Vergue del Loreto y devall les efingies dels donans. Es guarda en la Iglesia Parroquial. La ermita fá dos **(2v)** anys vaix probar de restaurarla, pero tengué de desistí, perque varen gastar dos cops el presupost y no feyen més que desgracies y pegots. En els seu temps hi habia la image de San Roch, un diminut altar de la verge de la Pinyera, el cuadro eludit y una petita urna á les afores de San Gós, que no el dejaven entrar en la capella mes que á l'andemá de San Roch, que es repartia menjá á tots els gosos del contorn que acudien á misa. Als gosos no hi habia necesidad de cridarlos, perque en aquell dia, cuant sentian la campana, venian tots. Avuy aixó pasa aqui á l'ermita de San Miquel, a les 12 de tots els dies, quant toquem la campana per dinar.

A la Ermita de las Foyas, (Foyas, vol dir ayguamolls, pero com que prop dels aygyamolls es feyen les carboneres, en aquestes, també els hi deyen Foyes) no queda rés de notable despres de haber sigut quemada y destrozada la imatge de la Verge, que era una talla gótica de tamany superior al natural que conservabá magnificament el colorit. Era la Image que es vá salvar amagada en quell lloch procedent del Monestir de Wiclar, estaba de peu y portaba el nen á la dereta. Primer tenia el nom de Santa Maria de Wiclar, després Mare de Deu de las Foyes y al temps de la guerra Carlista, en obsequi á la muller del Capdill que va pasar per Cabacés, li digueren Mare de Deu de les Néus. Are al altar han posat una imagen moderna de la Mare de Deu.

Prop de Margalef, está l'ermita de San Salvador en terreiny que diuen de la Tornera. De aquesta guardo documentació de quant se vá fer.

L'Archiu de la Iglesia de Cabacés, va ser saquejat vari cops antes d ela guerra de la Independencia y lo que quedava es vá acabá de destruir á la revolució pasada. El dia que el destruiren m'envaix enterar y de estrangis vaix poguer recullir uns pochs papers que varem enterrá y acabada la guerra, els vaix **(3r)** ordenar á la meua manera y es l'archiu que avui té l'iglesia parroquial. Lo més interesant que s'hi troba, és el llibre de la Cofradia del Roser, que fa constar que Don Juan de Austria, acompañat del seu sequit y de uns frares de Poblet = (dona noms) permanesqueren al castell de Cabacés hon hi habia l'estat majó amagat. Els historiadors critican als frares de Poblet creyent que estaban amagats alli al convent, y jo els he trobat a Cabacés.

Totes aquestes coses qu vosté busque los hi podré detalla y esplicar millor quant vingan per aqui.

També vareix rebre una carta del sr Josep Iglesies, Secretari de la Societat Catalana de Geografia, que s'interesa en coneixer rondalles y tradicions del Priorat; actualment colabora en la Geografia de Catalunya de la Editorial Aedos. Aquest senyor, va anunciarme una próxima visita, á ultims de Octubre le vaix escriure y no he rebut contestació. Al mateix dia, y pel mateix correu, vaix escriure també, á la Sta Maria de la casa Porter-Libros del Portal del Angel nº 9 y he sapigut que la carta no avia arribat. Soposo que lo mateix podia haber pasat amb la del Sr Iglesies. Si á v. li vé bé, pregunteli y si fós cert, l'hi tornaria á escriure. El Sr Iglesies, viu al Pasatje Permanyer nº 17, podria ser que tinguese teléfono. Si volen venir uns dies aqui, poinse d'acort y avisim antes per veure si puc trobar una majordoma que ens fasi el dinár, perque aquestes comarcas están abandonades y á la Ermita sols hi vivim dos dones velles imposibilitades y un altre jeyet de 80 anys, que s'aguanta menys que jó. Si no venen aviat, pot ser que ja no hi trobaran més que la burra, que encara s'aguanta aixerida.

(3v) Lo dificil per vostés, será trobar la ermita de San Miquel, perque aqui, no fan cap mes que els que es perden fen escursions pel Mont-sant. L'ultim mapa per escursionistes que s'ha fet, es el del Reus Deportiu, que tampoc l'habien encertat; la casualitat i perque es van perdre, feren cap aqui l'any pasat y els vaix rectificá el mapa per cuant fasin una nova edició. El Centre de Lectura y la Agrupació escursionista de Reus, tembé van desorientats. Del Centre Excursionista de Catalunya, fá 8 anys, varem recollir un jove, tot carregat de mochilles berrets y banderetes, que digue que era explorador de dit Centre y anava perdut pel Mont-sant, ens digué que era carnicer y que vivia á Sarriá al carré de Monterols.

De Bibliografia, d'aquestes comarcas já mol poca cosa aprofitable; tot son cuentos y llejendas sens cap fonament, fillas de la imaginació. El Sr Delfí Navas de Cabacés dejá escrit una curta crónica esplicant lo que el vulgue y ell han inventat y de aquesta crónica ha sortit tot lo que diu la geografia de Carreras Candi y d'ella surt tot lo demés que diuen els posteriors. La História de Scala-Dei del Canonge Valle, lo poc que esplica dels començament del Monestir, no es prou clá, y els noms que els frares daren en els llochs, dificultan l'estudi de la toponimies.

El poblet del Mont-Sacer, que s'estenia per les riberas del riu Mont-sant desde hon yá Margalef fins á Vilella-baixa, en l'idioma antic y vulgar s'en deya FONS ó Fonts y aquest nom el conservá á seques o unit al les veus Clarense ó Sala; acabada la reconquista y feta la carta puebla de Cabacés, trobem que en temps de Jaume II, envia la seva filla Dª Blanca que es troba malalta en el convent de Sijena, que vaixi á es trasladi á FONTES una temporada per referse; Dª Blanca vingué á Cabacés acompañada de la superiora ó Priora del Convent, lo de la malaltia ere escusa, si bé, Dª Blanca estaba un poc chiflada y volia estar aprop del seu **(4r)** germá Juan, Patriarca de Alexandria y Arquebisbe de Toledo que estaba en el Monestir de Scala-Dei, mes tart veiem com Dª Blanca yá priora de Sijena, roba els restes del seu germá de la sepultura de la catedral de Tarragona.

Els Kabasses, es formaren en temps de la reconquista y els manaba ó conduia en Miquel de Luciá, eren cristians católics vells y es defensian dels moros als que apellidaban gorabs (cuervos) y del invasors fracs que s'apoderaban de la "Catalunya vella"; allargaren las sues conquistas mes enlla de la serra de la Llena y fins á Torregrosa i montañes de Avin Ferri hon tingueren el castell de Marca Galef de la provincia de Lleida en les montañes de Alins.

Dels Alins de Avin Ferri, treien el ferro y de Alins de Hosca la plata y l'ort. Vivien del trabal de les terras y de que robaben al moros i als catalans. Aqui el robo no era pecat y lo que dejitjaven es que vinguesin moros; cuant sortian á la saca, deyen que anavan á fer moros y després, =com mes moros, mes negoci=. Aquestos kabasses, units ó forman exercit s'en deya Almo-Kabas. Las última kabas organizadas varen ser els germans Ximenez de Luciá, que una vá desapareixer á la conquista de Mallorca y l'altre á la de Valencia, procedian les dós de Hosca y solsament quedá á les hores la que corresponia aqui á Cabacés que la manaba en Miquel de Luciá y erra la guardia personal del Rey Jaume I. Els individuos d'aquestas kabas o cavas anaven armats de darts que portaven dintre de un çarró, y la figura de sarró, era el seu sello ó escut. Algún historiadó castellá recordo que diu que "los Almogaveres, llevaban consigo un carro" i es que confonen el mot çarró (zurrón) ab el de carro, sense ç.

Es molt interesant també la transformació del nom de Mont-Sacer amb el de BISBAL á principis del cristianisme y després fer un estudi de les coves y pedres de la Bisbal de Falset, perque alguns fets atrasats son **(4v)** trasladats á la Bisbal de

Girona, que els primers sigles del cristianisme no existia y el seu nom no prové de que haguese sigut lloch sagrat.

Una de les coses que li pot convidre al Sr. Iglesias, es l'historia de la ermita de la Consolació, de Gratallops, manada á construir per Fra Domenech y el motiu perque hi posaren l'image de la Consolacio, primera Verge del Catallans, que per disort es quedá á Andalucia i de alli en vá portar el seu recort Mosen Damenech, per ferla patrona del Priorat.

Perdoni Sr Montlleó de que sie tan llaune, mes fasis carrec de que soc vell, sol, y visc en descampat i paso mols dies que no veix cap persona per poguer pasar l'estona xerrán de les nostres coses. Coprengui lo que me alegra rebre algun dia alguna carta com la de V. y del Sr Iglesies; i encare seria mes dixós que algún dia vostés y el Centre Escursionista de Cataluña, i hasta el Sr Guirri es dejesen veura.

Els saluda á tots y els desitjo bon any nou.

M. Vidal.

[Acompanya un croquis d'una ruta per a trobar el Mas Roger: Reus, Borges del Camp, Alforja, Poboleda, Escaladei, Vilella Alta, Vilella Baixa, túnel i, abans de marcar Cabassers, assenyala el camí i indica "Ermita San Miguel"]

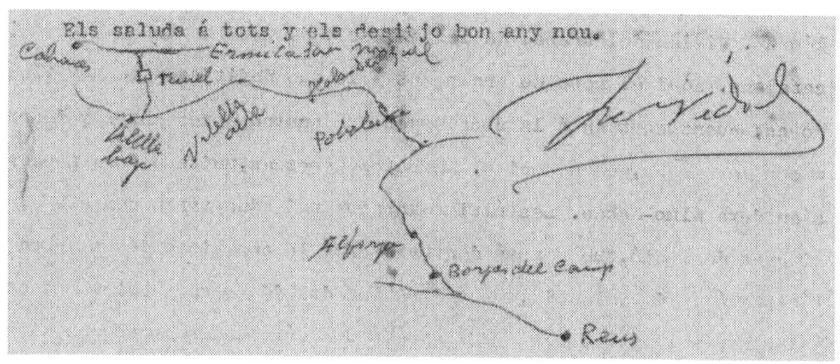

Apèndix 3

Catàleg dels documents procedents dels arxius parroquial i baronial de Cabassers, espoliats per Miquel Vidal i Llecha i conservats a l'Arxiu Comarcal del Priorat, Fons Mas Roger.

1- 1319, juliol ,1. Domegia, muller del difunt Iohannes Reboyl, i Guillermis Ferrer, tots dos d'Ulldemolins, venen un tros de terra a Scala Dei per 200 sous barcelonesos en moneda de terna a Johannis Cerdà i a la seva esposa, de Cabassers. P. Pallaresi, prevere i notari públic de Cabassers. Llatí, 1 foli.

2- Sense Data [mitjan segle XV]. Llibre de rendes dels aniversaris de difunts de la parròquia de Cabassers, amb 79 anotacions ordenades cronològicament seguint els dies i mesos de l'any, on consta el nom del difunt pel qual se celebra l'aniversari, qui el paga i la quantitat. Català, 22 folis, enquadernat amb enquadernació moderna, del segle XX.

3- 1526, març, 29. Joan Macip, de la Vilella d'Avall i habitant de Cabassers, dóna en dipòsit 9 lliures i 8 sous en moneda corrent a Gaspar Laurador, lloctinent de batlle de Cabassers, per dues peces de terra que compra a Maciana, vídua, muller del difunt Bernat de Cabassers, i al seu fill Martí Joan Gibert. El batlle fa fer una crida donant trenta dies per fer al·legacions a qualsevol persona que cregui que hi tingui dret. Trasllat del llibre de la cort. Pere Macip, prevere i notari públic de Cabassers. Català, 1 foli.

4- 1526, juliol, 1. Capítols matrimonials de Gabriel Jornet, àlias Manuel, de la Torre de l'Espanyol, i Isabet Domènega de Cabassers. Bernat Voltes, prevere i rector de Cabassers. Català, 4 folis.

5- 1528, març, 25. Acta de fundació de l'ermita de la Tornera (Sant Salvador) de Margalef, per Bernat Albagès, que hi posà la primera pedra i digué la primera missa. Bernat Albagès, vicari i notari de Cabassers. Català, 1 foli.

6- 1534, gener, 8. Ordinació de Petrus de Robles, procurador general del bisbe de Tortosa, prohibint sota pena de 60 sous que ningú no utilitzi altre forn que el de la vila de Cabassers, de Johan Segur de la Figuera, excepte en cas de pesta o malalties contagioses.. Català i llatí, 1 foli.

7- 1565, gener, 7. Cabassers. Acarament entre els moliners de la baronia i representants de la Vilella Baixa i el Lloar per una disputa sobre on moldre el blat. Antoni Johannis Segur, regent de notari públic de Cabassers. Català i llatí, 1 foli.

8- 1566, març, 30. Teccla Andreua de Margalef constitueix en procurador a Micolau Andreu, també de Margalef, per poder recuperar qualsevol quantitat que se li degui, i l'autoritza a signar àpoques en nom seu.. Jacobus Gabriel Sabater, prevere de Vinebre i rector de Margalef i la Bisbal pel reverent Bernat Voltes, rector de l'església de Cabassers. Llatí, 2 folis.

9- 1566, abril, 16. Guilermus Martorel, batlle, i Johanes Revul, de la Bisbal, i Bartolomeus Villanova, de Corbera, rector i habitant de la Palma, constitueixen en procurador seu a Bernat Voltes, prevere i rector de Cabassers, per poder recuperar qualsevol quantitat que se'ls degui, i l'autoritzen a signar àpoques en nom seu. Jacobus Gabriel Sabater, prevere de Vinebre i rector de Margalef i la Bisbal pel reverent Bernat Voltes, rector de l'església de Cabassers. Llatí, 2 folis.

10- 1569, setembre, 28. La Bisbal. El consell de la Bisbal nomena síndic i procurador de la universitat a Joan Roer major, de la Bisbal. Català i llatí, 1 foli.

11- 1572, febrer, 1. Cabassers. Còpia del testament de Bàrbara Rogera del Mas terme de Cabassers, vídua.
+Lliurament del testament als marmessors per Gaspar Punter, vicari general i oficial del bisbat de Tortosa, 1572, maig, 21.
Bernat Voltes, rector i notari de Cabassers. Català i llatí, 4 folis [restes del segell del vicari general].

12- 1574, juny. Capítols matrimonials de Joan Martí, vidu, de Gratallops, i Teccla Valla, de Cabassers.
Bernat Voltes, prevere i rector de Cabassers.
Català, 4 folis.

13- 1574 novembre, 28. Capítols matrimonials de Jaume Gibert i Catarina Morella, tots de Cabassers. Bernat Voltes, prevere i rector de Cabassers. Català, 4 folis.

14- 1574, novembre, 30. Cabassers Testament de Gabriel Ferrer de Cabassers.
+Lliurament del testament als marmessors per Gaspar Punter, vicari general i oficial del bisbat de Tortosa, 1577, gener, 3.
+Àpoca de 40 lliures deixades a Pere Arbonès, 1586, gener, 18.
Català i llatí, 6 folis [restes del segell del vicari general].

15- 1575, gener, 19. Cabassers. Còpia del testament de Catarina Tamarita, vídua, de Cabassers.
+ Lliurament del testament als marmessors per Gaspar Punter, vicari general i oficial del bisbat de Tortosa, 1583, maig, 29.
Bernat Voltes, prevere i rector de Cabassers. Català i llatí, 2 folis [restes del segell del vicari general].

16- 1575, octubre, 8. Capítols matrimonials de Joan Castelló, vídou, de la Granja d'Escarp, i Catarina Revulla, de Cabassers. Bernat Voltes, prevere i rector de Cabassers. Català, 6 folis.

17- 1575. Memorial de la roba que Joan Morell i la seva muller donen a Catarina Morella, filla seva i muller de Jaume Gibert, tots de Cabassers. Català, 1 foli.

18- 1576, febrer, 10. Cabassers. Testament de Joan Amorós de Cabassers.
+ Clàusula de testimonis de 1576, febrer, 20.
Bernat Voltes, prevere i rector de Cabassers. Català i llatí, 6 folis.

19- 1576, juliol, 1. Capítols matrimonials de Joan Sentís, vidu de la Torre de l'Espanyol, i Margarida Domènega, vídua de Cabassers. Bernat Voltes, prevere i rector de Cabassers. Català, 6 folis.

20- 1577, abril, 21. Capítols matrimonials de Pere Val i Iherònima Arbonessa, tots de Cabassers. Hierònim Veyà, prevere i vicari de Cabassers, com a notari en representació de Bernat Voltes, prevere i rector de Cabassers. Català i llatí, 6 folis.

21- 1579, octubre, 11. La Granadella. Amonestacions per al matrimoni de Miquel Pinyol de la Granadella amb Maria Masipa de Cabassers. Hieronim Laurador, prevere. Català, 1 foli.

22- 1579, octubre, 11. Capítols matrimonials de Miquel Pinyol de la Granadella i Maria Masipa de Cabassers.
+Memorial de les robes que Miquel Masip i la seva muller Joana donen a la seva filla Maria Masipa, muller de Miquel Pinyol.
Bernat Voltes, prevere i rector de Cabassers.

Català, 8 folis.

23- 1583, novembre, 23. Pere Arbonès, vicari de Cabassers, procurador de Bernat Voltes, prevere de Cabassers, compareix davant de Dalmau, oficial de la cúria, contra els jurats de la Figuera, a instància dels quals està citat a declarar el rector de Cabassers, i demana que els jurats siguin condemnats a pagar les despeses de la contumàcia. Declara que Voltes ha nomenat vicari de la Figuera a mossèn Joan Soler i reclama que se li paguin les rendes del benefici de l'església de la Figuera.
Michael Martí, notari i escrivà del bisbe de Tortosa. Català i llatí, 1 foli.

24- 1584, juliol, 13. Codicil del testament de Joan Amorós, pel qual nomena hereu universal al seu fill Pere Arnau, per haver mort el seu altre fill que era hereu, Joan Pere.. Pere Arbonès, prevere i vicari de Cabassers. Català. 1 foli.

25- 1590, setembre, 23. Cabassers. Testament de Petrus Macip. Català i llatí, 4 folis.

26- 1595, febrer, 5. Capítols matrimonials de Joan Macip de la Plaça i Joana Rogera del Mas, tots de Cabassers. Pere Macip, prevere i rector de Cabassers. Català i llatí, 4 folis.

27- 1595, febrer, 5. Capítols matrimonials de Joan Roger del Mas i Maria Maçipa de la Plaça, tots de Cabassers.. Pere Macip, prevere i rector de Cabassers. Català i llatí, 4 folis.

28. 1596, març, 24. Capítols matrimonials de Gabriel Ferrer i Maria Sentissa, tots de Cabassers. Pere Macip, prevere i rector de Cabassers. Català i llatí, 4 folis.

29- 1596, octubre, 27. Capítols matrimonials de Joan Roger del Mas, vidu de Cabassers, i Maria Arbolina, de la Figuera. Pere Macip, prevere i rector de Cabassers. Català i llatí, 4 folis.

30- 1596, desembre, 5. Testament de Gabriel Gispert, prevere de Cabassers, beneficiat del benefici a invocació dels metges Sant Cosme i Sant Damià a l'hospital de Prades.. Pere Maçip, prevere i rector de Cabassers.
+Signatura de Mateu Masip, prevere, vicari i notari públic de la Bisbal i Margalef.
+Àpoca.
+Lliurament del testament als marmessors per Johannes Sentís, arxidiaca, canonge i vicari general de Tortosa, 1606, novembre, 4.
Català i llatí, 4 folis [restes del segell del vicari general].

31- 1597, maig, 31. La Figuera. Testament de Catherina Olivera de la Figuera. Jerònim Torner de Falset, vicari de la Figuera per mossèn Pere Macip de Cabassers. Català, 2 folis.

32- 1597, desembre, 29. Testament de Pere Arnau Amorós de Cabassers. Joan Vidal, vicari de la Bisbal. Català i llatí, 4 folis.

33- 1597, juliol, 15. La Bisbal. Còpia del testament d'Andreua Manuela de la Bisbal.
+Lliurament del testament als marmessors per Johannes Sentís, arxidiaca, canonge i vicari general de Tortosa, 1603, novembre, 4.
Pere Masip, prevere, rector i notari públic de Cabassers. Català i llatí [segell del vicari general], 2 folis.

34- 1601, maig, 27. Testament de Magdalena Segura de la Figuera. Joan Ferrer, prevere i vicari de la Figuera. Català i llatí, 2 folis [segell il·legible].

35- 1602, abril, 23. Testament de Tecla Gisperta de Cabassers.
+Clàusula d'acompliment.
+Lliurament del testament als marmessors per Johannes Sentís, arxidiaca, canonge i vicari general de Tortosa, 1603, novembre, [...].
Pere Macip, prevere, rector i notari públic de Cabassers. Català i llatí, 2 folis [segell del vicari general].

36- 1602, maig, 8. Cabassers. Testament de Caterina Anguera, de Cabassers.
+Clàusula d'acompliment.
+Lliurament del testament als marmessors per Johannes Sentís, arxidiaca, canonge i vicari de general de Tortosa, 1603, novembre, 4.
Pere Maçip, prevere, rector i notari públic de Cabassers. Català i llatí, 2 folis [segell del vicari general].

37- 1602, maig, 16. Cabassers. Testament de Pere Ferrer, moliner i pagès, de Cabassers. Català, 4 folis.

38- 1602, juliol, 8. Cabassers. Testament de Pere Abella, de Bovera. Pere Maçip, prevere i rector de Cabassers. Català i llatí, 4 folis.

39- 1602, juliol, 13. Cabassers. Testament de Pere Gispert, pagès, de Cabassers. Matheu Masip, prevere, vicari i notari públic de la Bisbal i Margalef per mossèn Pere Masip, rector de Cabassers. Català i llatí.
+Clàusula d'acompliment.
+Lliurament del testament als marmessors per Johannes Sentís, arxidiaca, canonge i vicari general de Tortosa, 1603, novembre,

4.
Català i llatí, 2 folis [segell del vicari general].

40- 1603, juny, 20. Cabassers. Testament de Bertomeu Ferrer, paraire, de Cabassers.
+Lliurament del testament als marmessors per Johannes Sentís, arxidiaca, canonge i vicari general de Tortosa, 1608, maig, 19. Pere Maçip, prevere, rector i notari públic de Cabassers. Català i llatí, 2 folis [segell del vicari general].

41- 1603, setembre, 20. Testament de Bertomeu Miró, pagès, de la Torre de l'Espanyol. Mateu Masip, vicari de Cabassers. Català i llatí, 2 folis.

42- 1604, agost, 22. Cabassers. Testament de Pere Amorós, del Mas, terme de Cabassers.. Pere Maçip, prevere i rector de Cabassers. Català, 4 folis.

43- 1604, octubre, 14. Cabassers. Testament de Jaume Amorós, estudiant, de Cabassers.. Pere Macip, prevere i rector de Cabassers. Català i llatí, 4 folis.

44- 1605, març, 15. Cabassers. Pere Masip, prevere i rector de Cabassers, arrenda per tres anys i per 660 lliures en moneda barcelonesa, a Joan Torner de Tivissa, a Joan Masip del Sitjar de Cabassers, i a Jaume Amorós de Cabassers, començant el primer de maig, la primícia de la vila i baronia de Cabassers i del districte de la rectoria, a excepció d'un oliverar que té l'abadia i un hort que té el seu germà, Joan Masip, anomenat Hort del Bisbe. franc de primícia, delme i censos. Joan Jornet, vicari de la Figuera i la Vilella per Pere Masip, rector de Cabassers. Català i llatí, 1 foli.

45- 1605, maig, 3. Cabassers.. Testament d'Andreu Ferrer, moliner, de Cabassers. Català i llatí, 4 folis.

46- 1605, juny, 21. Cabassers. Testament de Caterina Anguera, de Cabassers.
+Clàusula d'acompliment.
+Lliurament del testament als marmessors per Mateu Jordà, vicari general de Tortosa, 1605, novembre, 8.
Pere Maçip, prevere, rector i notari públic de Cabassers. Català i llatí, 2 folis [segell del vicari general].

47- 1605, juliol, 17. Capítols matrimonials de Gaspar Macip, de Cabassers, en segones núpcies amb Magdalena Monroja, de Reus.. Joan Castillo, prior de Reus. Català, 4 folis.

48- 1607, febrer, 22. Tivissa. Antoni Joan Lluís, pagès, de Tivissa, ven a Joan Soler, pagès, de la Figuera, un censal mort de preu de 30 lliures, pensió de 37 sous amb 6 diners, pel preu de 30 lliures.
+ Àpoca de 30 lliures.
Llatí, 2 folis.

49- 1607, desembre, 23. La Figuera. Mateu Vallès, procurador general de la seva esposa Magdalena, requereix a Mateu Sabater, vicari de la Figuera, que presenti un protest a Pere Vidal, batlle general de la baronia de Cabassers, per demostrar la possessió per part de la seva esposa de la casa dels seus pares i exigir que el batlle li torni la clau. Mateu Sabater, prevere i vicari de la Figuera i la Vilella Baixa per Pere Masip, rector de Cabassers. Català i llatí, 1 foli.

50- 1608, febrer, 11. Capítols matrimonials de Joan Franquet i Joanna Veyà, tots de Cabassers. Pere Macip, prevere, rector i notari públic de Cabassers. Català i llatí, 4 folis.

51- 1609, gener, 8. Testament de Pere Arbonès de Cabassers, prevere i rector de Capçanes. Pere Maçip, prevere i rector de Cabassers. Català i llatí, 4 folis.

52- 1609, abril, 20. Testament de Joan Vilar, pagès, de Margalef. Miquel Homdedéu, prevere i vicari de la Bisbal i Margalef per Pere Macip, rector de Cabassers. Català i llatí, 6 folis.

53- 1609, abril, 26. La Bisbal. Memorial de l'arrendament dels béns dels povills de Pere Macip a veu de corredor, a la candela i al més donant, fet a la plaça de la Bisbal, amb presència del batlle. Miquel Homdedéu, prevere, vicari i notari públic. Català, 4 folis.

54- 1610, [...], [...]. Testament de Magdalena Segur, vídua, de la Figuera. Testimoni, Pere Vidal, batlle general de la baronia de Cabassers. Català i llatí, 4 folis.

55- 1611, juliol, 18. Tortosa. Carta de fra Iván del Valle, provincial de la província d'Aragó dels frares Predicadors, al rector, vicari, veïns i habitants de Cabassers, demanant que es fundi una Cofradia del Roser. Fra Iván del Valle. Castellà, 1 foli [segell dels frares Predicadors].

56- 1613, juliol, 26. Testament de Pere Macip de la Canaleta, de Cabassers. Pere Maçip, rector de Cabassers i vicari de la Figuera i la Vilella Baixa, notari públic. Català i llatí, 4 folis.

57- 1613, desembre, 3. La Figuera. Lliurament del testament als marmessors per Francesc Gil, vicari general de Tortosa.
+ Còpia del testament de Chaterina Revulla, de la Bisbal, 1611,

octubre, 1. Escrivà: Joan Bartà, prevere.
Francesc Gil, vicari general. Català i llatí, 4 folis + 4 quartilles [segell del vicari general].

58- 1614, desembre, 2. Testament de Pere Macip de la Canaleta [de Cabassers]. Pere Maçip, prevere i rector de Cabassers. Català i llatí, 4 folis.

59- 1614, octubre, 5. Cabassers. El Consell General de la baronia de Cabassers nomena síndics i procuradors generals per tal que puguin comprar blat i provisions, i els donen amplis poders de representació per als assumptes públics i privats de la baronia. Català i llatí, 2 folis,

60- 1614, novembre, 3. Testament de Joan Homdedéu. Pere Maçip, prevere i rector de Cabassers. Català i llatí, 4 folis + 1 quartilla.

61- 1617, març, 6 – 1617, desembre, 13. Cabassers. Fragment de manual notarial amb diversos actes. Català i llatí, 10 folis.

62- 1617, març, 13. Michael Fabra, notari públic de Vinçà, de la diòcesi d'Elna, rep la testificació de Josep Guillem, mercader de Perpinyà i procurador del notari de Barcelona Francisco Blanti, sobre com el monjo de Santes Creus Joannes Bosch va obtenir el benefici de l'altar major de l'església d'Illa, amb patronatge d'Antoni Tallalocas. Llatí, 1 foli.

63- 1620, desembre, 16. El Cogul. El batlle, jurats i singulars del Cogul venen un censal de preu de 100 lliures i pensió de 5 lliures a mossèn Pau Dalmau com a tutor i curador dels pubills de Pere Dalmau, difunt, del Vilosell.
+ Àpoca.

Pere Sorolla de Lizerassu, notari públic del monestir de Santa Maria de Poblet. Català i llatí, 4 folis.

64- 1620, desembre, 21. Cabassers. Testament de Magdalena Sentisa. Miquel Vidal, regent de l'economat i notari de Cabassers per llicència de Lluís de Tena (Ludovisi Atenas a l'original), bisbe de Tortosa. Català i llatí, 4 folis.

65- 1621, febrer, 1. Testament de Mariagna Olivera, terme de Siurana del lloc d'Albarca. Miquel Vidal, prevere i beneficiat de l'església parroquial de Falset, regent de l'economat de la vila de Cabassers. Català i llatí, 4 folis.

66- 1621, desembre, 26 – . Fragment de manual notarial amb diversos testaments:
+Clàusules finals d'uns capítols matrimonials sense identificar, probablement de Margalef, sense data.
+Testament de Moncerrat Arbolí, pagès, de la Bisbal, 1621, desembre, 26, inconclús.
Joan Espital [vicari de la Bisbal]. Català, 2 folis.

67- 1626, octubre, 4. La Bisbal. Pere Macip i Tecla Macipa, àlies Andreua, cònjuges, veïns de la Bisbal, venen un tros de terra amb un corral vadívol situat a Margalef a Joan Gibert, també de Margalef, per 19,5 lliures.
+Àpoca, 1627, novembre, 2.
Joan Espital, vicari de la Bisbal. Català, 2 folis.

68- 1626, octubre, 22. Cabassers. Taula alfabètica d'un manual notarial i còpies de diversos actes:
+Taula alfabètica per trobar qualsevol acte d'un manual notarial.
+Àpoca de 12 ducats que fa Joan Homdedéu de Cabassers a Pere

Macip de la Vilella Alta, [no consta any] maig, 18.
+Àpoca de 300 lliures que fa Francisco Castillo, pintor de Flix, a la vila de Cabassers, per pintar el retaule major de l'església de Cabassers, 1626, octubre, 22.
+Mateu Vallès, del Lloar, promet pagar 6 lliures a Joan Macip del Sitjar de Cabassers i 6 lliures a Pere Domènech del mas de la Morera, 6 de les quals els hi deixaren a casa del batlle de Cabassers, i les altres 6 les giraren a Tortosa [no consten any ni mes], 19.
+ Isabet Macipa, àlias Ballestera, vídua, i el seu fill Mateu Macip, venen un pati o casalot del carrer Hospital de Cabassers, a Gabriel Sentís, boter, de Cabasser, per 20 lliures, de les que fan àpoca, [no consta any] maig, 24.
+Juan Macip del Perxe promet pagar a Juan Macip del Sitjar, tots dos de Cabassers, 11 lliures i 8 sous, que li deu de blat i de diners deixats, 1621, juny, 12.
+Jaume Amorós, batlle de Cabassers, fa procurador a Antoni Mestre [1621, juny, 12].
+Concòrdia entre Mossèn Hierònim Broquetes i mossèn Joan Espital, per la qual aquest segon ocupa la plaça de vicari de la Bisbal i Margalef durant un any per 35 lliures de salari.
+Juan Ferrer, espardenyer, de Cabassers, fa un censal de 13 lliures a Pere Morell, també de Cabassers, amb pensió de 13 sous anuals, 1601, juliol, 2.
+Magdalena Morella nomena procurador al seu germà, Jaume Franquet, pagès de la Morera i veí de Cabassers, [no consta any], juliol, 4.
+Jaume Franquet substitueix a Bernat Ramon Roger de Cabassers com a procurador de Magdalena Morella, [no consta any], juliol, 4.
+Miquel Homdedéu, prevere, nomena procurador a Ramon Roger, de Cabassers, [no consta any], juliol, 24.
+Margarida Amorós consigna una pensió censal de 70 sous a

Juan Macip del Perxe i Juan Guiamet per tretze misses cantades anuals, assignant pensió de tres sous al rector o vicari que la canti, un sou per als cantors i un sou a l'administrador, i la resta per la lluminària.
+ poca de 50 lliures que Joan i Pau Cerrà, pare i fill de la Figuera, fan als jurats de la del mateix lloc per un censal, 1621, setembre, 1.
Hierònim Broquetes, rector de Cabassers. Miquel Homdedéu, prevere i rector de Cabassers. Català i llatí, 21 folis.

69 -1627, setembre, 30. Testament de Caterina, muller de Juan Homdedéu, de Cabassers.
+ Clàusula d'acompliment.
+ Lliurament del testament als marmessors per Joannes Isern, arxidiaca, canonge i vicari general de Tortosa, 1608, novembre, 6.
Miquel Homdedéu, prevere, rector i notari públic de Cabassers. Català i llatí, 4 folis [segell del vicari general].

70- 1627, agost, 25. Cabassers. Testament de Pere Dalmau, pagès del Vilosell.
+ Clàusula d'obertura del testament, 1627, novembre, 23. Miquel Homdedéu, prevere i rector de Cabassers. Català, 4 folis [segell del rector de Cabassers].

71- 1628, febrer, 2. Vilanova. Carta de Juan Marcó Peraire, forner de Vilanova, a mossèn Miquel Homdedéu, rector de Cabassers, demanant-li si li vol vendre cent faneques de blat per cent lliures, la meitat pagadora per Carnestoltes i l'altra meitat per Pasqua.
Juan Marcó Peraire.
+Al dors, apunts del testament d'Isabet Nabàs de 6 febrer 1627. Català, 1 foli.

72- 1628, octubre, 22. Testament de Margarida Amorosa y Macipa, de Cabassers.
Català, 10 folis.

73- 1629, abril, 16. Creació d'un censal mort de 82 lliures i pensió de 82 sous feta per Llorens Figuerola i la seva muller Magdalena Figuerola, tots dos de Cabassers, a favor de mossèn Miquel Homdedéu, prevere i rector de Cabassers i els seus successors a la rectoria, per la celebració de 24 misses i 2 aniversaris per l'ànima de Joan Sentís, primer marit de Magdalena.
+ Àpoca.
Català i llatí, 8 folis.

74- 1629, maig, 2. Cabassers. La universitat de Cabassers fa un censal de preu de 253 lliures i 10 sous, de pensió 253 sous i 6 diners, a Joan Masip del Sitjar, per comprar blat per a la botiga del comú de Cabassers.
+Àpoca.
Llatí, 8 folis.

75- 1631, gener, 18. Joan Vall, batlle general de la baronia de Cabassers, fa inventari dels béns de Petronilla Tarragó, com ella havia disposat que es fes al seu testament. Jusep Amorós, notari substitut de Joan Vall, batlle general. Català, 6 folis.

76- 1638, febrer, 28. Els jurats de Margalef, com a procuradors de l'ermita de Sant Salvador, dita la Tornera, i administradors del testament de mossèn Joan Espital, donen a mitges el terç de 200 arnes que Espital ha deixat en benefici de Sant Salvador a Joan Estadella de la Palma, per termini de 6 anys.
+El mateix tracte amb el terç de 60 arnes que Espital ha deixat a Joan Rebull de la Bisbal.

Català, 2 folis.

77- 1646, febrer, 4. El Masroig. Bernat Macip, moliner, i Josep Amorós, pagès, tots dos de Cabassers, marmessors i executors del testament de Margarida Macipa Amorosa, vídua de Cabassers, venen un censal mort de preu de 100 lliures i pensió 100 sous pres per la universitat de la Torre de l'Espanyol, a Pere Adrià Soler de la Figuera.
+Àpoca.
+Diligència de Gabriel Pellicer, rector de la Torre de l'Espanyol, fent constar la notificació als jurats de la Torre de la venda del censal (del que són deutors), i en reconeixen la propietat a Pere Adrià Soler.
Andreu Casals, prevere del Masroig. Català i llatí, 4 folis.

78- 1647, desembre, 9. Cabassers. Els jurats de la universitat de Cabassers fan àpoca a Francesc Monfort de la Reial Audiència del Principat de Catalunya, de 2 lliures, que van rebre de mans de fra Joan Aragonès, monjo de la Cartoixa de Scala Dei, com a salari per haver portat municions de guerra en tres cavalcadures de Montblanc a Flix. Gabriel Sans, prevere, rector i notari públic de Cabassers. Català i llatí, 1 foli.

79- 1648, agost, 13. La universitat de Cabassers ven a la rectoria i comunitat de l'església de Garcia un censal de preu de 100 lliures i pensió 10 lliures, 13 sous i 4 diners.
+Àpoca.
Gabriel Sans, rector de Cabassers. Català i llatí, 12 folis.

80- 1648, novembre, 11. La Figuera. Àpoca de lluïció d'un censal mort de preu de 10 lliures i pensió 10 sous que Gabriel Guiamet, dels masos del Lloar, prestava a Miquel Nolla, també del Lloar.

+Àpoca de lluïció d'un censal mort de preu 30 lliures i pensió 30 sous que Francesc Pepió major i Francesc Pepió major, de la Vilella Baixa, prestaven a Joan Segur de la Figuera, 1631, desembre, 8.
+Àpoca de lluïció d'un censal mort de preu de 30 lliures i pensió de 30 sous que fa Marianna Pepiona de la Vilella Baixa, vídua de Francesc Pepió, a Francesc Soler de la Figuera, 1648, octubre, 8.
Català i llatí, 5 folis.

81- 1650, juliol, 14 – 1653, octubre, 1. Foli número 42 del primer llibre de baptismes de l'arxiu parroquial de Cabassers.
+ 1650, juliol, 16, bateig de Mariagna Bonaventura de la Figuera.
+ 1650, agost, 6, bateig de Gabriel Salvador de la Figuera.
+ 1653, octubre, 1, bateig de Maria Àngela Giberta, de Cabassers.
Gabriel Sans. Català, 2 folis.

82- 1651, març, 20. Joan Masip ven a Josep Amorós una heretat a l'Horta del Riu de Cabassers pel preu de 24 lliures.
+ Àpoca.
Pere Roher, vicari i notari públic de la Bisbal. Català, 2 folis.

83- 1652, maig, 15. Cabassers. Francesc Macip àlias Fuster ven a Josep Alsamora, pagès, tots dos de Cabassers, i per preu de 30 lliures, l'heretat dita el Mas, a la partida de Cavaloca.
+Àpoca.
Gabriel Sans, prevere, rector i notarí públic de Cabassers. Català i llatí, 4 folis.

84- 1657, juliol, 31. Cabassers. Mateu Ferrer, de Cabassers, renuncia a una heretat situada a la partida de l'Horta del Riu, a favor del rector de Cabassers, Gabriel Sans, com a senyor direc-

te sobre aquella heretat.
+ Nota [de Josep Ortiz] de 18/09/1814 fent constar la propietat d'aquella mateixa heretat al 1814.
Salvador Bordes, notari públic de Tortosa. Català i llatí, 4 folis.

85- 1658, febrer, 3. Flix. Montserrat Josep Roger, de Cabassers, ven a Miquel Carim de Vinebre, un censal mort de 112 lliures i 10 sous i pensió el novè dels fruits de la vila d'Ascó.
+ Àpoca.
+Intima a l'oficial del novè de Flix, 29/07/1658.
+Intima a l'oficial del novè d'Ascó, 10/02/1659.
Pere Pau Oriol, de Barcelona, notari de Flix. Català i llatí, 2 folis.

86- 1659, setembre, 19 – 1660, febrer, 26. Execucions de quèsties i talls impagats de la vila de Cabassers. Blay Rosselló, escrivà [de la cort del batlle]. Català, 4 folis.

87- 1659, desembre, 18. Joan Amorós, síndic i procurador de la vila de Cabassers, fa relació dels censals que va vendre a favor del rector de l'església de Cabassers. Joan Abril, notari de Tortosa. Català, 4 folis.

88- 1660, gener, 7. Cabassers. Capítols matrimonials entre Mateu Letxa, vidu, de Flix, i Mònica Domingo, de Cornudella. Gabriel Sans, prevere, doctor en santa teologia i rector de Cabassers. Català i llatí, 4 folis.

89- 1660, març, 16. Cabassers. Expedient instruït pel batlle de Cabassers, a instància dels jurats, per tal de sol·licitar permís al baró per a vendre el forn de pa de la vila, degut als deutes que havia ocasionat l'allotjament de soldats de cavalleria, i per tenir abastida la botiga de blat.

+Sentència de l'assessor fiscal autoritzant la venda.
+Valoració de prohoms d'una heretat anomenada la Foya, venuda per la universitat de Cabasses, 1660, març, 17.
+Expedient instruït pel batlle de la Vilella Baixa, a instància dels jurats, per tal de sol·licitar permís al baró per a vendre el forn de pa de la vila, degut als deutes que havia ocasionat l'allotjament de soldats de cavalleria, i per tenir abastida la botiga de blat. 1660, abril, 26.
+Sentència de l'assessor fiscal autoritzant la venda.
Blai Rosselló, notari i escrivà de la cúria de la vila i baronia de Cabassers. Català i llatí, 16 folis.

90- 1666, octubre, 31. Cabasses. Trasllat d'una àpoca de lluïció de censal que la universitat de Cabassers fa a Maria Ferrer, vídua del mateix lloc, per nou lliures, sis sous i divuit diners, 1593, agost, 3. Gabriel Sans, rector de Cabassers. Català i llatí, 2 folis.

91- 1677, octubre, 11. Cabassers. Judici de prohoms per a dirimir el litigi entre Franchest Masip de l'Ostal, com a procurador de la seva nora Maria Masip, i Pere Nabàs, per l'execució de les propietats de Bernat Masip per l'impagament de la pensió d'un censal.
+Sentència de Lluís Fuster, assessor ordinari, 1677, novembre, 3.
Blai Masip, escrivà de la cort del batlle. 7 folis + 3 notes cusides [segell de la cort de la baronia de Cabassers].

92- 1681, març, 6 Registre de la cort del batlle de la vila i baronia de Cabassers.
+Concòrdia entre els terratinents de Cavaloca, 1681, març, 6.
+Intima a la muller de Pere Sentís perquè pagui un deute de blat a Pere Masip, 1683, setembre, 30.
+Pau i treva entre Bernat Alberich i Joan Roghé del Mas, 1683,

octubre, 4.
+Cinc donatius per les panxes que aplega Pere Joan Arbonès, 1683, novembre, 11.
+Dos donatius pel tall que aplega Bernat Masip, [1683], novembre, 21.
+Decepció de Miquel Bertalomeu i Pere Andreu Vidal, 1683, novembre, 22.
+Intima de Jerònim Vidal a Gisperta i Maria de les despeses d'una pensió que fan als capellans de Flix, 1683, novembre, 4.
+Pagament de Joan Roselló del que deu al Nom de Jesús, 1684, gener, 21.
+Cobrament de les quèsties que diverses persones deuen als jurats, [1684], gener, 22.
+Donatiu pel tall del mestre que aplega Josep Alsamora, 1684, gener, 22.
+Arrendament en subhasta pública de l'hort anomenat Baixadó de Joan Masip, 1684, gener, 22.
+Intima a Joan Gispert de les despeses qeu farà Monreal de la Fatarella per cobrar el que li deuen de blat, 1684, gener, 22.
+Intima a Micolau Anparosa, mestre de cases, a instància de Magdalena Alsamora i Gavaldà, perquè no pagui la pensió anual de 40 sous a mossèn Pere Alsamora perquè li ha donat a ella en dot.
Blai Masip, escrivà de la cort del batlle de Cabassers. Català i llatí, 2 folis.

93- 1683, novembre, 15. Cabassers. Establiment d'una fuïna als masos del Lloar, per a fondre plom i mena, a favor de Miquel Llorens, amb un cens de sis diners. Gabriel Sans, prevere, rector, doctor en santa teologia (DST) i notari públic de Cabassers. Català i llatí, 6 folis.

94- 1693, febrer, 23. Subhasta dels béns de Joan Sentís, difunt, per pagar la part corresponent a la pensió d'un censal que ell i d'altres li feien a la rectoria de Cabassers. Blai Masip, escrivà de la cort del batlle de Cabassers. Català, 16 folis [segell de la cort del batlle de Cabassers].

95- 1693, abril, 28. Falset. Comunicació del batlle i jutge ordinari de Falset al batlle de Cabassers, on li fa saber la sentència del procés de Jaume Pellisser de Porrera, com a curador de la povilla filla del difunt Matheu Bou, també de Porrera, contra Elisabet Roher, vídua, de Cabassers, per l'impagament de 75 lliures corresponents a 30 pensions d'un censal. L'import s'executa sobre els béns d'Elisabet Roher. Català i llatí, 3 folis units verticalment [segell de la cort del batlle de Falset].

96- 1697, setembre, 25. Redotació de la capellania de l'altar de Sant Joan Baptista de l'església de Cabassers fundada el 1622 per Maria Monastre, per part del rector i jurats de la universitat de Cabassers.
Josephum Gregorium Alaix, notari públic de Cretes. Llatí i castellà, 6 folis.

97- 1701, setembre, 27. Cabassers. Àpoca de lluïció d'uns censals que sumen 99 lliures, que fan els jurats de Cabassers, com a administradors dels aniversaris de l'església, a Joan Vall. Petri Fabrés, prevere, Sancta Teologia Doctor (STD), rector i notari públic de Cabassers. Català, llatí i castellà, 4 folis.

98- 1703, maig, 23. Margalef. Declaració jurada de Joan Gibert, de Margalef, sobre un incident que va passar 55 anys enrera al Sitjar de Cabassers, on el batlle general de la baronia de Cabassers va demanar al batlle general del comtat de Prades, que es passejava amb la vara de batlle, que l'amagués o la hi trencaria.
+1703, maig, 25. Cabassers. Estimació de valor de dues heretats

del terme de Cabassers: els Tormegals, a la partida dels Eixarts, i una altra de la partida del Peiró. I de dues més del terme de la Bisbal: Hort Més Amunt, partida de l'Horta, i el molí fariner de la dita vila.
Pere Fabrés, rector de Cabassers i notari públic. Català, 2 folis.

99- 1703, agost, 6. Cabassers i Margalef. Procés pel furt de gallines i conills que van robar a Mateu Masip del Sòl del Perxe i a Jusep Masip del Grau, tots dos de Cabassers, el dia de Sant Salvador. S'acusa a Franchest Rogé, Franchest Nabàs i Domingo Llecha, tots de Cabassers, d'haver robat els animals i haver-los portat a Margalef per menjar-se'ls el dia de Sant Salvador.
+ Sentència de l'assessor Borràs proveint que els tres acusats siguin capturats i tancats a la presó, i que no en surtin fins que altra cosa no sigui proveïda, 1703, agost, 19.
Joan Farré, substitut d'escrivà. Continuat per Blai Masip, escrivà de la cort del batlle de Cabassers. Català i llatí, 14 folis.

100- 1703, octubre, 19. Cabassers. Sumària de testimonis per aclarir qui s'ha cagat al brancal de la porta de Mateu Masip del Perxe, de Cabassers, repetides vegades, i de nit. La sumària es troba inconclusa. Blai Masip, escrivà de la cort de la batllia general de la baronia de Cabassers. Català, 10 folis.

101- 1704, abril, 22. Llibre del benefici de l'altar del Roser de l'església de Cabassers, fundat per Pere Alsamora, prevere i vicari de l'església de Poboleda, i Joan Alsamora, prevere de Prades i beneficiat de la de Poboleda, germans, residents a Cabassers, essent el primer beneficiat Pere Alsamora. Jaume Revull, notari de Tortosa. Català, llatí i castellà, 46 folis.

102- 1704, març, 1. Capítols matrimonials entre Isidro Roger del Mas i Magdalena Amorós del Mas, terme de Cabassers. Pere

Fabrés, prevere i rector de Cabassers.
Català i llatí, 4 folis.

103- 1704, maig, 4. Cabassers. Capítols matrimonials entre Joan Veyà i Tecla Roger, tots dos de Cabassers. Pere Fabrés, prevere i rector de Cabassers. Català i llatí, 4 folis.

104- 1704, juliol, 16. Cabassers. Acte de venda d'una heretat de terra erma, situada a la partida de les Vinyes de Cabassers, feta per Miquel Macip de la Bassada de Mitja Vila, com a curador dels béns del difunt Pere Escariol, a Francisco Amorós, com a més donant de l'encant públic que es va fer d'aquesta heretat a la plaça de Cabassers, per preu de 8 lliures i 2 sous.
Pere Fabrés, prevere, rector i notari públic de Cabassers.
+Àpoca.
Català i llatí, 2 folis.

105- 1704, agost, 9. Possessió del benefici del Roser de l'església de Cabassers, fundat per mossèn Pere Alsamora i mossèn Joan Alsamora, germans, per part de Pere Alsamora. Pere Fabrés, prevere, doctor en Santa Teologia, rector i notari de Cabassers.
Català i llatí, 4 folis.

106- 1704. Llibreta de compliment pasqual de Cabassers. Català, 8 quartilles.

107- 1707, abril, 11. Execució de béns de Pau Vidella a instància d'Andreu Perelló.
+Rebut de blat rebut per Jaume Revull del masover del doctor Metó.
Català, 1 quartilla.

108- 1709, abril, 29. Tarragona. Benefici de 160 lliures que insti-

tueix Joan Alsamora, de Cabassers, rector de Poboleda, a la capella de la Casa dels Orfes de Tarragona, sota l'advocació de sant Joan i sant Pere.
+Àpoca, 1709, octubre, 15.
Raimundi Pons, notari de Tarragona. Català i llatí, 14 folis.

109- 1709, desembre, 6. Trasllat del testament de Pere Amorós del Mas, de Cabassers, de 1637, desembre, 12. Onofre Revull de Fareca, prevere i rector de Cabassers. Català i llatí, 6 folis.

110- 1710, novembre, 5. Cabassers. Josep Masip de la Iglésia, pagès, i Josep Gibert, moliner de farina, tots dos de Cabassers, venen a Joan Vall, pagès també de Cabassers, un censal mort de preu 200 lliures i pensió de 200 sous. Onofre Revull i de Fareca, prevere, STD i rector de Cabassers. Català i llatí, 2 folis.

111- 1712, juny, 2. Còpia d'unes sentències de prohoms fetes a instància de Mariana Solanelles, que demanda a Mateu Masip perquè li pagui les despeses que va haver de fer per motiu d'una malaltia que va tenir, així com vuit faneques de blat, segons el que havien establert en una concòrdia que Mateu Masip ha incomplert.
+Sentència d'Antoni Pinyana, assessor fiscal.
Blai Masip, escrivà de la cort de la batllia general de Cabassers. Català i llatí, 6 folis [segell de la cort del batlle de Cabassers].

112- 1713, gener, 24. Cabassers. Capítols matrimonials entre Joan Escoda, pagès de la Torre de l'Espanyol, i Madalena Llecha de Cabassers.
+ Clàusula addicional d'Àngela Escoda i Vives, mare de Joan Escoda, instituint-lo com a hereu universal, 1713, febrer, 20.
Onofre Rebull de Fareca, prevere i rector de Cabassers. Català i llatí, 4 folis.

113- 1716, maig, 31. Cabassers. Josep Morell i Josep Homdedéu, jurats de la universitat de Cabassers, després de consultar el consell geneneral, convocat per aquest propòsit, nomenen síndic procurador de la universitat a Pere Nabàs per reclamar un censal als povills de Tolrà, de Móra. Onofre Revull, prevere, STD, rector i notari públic de Cabassers. Llatí, 2 folis.

114- 1717, juny, 18. Cartoixa de Scala Dei. Carta de fra Joseph]..[al conrer de Scala Dei demanant-li, per ordre del Pare Prior, que sol·liciti còpia de les partides de bateig de diversos testimonis que han d'intervenir en un acte de concòrdia, de Cabassers i l'Aleixar.
+Redirecció del conrer a Onofre Revull, rector de Cabassers, demanant-li el que sol·licita el Pare Prior.
Català, 1 foli.

115- 1718, maig, 1. El Masroig. Josep Roger de la Figuera ven un censal de preu 10 lliures i pensió 10 sous a Joan Masip, paraire de Cabassers. Pere Masip, prevere, STD, rector i notari públic d'el Masroig. Català i llatí, 4 folis.

116- 1720, abril, 20. Capítols matrimonials entre Isidro Roger, vidu de Madalena Amorós, i Maria Llaurador i Arbonès, vídua de Joan Miró,. Onofre Revull i de Fareca, prevere i rector de Cabassers. Català, 2 folis.

117- 1720. Llibre de rendes de l'hospital, amb l'actualització de les rendes endarrerides per causa de la guerra, en presència de Francesch Letxa, batlle general, i Joseph Nabàs, Joan Abella i Jaume Macip, regidors. Conté diverses anotacions, fins al 1799, incloent inventaris. Onofre Revull i de Fancea, rector de Cabassers. Català, 10 folis.

118- 1722, desembre, 23. Nota del rector de Marçà sobre l'àpoca que el pare prior del convent de Sant Marçal, del terme de Marçà, signà per la lluïció del censal que els feien Gabriel Rogé, primer, i Matheu Massip, després, tots dos de Cabassers. Joseph Marçà, prevere i rector de Marçà, 1 quartilla.

119- 1724, gener, 18. Creació d'un censal de preu de 140 lliures i pensió de 140 sous per part de Joan Homdedéu, pagès de Cambrils, a favor de mossèn Joan Alsamora, prevere de Falset.
+Àpoca.
+Diligència de registre a l'Oficina de Hipotecas de Tarragona, 1816, agost, 6.
Thomas Cortadelles, prevere, vicari i notari públic de Falset. Català, llatí i castellà, 4 folis.

120- 1724, febrer, 24 Fundació d'un benefici perpetu a l'església de Cabassers, sota l'advocació de sant Pere i sant Joan, per Joan Alsamora, prevere de l'església de Falset. Jaume Revull, notari de Tortosa i escrivà de la cúria eclesiàstica. Català i llatí, 6 folis.

121- 1724, maig, 4. Cabassers. Marià Vilar, prevere, ecònom i administrador del benefici de sant Joan Baptista de l'església de Cabassers, estableix a Josep Bonet, pagès de Poboleda, un tros de terra erma al terme dit de l'Abadessa, del Priorat de Scala Dei, que és titularitat del benefici, a canvi d'un cens de 24 sous anuals. Marià Vilar, prevere, ecònom i administrador del benefici de sant Joan Baptista de l'església de Cabassers. Català i llatí, 2 folis.

122- 1725. Llibreta de compliment pasqual de Cabassers. Català, 8 quartilles.

123- 1732, abril, 8. 1652, març, 5. Trasllat d'un censal que la uni-

versitat de Cabassers pren al Basi de les Ànimes del Purgatori de l'església de Cabassers de preu de 50 lliures i pensió de 50 sous.
+Àpoca.
+1645, octubre, 15, còpia d'un censal que la universitat de Cabassers. pren al Basi de les Ànimes del Purgatori de l'església de Cabassers de preu de 160 lliures i pensió 160 sous.
+Àpoca.
+Diligència fent constar la condició de trasllat dels documents anteriors.
Dominius Sentís, prevere, beneficiat, vicari i notari públic de Cabassers. Català i llatí, 5 folis.

124- 1732, novembre, 16. Cabassers. Àpoca que signa Isidro Roger a Maria Llaurador de la dot que li ha aportat. Català i llatí, 2 folis.

125- 1733, abril, 20. Cabassers. Juí de prohoms per una reclamació que fa Victòria Ballester a Salvador Carnasa perquè li pagui 18 o 20 quarteres de blat.
+Sentència de Juan Bautista Lleyda, assessor fiscal, desestimant la demanda de Victòria Ballester, 1733, maig, 5
Joan Veyà, escrivà de la cort del batlle de Cabassers. Català, llatí i castellà, 4 folis [segell de la cort del batlle de Cabassers].

126- 1734, abril, 1. Examen ocular del cadàver de Mateu Macip, inspeccionat pel doctor i el cirurgià de Cabassers, a instància de Joseph Gibert, batlle.
+Execució de béns a casa de Josep Abella, 1733, gener, 26.
Catlà, 1 quartilla.

127- 1734, abril, 4. Capítols matrimonials entre Joseph Llecha i Maria Amorós del Mas, tots dos de Cabassers.

Domingo Sentís, prevere i vicari de Cabassers pel doctor Onofre Revull i de Fancea, rector.
Català, 3 folis.

128- 1735, novembre, 22 – 1735, desembre, 3. Cabassers. Fragment de manual notarial.
+Acte fragmentari d'un arrendament per 1400 lliures que fan Gabriel Macip de Cabassers i Joan Ugel del Masroig.
+Concòrdia entre l'Ajuntament de Cabassers i Francesc Llecha, moliner, per anar a moldre el blat al seu molí, 1735, novembre, 22.
+Revocació de la concòrdia anterior, 1736, juliol, 16.
+Acte de venda d'un corral, que Pere Nabàs i Joan Nabàs, pare i fill, venen a Josep Nabàs pel preu de 6 lliures, 1735, desembre, 3.
+Àpoca.
Onofre Rebull, rector de Cabassers. Català i llatí, 4 folis.

129- 1740. Llibreta de compliment pasqual de Cabassers. Català, 8 quartilles.

130- 1753, juny, 23. Cartoixa de Scala Dei. Testament de fra Joan Antoni Pastor, monjo de la cartoixa de Scala Dei. Francesc Alberto, prevere i rector de Cabassers. Català , 2 folis.

131- 1756, octubre, 14. Testament de Maria Bru Llecha.
+Diligència d'acompliment.
Francesc Alberto, rector de Cabassers. Català, 2 folis.

132- 1757. Llibreta de compliment pasqual de Cabassers. Català i llatí, 8 quartilles.

133- 1758, novembre, 20. Llibreta de cobraments de les obres pies arran de la visita episcopal del 20 de novembre del 1758.

Català, 8 folis.

134- 1761, gener, 18. Manuel Paradell de la Bisbal fa àpoca de 75 lliures al rector i beneficiats de Cabassers per un censal al 3%. Francisco Vilaplana, mestre d'orgue de Cabassers.
Català, 2 folis.

135- 1762. Llibreta de compliment pasqual de Cabassers. Català i llatí, 8 quartilles.

136- 1763, març, 20. Testament de Miquel Roiger de Margalef. Francisco Albert, rector de Cabassers i de la sufragània de Margalef. Català, 2 folis.

137- 1765, març, 16. El rector i clero de Cabassers demana al vicari general, oficial i visitador del bisbat de Tortosa que faci pagar les anyades de 12 lliures que se li deuen del pa de puja per al manteniment de mestre d'orgue i minyons.
+Resolució del vicari general, ordenant el pagament de les anyades i el registre de la comptabilitat de la fundació, amb anotacions del que es cobri i el que es gasti. Així mateix, ordena al batlle de Cabassers que auxiliï al rector i clero a aconseguir els cobraments.
Joachin Aragonés, secretari del Vicari General. Català i castellà, 2 folis [segell del Vicari General].

138- 1768, febrer, 15. Clàusula hereditària del testament de Domingo Llecha. Domenicus Sentís, regent de l'església de Cabassers pel rector Francisco Alberto. Català i llatí, 2 folis.

139- 1769, agost, 7. Tortosa. Carta del bisbe de Tortosa al rector de Cabassers fent-li saber que ha donat llicència al vicari de la Vilella Alta per a predicar i confessar al bisbat de Tortosa, així com agraint-li el donatiu de 100 lliures ardits que ha fet per a la construcció de l'església de la Vilella Baixa. Bernardo Velarde, bisbe de Tortosa. Castellà, 2 folis.

140- 1770, juny, 3. Testament de Josep Borràs, cirurgià de Gandesa, i habitant a Cabassers. Domingo Sentís, rector de Cabassers. Català, 2 folis.

141- 1772, juliol, 18. Testament de Maria Llecha y Amorós. Francisco de Mazas, rector. Català, 4 folis.

142- 1772, agost, 14. Testament de mossèn Joseph Masip, beneficiat de l'església de Cabassers. Domingo Sentís, prevere i vicari per Francisco de Mazas, rector. Català i castellà, 2 folis.

143- 1772, octubre, 6. Testament de Joseph Llecha, pagès, del Mas. Domingo Sentís, prevere i vicari per Francisco de Mazas, rector. Català i castellà, 2 folis.

144- 1772-1809. Llibre de rendes de l'hospital de Cabassers, amb dues visites pastorals del bisbe de Tortosa Bernardo Velarde. Català i castellà, 14 folis.

145- 1773, novembre, 18. Còpia del reglament de les càrregues i despeses que s'hauran de pagar del fons de propis i arbitris. Francisco Monte, secretari de l'ajuntament de Cabassers. Castellà, 7 folis.

146- 1778, juny, 7. Nota de les contribucions a l'hospital de Cabassers.
+1779, abril, 12, nota fent constar una despesa per a pagar el cirurgià per haver curat un noi per la mossegada d'un gos rabiós. Francisco Mazas, rector. Castellà i català, 2 folis.

147- 1794, maig, 28. Testament de Pere Joan Crivillé. Francisco Navarro, ecònom de l'església de Cabassers. Català, 2 folis.

148- 1792, febrer, 8. Testament de Rosa Gisbert. José Mur, rector. Català, 2 folis.

149- 1795, febrer 17. Testament de Jacinto Bru. Joseph Mur, rector de Cabassers.
+1797, setembre, 13, testament de Joan Llecha.
Joseph Castellví.
Català, 1 foli.

150- 1807. Informe sobre la recol·lecció del delme i primícia de la Baronia de Cabassers. Castellà i català, 3 folis.

151- 1814, novembre, 3. Carta de Joaquín Vilanova, d'El Molar, a Joseph Ortiz, rector de Cabassers, sobre el cobrament d'uns deutes.
Joaquín Vilanova. Castellà, 2 folis.

152- 1814, setembre, 11. Joseph Ortiz, rector de Cabassers demana al batlle Francisco Gibert que faci delimitar les finques que paguen primícia i delme a la rectoria de Cabassers, segons els capbreus de 1564 i 1603.
+1814, setembre, 12, Francisco Gibert, batlle de Cabassers, pren confessió a cada posseïdor de les finques que paguen primícia i delme a la rectoria de Cabassers de reconeixement al rector com a senyor de dits drets, amb llista de 63 finques.
+1814, setembre, 18, Certificat de Francisco Gibert, batlle de Cabassers, conforme els jurats nomenats per ell han delimitat les finques recollides a la llista anterior.
+Llista dels capbreus que recullen els drets sobre les finques

anomenades.
Joseph Ortiz, rector, i Francisco Gibert, batlle de Cabassers. Català, 10 folis, enquadernat amb pergamí.

153- 1819, gener, 27. Circular de Crédito Público, Comisión Subalterna de Tortosa.
+ 1819, febrer, 14, resposta del rector de Cabassers.
Nicolás Passanau.
Joseph Ortiz.
Castellà, 2 folis.

154- 1819, juliol, 8. Rebut de les despeses d'una causa promoguda pel rector de les Teixetes. Llorens Porrera, notari. Català, 1 foli.

155- 1821. Carta de l'alcalde de la Torre al de Cabassers sobre la suspensió de les amonestacions d'un matrimoni.
+1821, novembre, 21. Diligència de Francisco Miró, alcalde constitucional de Cabassers, fent constar la rebuda de la carta.
Castellà, 1 foli.

156- 1821, desembre, 6. Carta de l'alcalde de Cabassers al de la Torre de l'Espanyol sobre l'objecció a un casament.
+1821, desembre, 7. Diligència de l'alcalde de la Torre de l'Espanyol per a fer constar que ha llegit el contingut de la carta als reclamants.
Francisco Miró, alcalde de Cabassers.
José Antonio Jornet, alcalde de la Torre de l'Espanyol.
Castellà, 2 folis.

157- 1821, desembre, 20. Resolució sobre l'objecció a un casament. José Prous. Castellà, 2 folis.

158- 1821. Carta de nuestro Santísimo Padre dirigida al excelentísimo cardenal de escala arzobispo de Toledo. Imprès. Reimprès per Joseph Cid, Tortosa. Castellà, 2 folis.

159- 1822, maig, 24. Carta de la junta eclesiàstica de Tortosa sobre l'arrendament de mig delme. Imprès.
+ 1822, maig, 30. Resposa del rector de Cabassers
Joseph Ortiz, rector de Cabassers, sobre l'estat lamentable de la collita de l'any i les expectatives econòmiques de l'arrendament del mig delme de la Baronia.
Castellà, 2 folis.

160- 1824, abril, 22. Breu del Papa Pius VII. Imprès. Castellà, 4 folis.

161- 1826, gener, 15. Circular de la Junta de repartimiento del Subsidio eclesiástico, per la que es demana a la parròquia de Cabassers que especifiqui els béns que posseeix i hagi adquirit deprés del Concordat de 1737, les rendes incobrables des del 1817 i les finques que s'hagin fet improductives.
+ 1826, febrer, 4. Resposta del rector de la parròquia al sol·licitat.
Joseph Ortiz, rector.
Castellà, 2 folis.

162- 1826, març, 27. Pressupost de restauració de l'església de la Figuera. Miguel Valls, secretari de l'Ajuntament de la Figuera. Castellà, 1 foli.

163- 1826, abril, 6. Esborrany de carta a Perdo Serrano, apoderat del Novè i Excusat del bisbat de Tortosa, sobre la recaptació del Reial Novè per a la reparació de l'església de la Figuera. Joseph Ortiz, rector. Castellà, 1 foli.

164- 1826, abril 25. Sol·licitud al capellà de Cabassers de certificat per a l'abonament del Reial Novè per a les obres de l'església de la Figuera. Damián Gordo Sáez. Castellà, 1 foli.

165- 1826, maig, 28. Sol·licitud de l'Ajuntament de la Figuera al rector de Cabassers de pagament de jornals. Miguel Valls, secretari de l'Ajuntament de la Figuera. Castellà, 1 foli.

166- 1827, febrer, 23. Carta a Joseph Ortiz, rector de Cabassers, sobre una súplica de Joseph Roger de Margalef amb la ciutat de Barcelona per uns molins. Carlos Figuerola.
Castellà, 2 folis.

167- 1823-1829. Rebuts del subsidi eclesiàstic de 1823 a 1829. Castellà, 14 quartilles.

168- 1835, juliol, 25. Salconduit a militars per a la persecució de rebels. José Queraltó, secretari. Castellà, 1 foli.

169- 1840, agost, 24. Carta del sotscol·lector d'Expolios y Vacantes del Bisbat de Tortosa a l'ecònom de la parròquia de Cabassers, demanant l'estat de les rendes d'un molí fariner. Castellà, 2 folis.

170- 1840, setembre, 14. Carta del sotsdirector d'Expolios y Vacantes del Bisbat de Tortosa a l'ecònom de la parròquia de Cabassers nomenant-lo administrador i recaptador dels censos sobre els molins fariners de la Baronia de Cabassers. Castellà, 1 foli.

171- 1842, octubre, 12. Còpia del testament de Francisco Gibert Martí, vicari de la Vilella Baixa, de 8 d'agost de 1828. Pere de

Aguilar, notari. Català, 4 folis + 1 nota.

172- 1855, setembre, 1. Circular de l'Administració Diocessana de Tortosa, demanant les quantitats de les rendes que el clero ha deixat e cobrar per a reclamar-les al govern. Imprès. Francisco Monserrat, prevere. Castellà, 1 foli.

173- 1876. Quadern minutari de matrimonis de l'església de Cabassers. Pablo Margalef, prevere. Castellà, 6 folis.

174- 1898, desembre, 20. Inventari dels ornaments de l'església, ermita i abadia de Cabassers. Antonio Gordó, prevere, regent. Castellà, 1 foli.

175- SD (S. XVIII). Trasllat de l'acte de transacció i concòrdia de 1638 entre el rector de la parròquia de Cabassers i els habitants dels masos del Lloar, terme de la Figuera i sufragània de Cabassers.
+Sentència de la Reial Audiència de Barcelona per la qual es condemna els habitants del Lloar a pagar al rector de Cabassers les dues quarteres i tres quartans de blat que estipula la concòrdia.
Català i llatí, 4 folis + 4 folis.

176- SD. Compendi de les rendes de l'església de Cabassers. Incomplet. Llatí, 4 folis.

177- SD. Acte de constitució d'un censal de 25 lliures de mota de Caterina Serres, vídua de Josephus Domènech, de la Vilella Alta. Incomplet. Llatí, 2 folis.

178- SD. Esborrany d'uns capítols matrimonials. Incomplet. Llatí, 2 folis.

179- SD. Capítols matrimonials de Francesch Bru i Maria Gibert.
+Capítols matrimonials de Joan Llaberia i Isabeta Sentís.
Català, 2 folis.

180- SD. Capítols matrimonials de Joan Riquer i Mariagna Franquet. Esborrany o trasllat inconclús. Català, 4 folis.

181- SD. Capítols matrimonials de Joan Roger del Mas i Maria Nabasa. Català, 4 folis.

182- SD. Esborrany d'una carta de Joseph Ortiz, rector de Cabassers, al bisbe de Tortosa, sobre l'aigua de reg. Castellà, 2 folis.

183- SD. Còpia del delmari de la Baronia de Cabassers. Francisco Alberto.
Català, 1 foli.

184- SD. Llibre de les rendes de l'església parroquial de Cabassers, a raó del 3% que han de pagar els censalistes. Castellà, 24 folis, enquadernat.

185- SD. Permuta del benefici de Sant Joan. Fragment (portada). Català, 1 foli.

186- SD. Nota sobre els molins de Joseph Roger de Margalef establerts al segle XVIII.
+Nota sobre les dificultats per a casar-se de Maria Escoda, per no haver-hi homes sense grau de parentiu prohibit per a ella.
Castellà i català, 1 foli.

187- SD. Esborrany de carta amb la queixa de l'Ajuntament de Cabassers per la desatendre els feligresos dels tres beneficiats de la parròquia pel fet de no residir-hi. Castellà, 1 foli.

188- SD. Llicència a Juan i Pedro Alsamora per a ser sepultats a la capella del Roser, cosa que fou sol·licitada al bisbe de Tortosa el 27 d'abril de 1705. Pedro de la Sierra, notari de la cúria eclesiàstica del bisbe de Tortosa. Castellà, 2 folis.

189- SD. Testament de Joan Roger, dit del Mas, major de dies. Català, 2 folis.

190- SD. Venda d'una casa a prop del castell de Cabassers, que fan Pere Escariol, teixidor de lli i la seva muller pel preu de 23 lliures a Petro Marcho Massip, teixidor de llana, tots de Cabassers. Fragment (comença dient "dictis die, mensis et anno en dita villa de Cabacés"). Llatí i català, 2 folis.

191- SD. Fragment d'un foli partit pel mig verticalment. Llatí.

192- SD. Segells de lacre sense identificar.

14. BIBLIOGRAFIA

Fonts

Avi. Ora Mar. = Aviè. *Ora maritima.* Ed. Schulten. Fontes Hispaniae antiquae. Fasc. I. Barcelona-Berlin. 1922.

Ioa. Bicl. Chron. = Iohannes Biclarensis. *Chronicon.* Ed. Campos, 1960: 75-100.

Jau. I. Llib. Fey. = Jaume I. *Llibre dels Feyts.* Ed. Soldevila. Edicions 62. Col. MOLC, 86. Barcelona. 1982.

Arxius

ABC: Arxiu de la Baronia de Cabassers, Cabassers
ACA: Arxiu de la Corona d'Aragó, Barcelona
ACP: Arxiu Comarcal del Priorat, Falset
AHN: Archivo Histótrico Nacional, Madrid
APC: Arxiu Parroquial de Cabassers, Cabassers
ASMV: Arxiu de Santa Maria de Vallclara, Cabassers

Bibliografia

Altisent, 1966: Altisent, A. (1966). "Un poble de la Catalunya Nova els segles XI i XII. L'Espluga de Francolí de 1079 a 1200". *Anuario de Estudiós Medievales*, 3, 131-216.

Alzog, 1855: Alzog, J. *Historia Eclesiastica de España.* Tomo Primero. 1855.

Anglès, Ll. (9 de març de 1968). "L'ermità de Sant Miquel de Mas Roger". *Reus. Semanario de la Ciudad.* N. 830. 12.

Angulo, 2015: Angulo Fuertes, M. T. *El monasterio premostratense de Santa María de la Vid (Burgos). Siglos XII-XV*. Tesis doctoral. UNED, Facultad de Geografía e Historia. Departamento de Historia Medieval y Ciencias y Técnicas Historiográficas. http://e-spacio.uned.es/fez/view/tesisuned:GeoHis-Mtangulo

Arribas, 1973: Arribas Salaberri, J. P. *Doña Blanca de Aragón y de Anjou, XVI Priora del Real Monásterio de Sijena*. Publicaciones del Instituto de Estudios Ilerdenses de la Excma. Diputación Provincial de Lérida. 1973.

Asens, 1981: Asens, J. *Guia del Priorat*. Edicions de la Llibreria de la Rambla. Tarragona. 1981.

Ávila, 1994: Ávila Granados, J. *Excursions pel Priorat*. Bilbao. 1994

Ávila, 2008: Ávila Granados, J. *El libro negro de la historia de España*. Barcelona. 2008.

Biarnès, 1972: Biarnès i Biarnès, C. *Moros i moriscos a la ribera de l'Ebre (710-1615)*. Episodis de la història. Dalmau. Barcelona. 1972.

Biarnès, 1972a: Biarnès, C. (8 de juny de 1972) "El Pas de l'Ase, nueva perspectiva del Ebro". *El Correo Catalán*.

Biarnès, 1973: Biarnès, C. (1973) "Nuevo poblado ibero, descubierto en el 'Pas de l'Ase'". *El Correo Catalán*. Per a una digitalització del retall de premsa, vegeu Arxiu Comarcal de la Ribera d'Ebre, Fons ACRE340-81 Carmel Biarnès, codi de referència ACRE340-81-T2-311.

Biete, 1979: Biete. V. (1979) "Toponímia de Cabacers i el seu terme". *Revista Catalana de Geografia.* Vol. 2. Núm. 5-8. 19-90.

Biete 1985: Biete, V. *Cabacés documents i escrits.* Ajuntament de Cabassers. Cabassers. 1985.

Biete, 1991: Biete, V. *Cabacés, un poble al peu de Montsant.* Cabassers. 1991.

Blas, 1873: Blas y Melendo, A. *Derecho Civil aragonés ilustrado con la doctrina de los autores forales, con el derecho comun y con la jurisprudencia aragonesa del Tribunal Supremo de Justicia.* Madrid. 1873.

Borbón, 1873: Borbón, María de las Nieves de Braganza. (1873). *Historia de nuestra guerra.* Manuscrit inèdit. Archivo Histórico Nacional. Signatura DIVERSOS-ARCHIVO_CARLISTA,73,Exp.1

Borbón, 1934: orbón, María de las Nieves de Braganza. *Mis memorias de nuestra campaña en Cataluña en 1872 y 1873 y en el Centro en 1874. Primera parte. De 21 abril 1872 a 31 agosto 1873.* Espasa-Calpe. Madrid, 1934.

Cabestany, 1977: Cabestany i Fort, J. F. (1977): "El 650 aniversari de la mort del rei Jaume II." *Santes Creus: Boletín del Archivo Bibliográfico de Santes Creus.* 5(46). 321-327.

Campos, 1956. Campos, J. (1956). "Sobre la regla de Juan de Biclaro". *Salmanticensis.* Comentarii de sacris discipulis cura facultatia pontificiae universitati ecclesiasticae edidit, 3. Salamanca. 240-248.

Cantera, 2010: Cantera Montenegro, Santiago. (2010). "Los cartujos en la Península Ibérica en la Edad Media". *Del silencio de la cartuja al fragor de la orden militar*. Aguilar de Campoo (Palencia): Fundación Santa María la Real. 33-59.

Caresmar, 1769-73: Caresmar, J. (entre 1769 i 1773): *De rebus ecclesiae Sanctae Mariae Bellipodiensis Avellanarum*. Manuscrit conservat a la Biblioteca de Catalunya. Ms 9339.

Carreras, 1924a: Carreras i Candi, F (1924). "Ordinacions urbanes a Catalunya: Tortosa", *Boletín de la Real Academia de Buenas Letras de Barcelona*, vol, 11, núm. 84, octubre-desembre. Barcelona.

Carreras, 1924b: Carreras i Candi, F. (1924): "Ordinacions urbanes de bon govern a Catalunya (Segles XII a XVIII). Ordinacions de La Guàrdia dels Prats (Any 1275); Ordinacions de Barcelona (Any 1301); Ordinacions de Cabacers (Any 1315); Ordinacions de Mostaçaferia de Solsona (Any 1434)." *Butlletí de la Reial Acadèmia de Bones Lletres de Barcelona*. 292-334.

Català, 1973: Català Roca, P. *Els castells catalans*. Vol. VI. Editorial Dalmau. Barcelona. 1973.

Coll, 1992: Coll i Alentorn, M. *Història/1*. Curial Edicions Catalanes. Publicacions de l'Abadia de Montserrat. 1992.

Conde, 1820: Conde, J. A. *Historia de la dominación de los árabes en España*. París. 1820.

Corredera, 1963: Corredera, E. (1963). *Los Condes soberanos de Urgel y los Premonstratenses*, *Analecta Sacra Tarraconensia*. XXXVI Fasc. 1 i 2. 33-102 i 209-282, Barcelona.

Cortés, 1836: Cortés, M. *Diccionario geográfico-histórico de la España antigua tarraconense, bética y lusitana, con la correspondencia de sus regiones, ciudades, montes, ríos, caminos, puertos e islas a las conocidas en nuestros días*. Tom. III. Imprenta Real. Madrid. 1836.

Croiset, 1791: Croiset, J. *Año christiano ó exercicios devotos: contiene la vida de N.S. Jesu-Christo sacada de los quatro evangelistas, y la de la santísima Virgen María Madre de Dios, con algunas notas históricas y reflexiones morales*. Tom. VI. Trad. Joaquín Castellot. En la oficina de D. Benito Cano. 1791.

del Arco, 1951: del Arco, R. (1951). "Noticias del monasterio moderno de San Juan de la Peña". *Argensola*, (6), 178-180.

de Vallès, 1792: de Vallès, J. *Primer instituto de la sagrada religion de la cartuxa. Fundaciones de los conventos de toda Espana, martires de Inglaterra, y generales de toda la orden*. Editado por Mateo Barcelo impresor y librero. 1792.

Diago, 1603: Diago, F. *Historia de los victoriosissimos antiguos condes de Barcelona*, Barcelona. 1603.

Domenec, 1609: Domenech, A.V. *Historia general de los santos y varones illustres en santidad del Principado de Cataluña*. Emprenta de Gabriel Graells y Giraldo Doul. Barcelona. 1609.

Feliu de la Peña, 1709: Feliu de la Peña y Farell, N. *Anales de Cataluña*. T. 2. Barcelona. 1709.

Fernández, 1867: Fernández y Domingo, D. *Anales o Historia de Tortosa, desde su fundación hasta nuestros días, escritos en presencia de las obras que tratan de esta materia, de varios documentos inéditos y noticias adquiridas.* Establecimiento tipográfico de Jaime Jepús. Barcelona. 1867.

Ferré - Masip - Miró - Prats, 2021: Ferré, J., Masip, C., Miró, J.R., Prats, C. *El monestir de Santa Maria de Vallclara (1149-1158).* Wroclaw, 2021.

Ferré - Prats, 1995: Ferré, J. Prats, C. (juny 1995): "Les restes visigòtiques de Cabacés". *La Veu del Priorat.* N. 54. 27-28.

Ferré - Prats, 1995a: Ferré. J. Prats, C. (octubre 1995) "El ignoto monasterio de Biclaro". *Historia y Vida.* N. 331. 45-59.

Ferrer, 1959: Ferrer, M. *Historia del tradicionalismo español.* Tomo XXVI. Sevilla. 1959.

Finestres, 1746: Finestres, J. *Historia del real monasterio de Poblet, Vol. I. Barcelona. 1746.*

Flórez, 1751: Flórez, M. *España Sagrada.* Vol. VI. Madrid. 1751.

Font, 1963: Font i Rius, J. M. (1963). "Aspectes jurídics, econòmics i socials de la repoblació de la Catalunya Nova". *Butlletí de la Societat Catalana d'Estudis Històrics,* 78-79.

Font, 1969: Font Rius, J.M. (ed). *Cartas de población y franquicia de Cataluña,* Vol. 1, CSIC, Barcelona. 1969.

García Moreno, 1989: García Moreno, L.A. *Historia de España visigoda.* Cátedra. Madrid. 1989.

Garcia, 2008: Garcia i Rubert, D. (2008). “Tyrichae” al riu Sénia. Rellegint l’ Ora Maritima” d’Aviè”. *SAGVNTVM.*

Papeles del Laboratorio de Arqueología de Valencia. Vol. 40. València.

García - Suárez, 2008: García Moreno, J.L., Suárez Fernández, L. *Leovigildo: unidad y diversidad de un reinado.* Real Academia de la Historia, 2008.

Genera, 1993: Genera i Monells, M. *Vinebre: els primers establiments del riberal. Recerques arqueològiques.* Institut d'Estudis Tarraconenses Ramon Berenguer IV. Diputació de Tarragona. Tarragona. 1993.

Generalitat de Catalunya, 2021: Generalitat de Catalunya, *Inventari del Patrimoni Arquitectònic* (consultada el 17 de març de 2021).
http://invarquit.cultura.gencat.cat/Cerca/Fitxa?index=0&consulta=&codi=11114

González, 1993: Gonzàlez i Masip, A. (juny 1993). "Breu estudi d'una localitat catalana: Gratallops". *Treballs de la Societat Catalana de Geografia.* N. 35. Vol. VIII. Barcelona

Gort, 1998: Gort, E. (1998) "De quan Siurana era Xibràna". *La Carxana.* N. 4. Albarca. 9-18.

Gort, 2008: Gort, E. *Escaladei, la cartoixa de Montsant.* Albarca. 2008.

Gort, 2017: Gort, E. *Santa Maria de Bonrepòs. El monestir cistercenc de Montsant.* Albarca. 2017.

Hug Roger III de Pallars Sobirà. 2021, 14 de març: *Hug Roger III de Pallars Sobirà.* Viquipèdia, l'Enciclopèdia Lliure. Data de consulta: 04:13, març 14, 2021 //ca.wikipedia.org/w/index.php?title=Hug_Roger_III_de_Pallars_Sobir%C3%A0&oldid=26625623.

Hugo, 1736: Hugo, C. *Sacri et canonici ordinis Praemonstratensis annales in duas partes divisi.* Tom. II. Nancy. 1736.

Huici - Cabanes 1976-1988: Huici Miranda, A. - Cabanes Pecourt, Mª D. *Documentos de Jaime I de Aragón.* 5 vols. Valencia-Zaragoza. 1976-1988.

Ignasi, 2010-211: Ignasi, J. (2010-211) *El culte a sant Blai.* http://culteasantblai.blogspot.com/p/tradicions-i-costums.html

IPAC: "Santa Maria de Margalef". *Inventari del Patrimoni Arquitectònic de Catalunya.* Direcció General del Patrimoni Cultural de la Generalitat de Catalunya.

Kelly, 2010: Kelly, J.N.D. *A Dictionary of Popes.* Oxford University Press. 2010.

Lichnowsky, 1942: Lichnowsky, F. Ed. de José María Azcona y Díaz de Rada. (1942). *Recuerdos de la guerra carlista (1837-1839).* Espasa-Calpe. Madrid.

Lladonosa, 1964: Lladonosa, J. (1964) "El Coll de Mònecs, ¿un asceteri d'origen visigòtic?", *Serra d'Or,* Monestir de Montserrat, núm. 4. 61-62.

Llecha, 2003: Llecha, J. *Excursions - Senderisme. Punts d'Interès. Guia de Cabacés.* Falset. 2003.

Mangas - Plácido, 1994: Mangas, J. Plácido, D. *Avieno*. Madird, 1994.

Marfilo, 1876: Marfilo, P. *Historia de la Corona de Aragon (la más antigua de que se tiene noticia) conocida generalmente con el nombre de Crónica de San Juan de la Peña, impresa ahora por primera vez y publicada por la Excelentísima Diputacion Provincial de Zaragoza*, Zaragoza. 1876.

Martí, 1943: Martí, T. *Reposició de la Verge de les Neus. Record del majoral D. Josep Tarragó Amorós*. Talleres gráficos Launes. Móra d'Ebre. 1943.

Martínez, 1620: Martínez Briz, J. *Historia de la fundacion, y antiguedades de San Juan de la Peña, y de los Reyes de Sobrarve, Aragon, y Navarra que dieron principio a su real casa, y procuraron sus acrecentamientos hasta que se unió el principado de Cataluña, con el Reyno de Aragon*. Saragossa. 1620.

Massot, 1699: Massot, J. *Compendio historial de los hermitaños de nuestro padre San Agustin, del Principado de Cataluña*. Imprenta de Juan Jolis. Barcelona. 1699.

Meirelles, 2014: Meirelles Gouvêa Júnior, M. (2014) "Medea Carthaginis–el Centón de Hosidio Gueta." *Revista de Estudios Clásicos* 41.

Merino - Canal, 1819: Merino, A. de la Canal, J. *España Sagrada: Tratado LXXXI de la Santa Iglesia de Gerona en su estado antiguo*. Tom XLIII. Imprenta de Collado. Madrid. 1819.

Milà, 1861: Milà i Fontanals, M. *De los trovadores en España:*

Estudio de lengua y poesía provenzal. Libr. de Joaquín Verdaguer. 1861.

Miravall, 2016: Miravall, R. E*piscopologi dertosense. Introducció a la història de la societat i de l'Església de Tortosa.* UNED. Tortosa. 2016.

Miró - Prats, 2021: *Biclaro. Una hipótesis de localización.* 2021. En preparació. Hi ha disponible un resum de la hipòtesi a la web biclaro.com (2019).

Montaner 1997: Montaner Frutos, A. *La historia de Luesia y las nuevas armas de la villa.* Ayuntamiento; Asociación Cultural «Fayanás». Luesia. 1997.

Morales, 2009: Morales Garcia, F. X. (2009): "Girona i la Guerra de successió". *Revista de Girona.* (254). 46-51.

Morera, 1897: Morera, E. *Tarragona cristiana. Historia del arzobispado de Tarragona y del territorio de su provincia (Cataluña la Nueva).* Tom. I. Tarragona. 1897. Consultada la reedició de la Diputació de Tarragona, 1981.

Morgado 1587: Morgado, A. *Historia de Sevilla, en la qual se contienen sus antiguedades, grandezas y cosas memorables, en ella acontecidas, desde su fundacion hasta nuestros tiempos.* Imprenta de Andrea Pescioni y Juan de Leon. Sevilla. 1578.

Navàs, 1918: Navàs Ferré, D. *Descripció física, histórica y política de Cabaces.* Imprenta Católica. Reus. 1918.

Novella, 2012: Novella, P. (2012, segon semestre) "El rellotge de sol del Mas Roger". *Lo Violí. Revista cultural del Pirorat.* 8-10.

O'Callaghan, 1886: O'Callaghan, R. *Anales de Tortosa.* 3 vols. Tortosa. 1886.

Obiols, 2005: Obiols Bou, M. (2005) *El Monacat femení en la Catalunya medieval: Santa Maria de Valldaura (1241-1399).* Tesi doctoral. Universitat de Barcelona. http://diposit.ub.edu/dspace/handle/2445/35555

Odena, 1983: Odena i Trenchs, Josep (1983): "El Montsant y sus monasterios: colección diplomática (1164-1212)". *Anales de la Universidad de Alicante. Historia Medieval.* No. 2.

Papell, 2003: Papell i Tardiu, J. (2003) "El relat de la llegenda de Galceran de Pinós". *Santes Creus: Boletín del Archivo Bibliográfico de Santes Creus. N. 20.* 43-45.

Palomar, 1999: Palomar, S. (1999). "Tradició i narrativa popular a l'entorn de Scala Dei. Scala Dei: primera cartoixa de la peninsula iberica i l'orde cartoixa". *Actes, congres internacional, 21, 22 i 23 de setembre de 1996, a l'antiga hostatgeria de la cartoixa de Scala Dei.*

Palomar - Solà, 2009: Palomar, S. Solà, M. *Puix en alt lloc sou posada. Ermites i santuaris. Indrets de devoció popular al Priorat.* Temes d'Etnologia de Catalunya, 4. Centre de Promoció de la Cultura Popular i Tradicional Catalana. Barcelona. 2009.

Paul, 1986: Paul, H. (1986): "Catalunya nova i Catalunya vella a l'Edat Mitjana: dues Catalunyes?". Revista de Girona. p. 32-35.

Pena, 1989: M.J. Pena, M.J. (1989) "Avieno y las costas de Cataluña y Levante. I. Tyrichae: 'Τυρικαι', ¿«la tiria»?".

Faventia, XI-2. pp. 9-21.

Pérez, 1926: Pérez de Urbel, J. (1926): "Origen de los himnos mozàrabes". *Bulletín Hispanique.* 28. p. 52-53.

Peris, 2013: Peris i Vidal, J. E. (2013, primer semestre). "L'ermita de la Foia". *Lo Violí. Revista cultural del Priorat.* Núm. 15, p. 23.

Pita, 1954: Pita, R. (1954): "La Fraga Musulmana". *Argensola: Revista de Ciencias Sociales del Instituto de Estudios Altoaragoneses.* Núm. 20. p. 315-340.

Prats, 2009: Prats i Ferré, C. *Les Ordinacions de la Bisbal de Falset de 1624 i 1695.* Falset. 2009.

Prats, 2012: Prats i Ferré, C. (2012) "Seguint la pista de les ordinacions de Cabassers". *Lo Violí. Revista cultural del Priorat.* N. 13. p. 8-10.

Pujades 1609: Pujades, H. *Coronica Universal del Principat de Cathalunya.* En casa de Hieronym Margarit. Barcelona. 1609.

Ribes, 1998: Ribes Traver, M. E. L*os anales de la Cartuja de Porta-Coeli* (Vol. 1). Institució Alfons El Magnanim. Diputacio de Valencia. 1998.

Rodon, 2004: Rodon, R.M. (julio 2004) "Poblet, Senus Dei i Scala Dei". *Poblet.* N. 8. 41-49.

Rodríguez 2020: Rodríguez Vilagran, A. *365 dies amb Maria.* Claret. Barcelona. 2020.

Romey, 1893: Romey, C. *Historia de España.* Tom II. Barcelona.

1839.

Rovira, 1931: Rovira i Virgili, A. *Història Nacional de Catalunya.* Vol. VI. Barcelona. 1931.

Ruiz, 2009: Ruiz de Loizaga, S. (2009). *La peste en los reinos peninsulares: según documentación del Archivo Vaticano (1348-1460).* Museo Vasco de Historia de la Medicina y la Ciencia.

Ruy, 1917: Ruy Fernández. (1917) *Notas estadísticas e históricas de la villa de Cabacés.* A Biete, V. ed. (1985). 37-44.

Sabaté, 1986: Sabaté i Alentorn, J. *Guia de Gratallops.* Els Llibres de la Medusa. Diputació de Tarragona. 1986.

Sabaté, 1994: Sabaté i Alentorn, J. *Recull històric del Lloar i el seu entorn.* Institut d'Estudis Tarraconenses Ramon Berenguer IV. Diputació de Tarragona. 1994.

Sabaté, 2000: Sabaté i Alentorn, J. *Onomàstica del poble i terme de la Vilella Alta.* Institut d'Estudis Catalans. Treballs de l'Oficina d'Onomàstica, V. Barcelona. 2000.

Templespaña, 2015: Templespaña. *Codex Templi.* 2015.

Trenchs - Repós, 1983: Trenchs i Odena, J. Repós, B. (1983, desembre), "El Montsant y sus monasterios: colección diplomática (1164-1212)". *Anales de la Universidad de Alicante. Historia Medieval.* No. 2. 207-231.

Tréton, 2010: Tréton, R. *Diplomatari del Masdéu.* 5 vols. Fundació Noguera. Barcelona. 2010.

Ubieto, 1966: Ubieto, A. *El real monasterio de Sigena, 1188-1300*. València. 1966.

Vallès, 1663: Vallès, J. *Primer instituto de la Sagrada Religión de la Cartuxa: fundaciones de los conventos de toda España, mártires de Inglaterra y generales de toda la orden. Barcelona. 1663.*

Vallès, 1792: Vallès, J. *Primer instituto de la Sagrada Religión de la Cartuxa: fundaciones de los conventos de toda España, mártires de Inglaterra y generales de toda la orden. Segunda impresión*. Barcelona. 1792.

Vilardot, 1844: Viardot, L. *Historia de los Árabes y los Moros de España*. Barcelona. 1844.

Vilaseca - Prunera, 1966: Vilaseca, S. i Prunera, A. (1966). "Sepulcros de losas, antiguos y altomedievales, de las comarcas tarraconenses". *Butlletí Arqueològic. Reial Societat Arqueològica Tarraconense*. (93-96). 25-46.

Villanueva, 1806: Villanueva, J.L. *Viage literario a las iglesias de España*, Vol 5. Madrid. 1806.

Villanueva, 1821: Villanueva, J.L. *Viaje literario a la iglesias de España*. Vol. 6. València. 1821.

Virgili, 1997: Virgili, A. *Diplomatari de la catedral de Tortosa (1062-1193)*. Fundació Noguera, Barcelona. 1997.

15. ÍNDEX DE NOMS

de la *Breu història de la imatge de la Mare de Déu de la Foia contada per l'ermità de l'Oratori dedicat a l'arcàngel sant Miquel, del Mas Roger de Pallars; en la Comarca de l'extingida Baronia de Cabassers*

(Indexa només els noms de la versió definitiva, publicada el 1968, i obvia les preliminars descartades)

Printed in Great Britain
by Amazon